MARTIN HECHT

DAS *geschmeidige* ICH

DIE GESELLSCHAFT DER SELBSTDARSTELLER

DER AUTOR

Martin Hecht, geb. 1964, promovierter Politikwissenschaftler, lebt als freier Autor und Publizist in Mainz. Er hat zahlreiche Bücher veröffentlicht und schreibt u. a. für die ZEIT und Gehirn&Geist. Bei Dietz erschien 2021 »Die Einsamkeit des modernen Menschen«. www.martinhecht.net

Bibliografische Information der Deutschen Nationalbibliothek
Die Deutsche Nationalbibliothek verzeichnet diese Publikation in der Deutschen Nationalbibliografie; detaillierte bibliografische Daten sind im Internet über http://dnb.dnb.de abrufbar.

ISBN 978-3-8012-0684-0
Auch als E-Book erhältlich: ISBN 978-3-8012-7061-2

Verlag J.H.W. Dietz Nachf. GmbH
Dreizehnmorgenweg 24
53175 Bonn

Umschlag und Illustration: Julia Echterhoff, Köln
Satz: Rohtext, Bonn
Druck und Verarbeitung: Hunter Books GmbH

Printed in the EU 2024

Besuchen Sie uns im Internet: www.dietz-verlag.de

INHALT

VORWORT

Der Mensch ist von Natur aus ein zerknirschtes, grüblerisches, von Grund auf sonderbares Wesen. Lange durfte er das auch sein. Zumindest den überwiegenden Teil der Zeit seiner Existenz über. Heute nicht mehr. Sobald er seine Behausung verlässt, muss er gut drauf sein. Er muss Frische versprühen, sympathisch erscheinen. Es gilt, gelassen zu sein, happy, hygge, mit sich im Reinen, dazu anderen gegenüber achtsam, »im Hier und Jetzt«. Man muss authentisch rüberkommen, originell, kreativ, spontan, dazu auch noch humorvoll, auf jeden Fall smart, locker, tiefenentspannt, mit einem Wort: »geschmeidig«.

Das ist ziemlich viel und auch nicht einfach. Doch es gibt allen Grund zur Hoffnung: Denn der Mensch ist ein Meister der Verstellung. Früh hat er gelernt, wie man auch bei einem schlechten Witz, den der Chef zum Besten gibt, in Lachen ausbricht, wie man Betroffenheit bei einem Sterbefall vorschützt, auch wenn einen dieser nicht sonderlich betrübt. Er weiß, wie man Interesse selbst für Dinge zeigt, die ihn tödlich langweilen, oder wie er glaubwürdig zu begreifen vorgibt, obwohl er von Tuten und Blasen keine Ahnung hat.

Schein statt Sein ist etwas zutiefst Menschliches. Auch im Alltag. Zu Hause in Lotterhose und Lümmelpulli, geht man aber unter die Leute, dann mit Make-up und gut einparfümiert. Zwischen Privatsphäre und Bewerbungsfoto liegen oft Welten, und selbst der CDU-Kandidat sieht auf dem Wahlplakat um Längen attraktiver aus als am Wahlkampfstand in der Fußgängerzone. Sich in der Öffentlichkeit vorteilhaft präsentieren – das macht jeder. Und die Welt dankt es. Man könnte es gute Sitte nennen oder Zivilisation oder einfach nur den guten Eindruck, den man machen will.

In diesem Buch geht es um Selbstdarstellung und soziale Strategien der Gegenwart. Seine These lautet: *Das Ausmaß sozialer Inszenierungsstrategien, die wir für unser Vorwärtskommen anwenden, nimmt in der Erfolgsgesellschaft massiv zu.* Selbstrepräsentation des Individuums gab es immer, aber noch nie zuvor spielte sie in der gesellschaftlichen Breite eine so wichtige Rolle wie heute. So viele Plattformen gab es nie – und so viel Theater auch nicht. Überall wird sich in Szene gesetzt, ein Auftritt hingelegt, ein Selfie eingestellt. Mehr noch, nie zuvor hat der Wunsch nach wirkungsvoller Eigeninszenierung den Einzelnen so sehr im Griff gehabt und gleichzeitig eine Gesellschaft so sehr strukturiert wie heute. Wir leben in einer Gesellschaft der Selbstdarsteller. Will man in dieser Epoche zu den Gewinnern gehören, muss man sich auf die hohe Kunst der Verstellung verstehen. Sonst fällt man zurück und verpasst das Leben.

Dieser Essay ist die *Diagnose einer Gesellschaft*, in der sich jeder unaufhörlich neu erfindet, um erfolgreich zu sein. Wie haben sich Formen der Selbstdarstellung verändert? Welcher Sozialcharakter prägt die Gegenwart und hat die besten Chancen, erfolgreich zu sein? Und letztlich: Was sagt das aus über die Gesellschaft, in der wir leben? In meinem letzten Buch »Die Einsamkeit des modernen Menschen« habe ich ausgeführt, wie immer mehr Selbstbezogenheit in der modernen individualistischen Gesellschaft zu immer mehr Vereinzelung, aber auch zu Ohnmacht des Einzelnen und Radikalisierung führt. Mein Befund war: Wir investieren so viel wie nie zuvor in Alleinstellungsmerkmale und Einzigartigkeiten, um an mehr soziale Anerkennung zu kommen – und doch geht nur für wenige der Traum in Erfüllung, mehr Aufmerksamkeit, Likes, Follower, Applaus zu erzielen. Und selbst wenn, der Preis, den die Gesellschaft zahlt, ist hoch. Der moderne Mensch vereinzelt, eine neue soziale Einsamkeit ist das Schicksal unserer Zeit, das Ende des Zusammenhalts, den die Demokratie so dringend braucht.

Selbstoptimierung ist jedoch nur ein Teil des Wettbewerbs in der individualisierten Gesellschaft. Der andere Teil besteht darin, neue Formen der Selbstdarstellung und des Sozialverhaltens zu wählen, um unsere Interessen durchzusetzen. Darum geht es hier. Beide sind heute so wenig wie eh und je Ausdruck interesseloser Selbstrepräsentation, sondern folgen sozialen Gefälligkeitsstrategien, möglichst viel Aufmerksamkeit oder soziale Reichweite zu erzielen, kurz, sich selbst möglichst effizient in Szene zu setzen. Das hat vor allem damit zu tun, dass wir heute – viel mehr noch als früher einmal – auf vielen verschiedenen öffentlichen Plattformen agieren und dort bestehen müssen. Fast jeder stellt sich aus, im analogen Leben, im Beruf unter Kollegen, im privaten Freundeskreis, im gesellschaftlichen Leben, in der Politik. Und digital sowieso. Wenn nicht auf der eigenen *Website*, so in den sozialen Medien, bei *Instagram*, *TikTok* oder *Elitepartner*. Ob wir wollen oder nicht, wie *müssen* performen. Eine gelungene Selbstdarstellung wird zur Schlüsselqualifikation einer gelungenen Biografie in einem Zeitalter, in dem ohnehin immer mehr öffentlich gemacht wird. Hybrider Individualismus bedeutet nicht nur ein immer größeres Ausmaß der Selbstbezogenheit und Selbstoptimierung. *Optimiert wird nicht nur das isolierte Selbst, sondern auch die soziale Strategie, an mehr Macht und Einfluss zu kommen.*

Für den Einzelnen heißt das: Selbstoptimierungskompetenz muss heute ergänzt werden durch soziale Schläue, durch die richtige Inszenierung. Gefragt ist das Talent zur Geschmeidigkeit. In der spätkapitalistischen Gesellschaft geht es darum, wie sozialer Erfolg in einer Gesellschaft, in der alle mit allen konkurrieren, durch den geeigneten Außenauftritt zu erzielen ist. Die Formen der Selbstdarstellung sind dabei vielfältig – von situativ abrufbarem Opportunismus im Kleinen bis hin zum kalkulierten Ausbruch großer Gefühle. Um durch die Kompliziertheit unseres Seins hindurchzugleiten, braucht es heute ganz neue zeittypische Formen individueller Anpassungsleistungen. Ein Art Geschmeidigkeitsgen entscheidet heute, wer zu den Gewinnern und wer zu den Verlierern gehört.

Geschmeidig in turbulenten Zeiten

Wir leben in stürmischen Tagen. Vieles, was sich Menschen in dieser Zeit wünschen oder wovon sie träumen, ist in weite Ferne gerückt, Bestandssicherung ist für viele zum vorrangigen Ziel geworden. Die Gangart ist härter geworden. Wie erreicht man trotz aller Krisen dennoch seine Ziele? Genügen Einsatzbereitschaft und Beharrlichkeit noch, Disziplin und harte Arbeit? Oder kommt es auf etwas ganz anderes an? Gibt es einen anderen Erfolgsfaktor, der mit unsichtbarer Hand das Geschick des modernen Menschen lenkt und nichts mit irgendwelchen Kompetenzen zu tun hat? Es liegt heute viel mehr als früher am Quantum an Geschmeidigkeit, das jemand mitbringt.

Man könnte einwenden: Auf den ersten Blick geht es ganz und gar nicht geschmeidig zu in dieser Welt. Wir erleben, wie rohe Gewalt in die politische Auseinandersetzung zurückgekehrt ist, in der statt zu protestieren oft nur noch gebrüllt wird. Das politische Klima ist extrem aufgeheizt, Politiker werden angepöbelt und attackiert, ja mit Leib und Leben bedroht. Eine Welt in Aufruhr – ist das das Zeitalter der Geschmeidigkeit? Kann es zusammenpassen, dass auf der einen Seite eine zunehmende Rücksichtslosigkeit im gesellschaftlichen Miteinander zu beobachten ist, ja mehr noch, eine gereizte Grundstimmung, die immer mehr in latente Gewaltbereitschaft übergeht, und doch Geschmeidigkeit ein entscheidender Erfolgsfaktor ist?

Kein Mensch würde behaupten, gerade in der breiten Masse der Aufgebrachten unserer Zeit tummelten sich sonderlich geschmeidige Zeitgenossen. Genauso am anderen Ende der Hierarchie. Keinem würde einfallen, Donald Trump einen geschmeidigen Menschen zu nennen oder einen der anderen Anführer rechtspopulistischer Bewegungen weltweit. Dennoch lautet die These dieses Werkes, dass die Geschmeidigkeit die wohl wichtigste soziale Charaktereigenschaft ist, die uns heute prägt. Alle versuchen es mit ihr, mal gekonnter, mal weniger gekonnt. Aber für alle ist sie der Schlüssel zum Erfolg geworden. Und so teilt sich die Gesellschaft in Reiche und Arme, sozial und ökonomisch Privilegierte und nicht Privilegierte, aber immer auch in Geschmeidige und Ungeschmeidige. Im Zeitalter der Geschmeidigkeit wird der belohnt, der sie einzusetzen weiß, und der bestraft, der sich als ungelenk erweist.

Nimmt man die moderne Gesellschaft als Ganzes in den Blick, ihre Routinen im Alltag, in der Arbeitswelt, in Wirtschaft, Schule und Ausbildung, in all den vielgliedrigen Institutionen und Organisationen der modernen Massendemokratie, in die wir tagtäglich eingesponnen sind, kurzum alle bürgerlich-demokratisch geregelten Teilbereiche, in denen trotz einer ausgeprägten Ellenbogenmentalität dennoch eine »regelbasierte Werteordnung« existiert, ist Geschmeidigkeit das soziale Talent, die Welt zu seinen Gunsten zu formen. Und je mehr es auf sie ankommt, desto mehr nehmen auch all die emotionalen Eruptionen und handgreiflichen Auseinandersetzungen zu, die sich in den westlichen Zivilgesellschaften wieder verbreiten. In der neoliberalen, krisenanfälligen

Epoche mit immer mehr »marktbasierter« Kommunikation ist nicht immer weniger, sondern mehr von ihr gefragt. Menschen haben zu allen Zeiten gewusst, wie sie sich gekonnt oder geschickt in Szene setzen, um ihre Interessen optimal zu verfolgen. Neu ist, dass Geschmeidigkeit als eine rein funktionalistische Herangehensweise die gesamte Lebensführung des modernen Menschen durchdringt und unser Miteinander prägt. Individualismus und neoliberaler Kapitalismus fordern den geschmeidigen Menschen so sehr wie nie zuvor.

Der Ahnherr der Geschmeidigkeitskritik, dem diese Arbeit verpflichtet ist, ist kein anderer als der französische Moralist und Aphoristiker François de La Rochefoucauld (1613–1680). Selbst Skeptiker, Aufklärer und Frondeur sah er es als seine Aufgabe an, ein Porträt seiner Gesellschaft zu zeichnen, was ihm umso leichter fiel, als er nicht nur ein auf dem adeligen Parkett geübter Hofgänger des Königs war, sondern in den besseren Kreisen und Salons von Paris über viele Jahre hinweg genügend Anschauungsunterricht darüber erteilt bekommen hatte, wie sehr das Miteinander von Scheinheiligkeit, Schmeichelei und allerhand Geschmeidigkeit geprägt war.

Nach einem turbulenten Leben, in dem er zu einer einflussreichen politischen Größe Frankreichs wurde, aber erst recht, nachdem er am Hof in Ungnade gefallen war und sich zurückzog, hatte er nicht nur genügend Material gesammelt, sondern auch keine sonderlichen Rücksichten mehr zu nehmen. »Man war hellhörig geworden für das hohle Pathos der höfischen Tugenden, man hatte übergenug von der leeren Gebärde des Edelmuts, mit der die Gesellschaft ihre maßlose Habgier verdeckte«, schreibt Wolfgang Kraus, Herausgeber von La Rochefoucaulds Maximen in seiner Einleitung. In diesen »Réflexions ou sentences et maximes morales«, so der Originaltitel, sollte sich La Rochefoucauld als ein genialer Menschenbeobachter erweisen. Er entwarf darin eine Art kritische Anthropologie, die nicht darum kreiste, wie der Mensch sein sollte, sondern wie er wirklich war, ungeschönt und ganz und gar schonungslos. Seine Aphorismen, die er 1665 veröffentlichen sollte, waren auch eine Abrechnung mit der Scheinwelt des Hofes und, in seinem Sinn, ein Beitrag zur Aufklärung. Vernunft sozusagen angewandt gegen eine Gesellschaft, die sich selbst Vernunft auf die Fahne geschrieben hatte, ihre Idee aber fortwährend durch Falschheit und Intrige desavouierte.

Sein Geschäft als Schriftsteller war es, die Wahrheit hinter allem Schein zu benennen, die Heuchelei, mit der alles übergossen war, zu enthüllen, sie zu sezieren und so ganz allgemeine Erkenntnisse zu gewinnen: über die Natur des Menschen als ein soziales Wesen. Er war ein Meister in der psychologischen Analyse, vermochte es, die geheimsten Motive des menschlichen Handelns zu erspüren, und fast immer landete er bei Eigensucht und Dünkel als Triebkräften, die er noch hinter der höchsten Tugend verborgen sah. Seine Stärke war es, alles, was da vorgab, sich im Namen von Edelmut und Tugend zu entfalten, wenn nicht gleich als Schurkerei, so doch immer als geschickt eingefädelte soziale Strategie zu entlarven, sich als von Nächstenliebe durchdrungen zu präsentieren – aber in Wahrheit nur sich selbst der Nächste zu sein.

Von La Rochefoucauld kann man bis heute lernen: Die Motive menschlichen Handelns sind oft nicht einfach zu durchschauen. Sie scheinen erst auf, wenn soziale Phänomene mit scharfem Blick und in aller Schonungslosigkeit durchdrungen werden. Dann erst drängt sich jener ernüchternde Schluss auf, den er selbst in einem, vielleicht seinem berühmtesten Aphorismus vorweggenommen hat: »Alle Tugenden münden in den Eigennutz wie die Ströme ins Meer.« Heute ist freilich nicht mehr vorgebliche Tugend oder Schmeichelei die Maske, hinter der der Eigennutz verborgen wird, sondern die allgegenwärtige Geschmeidigkeit. Ich möchte in diesem Buch versuchen, einen Blick hinter die zeitgemäße Maskerade zu werfen, damit deutlich wird, dass so vieles, was vordergründig elegant oder gar verdienstvoll erscheint, auch heute nicht allein von uneigennützigen Motiven geleitet ist.

EINLEITUNG

DAS PRIMÄRE GEFÜHL DER GESCHMEIDIGKEIT

I'd like to be under the sea
In an octopus's garden in the shade
He'd let us in, knows where we've been
In his octopus's garden in the shade.

John Lennon/Paul McCartney

Kein Wort ist so geschmeidig wie das Wort »geschmeidig«. Keines so ambivalent, keines so faszinierend. Wer ist geschmeidig? Keiner so sehr wie der Oktopus. Er ist ein echter Meister der Geschmeidigkeit. Etwa wenn er in den Tiefen des Meeres durch einen engen Spalt in einem Felsen schlüpft. Selbst das scharfkantige Korallenriff, es kann ihm nichts anhaben. Egal, ob ausweichend oder anschmiegend, in jeder seiner Bewegungen ist so viel Anmut, so viel Grazie, seine Geschmeidigkeit ist wie ein Tanz. Unter Menschen ist das nicht anders. Auch Menschen müssen sich ihrer Welt immer wieder neu anpassen. Geschmeidig ist, wer auch noch die kniffligsten Situationen unbeschadet meistert und sich elegant durchlaviert, wenn es wieder mal eng wird. Geschmeidig ist, wer trotz aller Widrigkeiten seinen Eigennutzen mehrt – und es dabei schafft, auch noch als durch und durch guter Mensch dazustehen.

Wer sich der Gabe der Geschmeidigkeit im menschlichen Sozialleben zuwendet, könnte meinen, hier habe sich das Phänomen zur mentalen Charaktereigenschaft sublimiert. Menschen müssen nicht durch enge Felsspalten schlüpfen oder sich durch Engpässe zwängen. Dennoch ist menschliche Geschmeidigkeit zuerst einmal eine ganz und gar physische Anpassungsleistung. Diese Art Geschmeidigkeit begegnet einem in der Sozialwelt vor allem als ein Effekt der Routine. Wer lange etwas einübt, entwickelt motorische Geschmeidigkeit, egal ob in einem Handwerk, beim Ballspiel oder bei irgendeinem anderen vorgegebenen Bewegungsablauf.

Ein Kellner in einer der Brasserien der großen Boulevards von Paris etwa. An einem Sommertag zur »Heure joyeuse«, am Wochenende, wenn die Cafés und Restaurants aus den Nähten platzen und zwischen Stühle und Tische kaum eine Handbreit passt. Wer hier seine Gäste bedient, muss es können. Einer, der sich diese Aufgabe zutraut, muss so geschmeidig wie ein Oktopus sein, wenn er sich durch die Sitzreihen bewegt – und obendrein auch noch ein vollgestelltes Tablett jongliert. Schnell, elastisch, elegant, ein Kunstläufer, aber nicht auf Eis, sondern auf dem staubigen Asphalt der flirrenden Großstadt, einer, der alles im Blick hat, in Sekundenschnelle jeden Ort in diesem dynamischen Labyrinth aus Menschen und Mobiliar erreicht und dabei doch immer ein Ruhepol bleibt. Vielleicht nie wieder ist diese körperliche Seite so schön beschrieben worden, wie in jenem berühmten Gedicht von Rainer Maria Rilke über den traurigen Panther, den er bei einem Ausflug in den Jardin de Luxembourg in einem Käfig erblickte und der ihn zu tiefem Mitleid rührte: »Der weiche Gang geschmeidig starker Schritte, der sich im allerkleinsten Kreise dreht, ist wie ein Tanz von Kraft um eine Mitte, in der hellwach ein großer Wille steht.«

Körperliche Eleganz ist das Fundament jeder menschlichen Geschmeidigkeit, auch der des Kellners. Ergänzt wird sie jedoch durch eine geistige, und das macht erst ihre Schönheit aus. Eine kleine Aufmerksamkeit, ein kurzes Lächeln, ein charmanter Aperçu. Mehr nicht, aber immer genug, dass es passt. Geschmeidigkeit ist die Kunst der richtigen Dosis. Ihre Essenz besteht aus einem wohl austarierten Minimum an Höflichkeit, einer stets gut gelaunten Unverbindlichkeit und einem Schuss Poesie. Leichtigkeit ist in ihr, ein Gestus der Beiläufigkeit, eine inszenierte Nachlässigkeit, der jedoch nichts entgeht, die überall ihre Augen hat und doch alle Wünsche erfüllt. Solch ein geschmeidiger Gastgeber ist immer präsent, auch wenn es der Gast nicht unbedingt vermutet, präsent, wenn man ihn braucht, unsichtbar, wenn nicht. Kein Wunder, dass die Figur des Kellners in Aktion schon so viele fasziniert hat, Flaneure, die in den Cafés der Welt zu Hause waren und sich inspirieren ließen, nicht zuletzt die großen Literaten, Jean Paul Sartre oder Thomas Mann, bei dem er immer wieder in seinen Büchern auftritt, egal, ob als »Kellner Mager« in »Lotte in Weimar« oder formvollendet in Person des »Felix Krull« und sich der Verbeugung des Schriftstellers sicher weiß.

Geschmeidigkeit als eine ästhetische und ethische Größe

Es gibt Wesen, die sind noch viel geschmeidiger als jeder Tänzer. Folgt man Heinrich von Kleist, dann sind es die Marionetten. Nur sie, sagt er, besitzen eine natürliche Grazie, denn sie folgen nicht dem Gesetz der Schwere. Sie werden maschinell gelenkt, besitzen keine eigenen Emotionen, keine Vernunft und keine Reflexion, sind also frei von jeder berechnenden Ziererei, und sie wirken, weil sie an Fäden gehalten werden, »antigrav«, von höchster Leichtigkeit. Ein Mensch, so sinniert er in seinem kleinen Aufsatz »Über das Marionettentheater« von 1810, kann die Anmut einer Marionette nie erreichen, nur ein Gott kann sich mit ihr messen. Der Mensch hat seine natürliche Grazie durch die Entdeckung der Vernunft und das eigene Sich-Bewusstwerden unwiederbringlich verloren, er hat vom Baum der Erkenntnis gegessen. Nur wenn es ihm wieder gelingt, eine Einheit von Körper und Seele zu erreichen, Natur und Vernunft zu harmonisieren, kann er in die göttliche Anmut zurückkehren. Aber wenigstens Geschmeidigkeit ist, was uns bleibt. Sie könnte man eine Vorstufe zur Anmut nennen. Sie ist noch »grav«, gehorcht den Gesetzen der Gravitation, aber leichten Schrittes und in größtmöglicher Beweglichkeit.

Geschmeidigkeit ist eine ästhetische Qualität, über die Kleist in seinem Marionettentheater philosophiert. Sie hat aber auch eine ethische Seite. Die ästhetische Dimension der Geschmeidigkeit liegt offen zu Tage, etwa in den Bewegungen des Kellners, die ethische, wenn er dabei auch noch eine unerwartete Geste des Zuvorkommens macht, die inmitten all der professionellen Unrast von einem hohen Maß Aufmerksamkeit kündet und einer Portion Menschenliebe, etwa wenn der Mann trotz aller Hektik im Betrieb einem Kunden auch noch die Schwingtür aufhält, weil ihm nicht entgangen ist, dass da einer schlecht zu Fuß ist und große Mühe hätte, sie selbst zu öffnen. Eine solche Geste ist nicht nur schön anzuschauen, sondern getragen von einer Form ethischer Eleganz.

Geschmeidigkeit in diesem Sinne kann Ethik und Ästhetik im Handeln verbinden. Die goldene Geschmeidigkeit umfasst jeden eleganten Bewegungsablauf, dazu jedes Sozialverhalten, das eine ethische Qualität hat: weil es zu allererst von einem Gedanken getragen ist, den Kant später ins Zentrum seiner Moralphilosophie stellte, dass nämlich jeder Mensch für seinesgleichen stets Zweck und niemals nur ein Mittel sein sollte.

Fluch und Segen der Geschmeidigkeit

Nichts Schöneres unter den Menschen als eine solche Geschmeidigkeit. Aber damit ist das Thema nicht zu Ende, sondern fängt erst an. Denn es gibt auch ein Sozialverhalten, das ethisch ganz und gar nicht überzeugt, selbst dann, wenn es unzweifelhaft von einer ästhetischen Geschmeidigkeit gekennzeichnet ist. Das wäre die Geschmeidigkeit des Taschendiebs, des Hütchenspielers. Und, im größeren Stil, die Geschmeidigkeit des Trickbetrugs, der Hinterlist, der perfekten Intrige, auch die Geschmeidigkeit, sich bei einer Schurkerei nicht erwischen zu lassen.

Die Geschmeidigkeit in dieser Welt ist ein ambivalentes Ding. Man begegnet ihr immer in beiden Gewändern. Sie kann beides sein, motiviert aus purem Eigennutz oder getragen von sozialer Verantwortung, Rücksichtnahme und Nächstenliebe. Stets sind es beide Formen, die nebeneinander bestehen, sich widersprechen oder durchkreuzen, aber sich auch überlagern können. Betrachtet man die Formen als Ganzes, wie sie sich unaufhörlich verändern und entwickeln, entsteht ein Gesamtbild. Die vorherrschende Art der Geschmeidigkeit unter den Menschen ist schließlich ein Parameter, der Aussagen über etwas Ganzes erlaubt: Über den Zustand, in dem sich eine Gesellschaft befindet, ihre politische Kultur und Sittlichkeit.

Eine der großen Fragen der Aufklärung war es, wie man den Menschen so erziehen kann, dass sich seine edlen Anlagen entfalten und in einem Gemeinwesen allen anderen zugutekommen? Der Idealist und Spätaufklärer Adolph Freiherr Knigge meinte noch, im geschmeidigen Verhalten das Heil zu suchen. Er plädiert in seinem berühmten Werk »Über den Umgang mit Menschen« (1788) dafür, die Kunst zu erlernen, »sich bemerkbar, geltend, geachtet zu machen, ohne beneidet zu werden; sich nach den Temperamenten, Einsichten und Neigungen der Menschen zu richten, ohne falsch zu sein; sich ungezwungen in den Ton jeder Gesellschaft stimmen zu können, ohne weder Eigentümlichkeit des Charakters zu verlieren, noch sich zu niedriger Schmeichelei herabzulassen.« Dazu seien aber unerlässlich: »Geschmeidigkeit, Geselligkeit, Nachgiebigkeit, Duldung, zu rechter Zeit Verleugnung, Gewalt über heftige Leidenschaften, Wachsamkeit auf sich selber und Heiterkeit des immer gleich gestimmten Gemüts.« Knigge sah in all dem ein Ideal, geformt aus Humanität und Toleranz, der Soziologe Alphons Silbermann dagegen etwas komplett anderes. Er verfasste 1997 im hohen Alter von fast 90 Jahren ein Buch mit dem Titel »Von der Kunst der Arschkriecherei«. Für ihn war das Werk Knigges selbst ein allzu »geschmeidiges Buch«, das seinesgleichen nicht hat und das er nur als »Kompendium zur Willfährigkeit« bezeichnete, ja vollends als eine »Anleitung zur Kriecherei«.

Egal wie, Geschmeidigkeit ist maximal zielstrebige und zugleich maximal effiziente Form sozialer Anpassung in dieser Zeit. Unter ihr sollen erst einmal nicht mehr und nicht weniger als alle sozialen Charaktereigenschaften des modernen Menschen verstanden sein, die für einen Lebensentwurf in der zeitgenössischen Gesellschaft nützlich und prägend werden. Es ist dies ein Charakter, der sich in vielerlei Haltungen, Verhaltensweisen und praktischen wie symbolischen Handlungen ausdrückt und dabei dem Einzelnen maximale individuelle Erfolgschancen und soziale Anerkennung einträgt und deswegen angestrebt wird. Geschmeidigkeit ist aber noch mehr, sie ist ein insgesamt erstrebenswerter individueller Aggregatzustand, in den eingeht, wer sie optimal zu nutzen weiß, und der gleichzeitig den höchsten sozialen Erfolg verspricht. Nicht mehr auf traditionelle Werte, auch nicht auf selbst gewählte Maßstäbe von Moral und politischer Haltung kommt es scheinbar an, auch nicht auf das nötige Glück oder Gottvertrauen, sondern: auf die Performance.

Ausweitung der Geltungszone

Wenn es ein Mensch in seiner öffentlichen Selbstdarstellung mit der Wahrheit nicht so genau nimmt, ist das normal. Alle wollen in einem besseren Licht erscheinen. Früher wie heute. Wie sehr ein Mensch die biografischen Tatsachen seines Lebens ausschmückt, ist immer eine heikle Sache. Es gibt verschiedene Grade, inwieweit man von der »Wahrheit über sich selber« abweicht oder abweichen darf. Wenn man etwa in einem Lebenslauf Angaben macht, die nicht ganz der Wahrheit entsprechen, würde man sagen, da hat jemand seinen Lebenslauf geschönt. Man kann seine persönlichen Angaben in einem Profil zur Online-Partnerschaftsanbahnung »optimieren«, um seine Chancen zu erhöhen, etwa indem man beim Studienabschluss schummelt oder bei den Körpermaßen. Aber irgendwo gibt es eine Grenze, und irgendwo ist die Grenze zur Lüge überschritten.

Es scheint, Menschen unserer Zeit, motiviert von ganz unterschiedlichen Kräften, neigen dazu, in der Selbstpräsentation weiterzugehen als früher einmal. Man dringt weiter vor in einen Grenzbereich, und auch das eigentlich verbotene Gelände wird in einer Gesellschaft der Selbstdarsteller Schritt für Schritt enttabuisiert und eingemeindet. All das, was man sich erlaubt, wird mehr, weil der Druck, sich zu präsentieren, genauso größer geworden ist wie die Verlockungen und Prämierungen für den richtigen Auftritt, egal, ob es ein Traumpartner ist, der da wartet, ein enormes Jahresgehalt oder sonst ein erfolgreiches Leben. Sich in diesem schwierigen Gelände nicht nur straffrei, sondern gelenk zu bewegen, dabei die Geltungszone massiv auszudehnen, ohne dass man von diesem Tabubruch Schaden zu befürchten hätte, ja es zu schaffen, in die Verbotszone zu gehen und sich dennoch die Sympathien der Menschen zu bewahren, vielleicht sogar diese auch noch zu vermehren, das ist das höchste Vermögen der Geschmeidigkeit.

KAPITEL 1

DIE HOHE SCHULE DER SELBSTDARSTELLUNG

Performen auf Plattformen

Augenblicke, in denen Menschen »wahrhaftig« sind, sich unverstellt und »mit heruntergelassenem Visier« begegnen, gibt es sie überhaupt? Gibt es in einem Menschenleben wirklich Momente, in denen die letzte Maske fällt? Vielleicht sind ja solche Momente allenfalls jene, in denen Menschen tatsächlich Neulinge einer Erfahrung sind und noch keine passende Maskerade im Repertoire haben, die erste Liebe, zu der sich zwei bekennen, oder aber die Augenblicke, in denen sie durch die Portale des Lebens treten, die Geburt und das Sterben. Oder all jene, in denen sie zwar maskiert agieren, ihnen aber alle Verhüllung nichts hilft, die Wahrheit zu verbergen. Etwa in einer Prüfung, die man als Mitglied der bürgerlichen Gesellschaft zu absolvieren hat, um in ihr »etwas zu werden«: Klausuren etwa, die attestieren, dass es einer zu einer Meisterschaft gebracht hat. Man muss diese Könnerschaft dann beweisen und solche, die es schon dazu gebracht haben, sitzen in der Jury und beäugen höchst kritisch, ob es etwas taugt, was da einer abliefert. Momente und Anlässe, die offenbaren, ob es einer kann oder eben nicht. Auch der versierteste Schaumschläger, Phrasendrescher, so die Theorie, wird am Tag der Prüfung widerlegt. Ein anspruchsvolles Musikstück auf einem Instrument zum Vortrag zu bringen oder eine schwere Rechenaufgabe zu lösen, das sind Stunden der Wahrheit, wo kein schickes Hemd hilft, keine Designerbrille und wo auch der Geschmeidige nicht von seiner Gabe zehren kann, sondern nur die Substanz zählt und sonst nichts.

Aber sonst? Wo begegnen wir uns wirklich »wahrhaftig«? Ist nicht alles im sozialen Leben mehr oder weniger gelungene Verstellung? Das sagen zumindest Sozialwissenschaftler. Dennoch hat, was man in der Soziologie ganz nüchtern »Selbstdarstellung« nennt, im realen Leben einen eher schalen Beigeschmack. Jemanden als einen guten Selbstdarsteller zu loben, ist nicht unbedingt ein Kompliment. Er ist nicht allzu beliebt, der Selbstdarsteller. Man assoziiert spontan Menschen mit zweifelhaften Charaktereigenschaften. Einer, der kräftig Wind macht, dem man nicht recht über den Weg traut, so nennt man einen Möchtegern, einen Pretender oder Wannabe, einen, der im Leben krampfhaft versucht, etwas zu sein, was man vielleicht auf einer Kino-Leinwand noch beeindruckend fand, draußen in der Welt aber eher mit Kopfschütteln quittiert. Dort im eigenen Wohnviertel begegnen sie einem in der Regel weitaus weniger charismatisch, als Lokalprominente, Kiezgrößen, Chefs von Szenekneipen oder Designerläden, Journalisten, Ärzte, Porschefahrer mit der dicken Sonnenbrille. Aber wir alle? Sind wir tatsächlich auch alle Selbstdarsteller?

Auf jeden Fall erkennen wir sehr schnell, wenn sich einer vor anderen selbst darstellen möchte. Etwa auf der Autobahn, wenn einer an anderen mit seinem Sportwagen vorbeirast und nach dem Überholen höchstriskant einfädelt. Andere Verkehrsteilnehmer, die sich über so viel Waghalsigkeit ärgern, recken dann gern den Daumen hoch oder imitieren ein imaginäres Beifallklatschen, um dem Fahrer zu zeigen: »Bravo! Ganz toll!« Durch den Applaus spiegelt man dem Raser, dass man ihn für einen Aufschneider, also einen Spieler, hält, der sich hier richtig aufpumpt, und macht sich über ihn lustig. Die Geste wiederum hat gute Aussichten, den Selbstdarsteller auf vier Rädern zu ärgern, denn der dürfte mit Sicherheit von sich meinen, einfach nur er selbst zu sein oder so gekonnt zu agieren, dass der Spielcharakter in seiner Aktion verborgen bliebe.

Am Anfang war das Lächeln

Wenn man über die Urformen von Selbstdarstellung nachdenkt, kommt man auf das Lächeln zu sprechen. Nicht nur auf das von Herzen kommende, gütige, sondern eben auch auf das falsche Lächeln. Aber das eine vom anderen zu unterscheiden, ist nicht einfach. Allein schon wenn man sich länger als ein paar Sekunden die Mona Lisa anschaut, erkennt man bald, ein Lächeln kann viele Schichten haben. Lächeln ist Gefühlsausdruck und gleichzeitig die erste Maske der Selbstdarstellung, die dem Menschen zur Verfügung steht.

Um zu verstehen, welche Formen des Lächelns es gibt, fängt man am besten ganz vorne an. Zu lächeln, das ist am Anfang eine spiegelneuronale Resonanzreaktion des Säuglings auf die Mutter, die ihr Baby anlächelt. Dieses erste Lächeln, das ein Mensch geschenkt bekommt, ist immer ein liebevolles, das von der Mutter ausgeht, die es im Arm hält. Angelächelt zu werden, schafft Beziehungssicherheit, vermittelt Geborgenheit. Kinder werden angelächelt und lernen, andere anzulächeln. Das kann man schon bei den ganz Kleinen erkennen, die sich auch schon sehr früh umeinander kümmern und einander helfen können.

Aus frühen liebevollen Erfahrungen entwickelt sich im Erwachsenenalter ein allgemeiner Freundlichkeitshabitus, den wir auch aktivieren, sobald wir in der Sozialwelt außerhalb unseres vertrauten Kreises auf eine Person treffen, mit der wir interagieren – und sei es nur, dass wir sie nach dem Weg oder der Uhrzeit fragen. Ein Lächeln ist ein Zeichen. Man kommt in friedlicher Absicht und will sich als tendenziell vertrauenserweckend präsentieren. Man möchte auch noch beim kleinsten Hin und Her demonstrieren: »Von mir geht keine Gefahr aus, Du kannst mir vertrauen, Du bist willkommen!« Ein wohlerzogener Mensch lächelt den Nachbarn oder den Kollegen freundlich an, wenn er grüßt. Menschen sind in aller Regel *People Pleaser*, wenn sie auf andere treffen. Nicht aus Berechnung, sondern weil wir zur Empathie begabte Wesen sind, die anderen immer auch mit Mitgefühl begegnen können.

Das Urerlebnis des liebevollen Lächelns prägt jeden Menschen, es macht ihn jedoch auch sehr empfänglich für andere Formen des Lächelns, denen man später im Leben begegnet. Es braucht Zeit und jede

Menge Erfahrung, bis Menschen lernen, dass hinter einem Lächeln eines anderen Menschen auch eine nicht so gute Absicht stecken kann, dass es nicht immer um den Austausch von gegenseitiger Zuneigung geht, sondern sehr oft nur um ein handfestes Interesse, dem da nachgeholfen werden soll. Meistens leitet dieses falsche Lächeln ein Geschäft ein oder einen Dialog, hinter dem ein eigennütziges Interesse steckt. Man will etwas loswerden, etwas verkaufen oder unbedingt bekommen, man geht einen Tauschakt ein, von dem man profitieren möchte. Angelächelt zu werden, erinnert jeden Menschen irgendwo immer daran, dass es einmal ein Zeichen war, jemandem vertrauen zu können. An den Missbrauch muss man sich erst schmerzhaft gewöhnen. Dennoch lernen Menschen schon in der Kindheit, ihr Lächeln als Maske einzusetzen. Etwa um eine Tüte Bonbons oder ein Eis zu erhalten, Aufmerksamkeit für ein Bild, das sie gemalt haben, oder um dem Wunsch nach einem Zoobesuch Nachdruck zu verleihen.

Es ist üblich, das Lächeln in falsche und echte Formen einzuteilen. Das echte ist schnell erklärt. Es ist jenes Lächeln, so denken viele, das von Herzen kommt, das Ausdruck einer warmen Emotion ist, die etwas in einem Menschen auslöst, ein Ausdruck, der nur Äußerung ist und keine Absicht hat. Und das falsche? Das falsche Lächeln ist dasjenige, das uns in betrügerischer Absicht begegnet, das uns täuscht, weil der, der es aufsetzt, damit einen Vorteil erringen möchte.

Wie aber ist es mit dem freundlichen Lächeln zur Begrüßung von Bekannten, Nachbarn oder Kollegen? Dieses Lächeln ist nicht unbedingt eines, das von tiefstem Herzen kommt. Aber ist es deswegen falsch? Hier sprechen Psychologen von einem sozialen Lächeln, das aktiviert wird, um den anderen zu signalisieren, dass man ihnen in friedlicher Absicht begegnet und sie willkommen sind. Immanuel Kant hat die Höflichkeit eine »gute Heuchelei« genannt. Man könnte behaupten, dass sie nicht zwangsläufig Heuchelei sei, sondern ganz und gar aufrichtiger Ausdruck, allerdings einer, der nicht so sehr von Herzen, sondern von einer ethischen Grundüberzeugung kommt. Mag sein, dass es kühler erscheint als das Lächeln aus vollem Herzen, es ist deswegen nicht unehrlich, drückt sich darin doch etwas aus, was wir wahrhaftig empfinden: eine Art soziales Zusammengehörigkeitsgefühl, und sei es auch nur für die Dauer eines Small Talks am Straßeneck. Man erkennt, auch Lächeln aus Freundlichkeit muss nicht falsch sein, so wenig wie alle sozialen Maskierungen in der Selbstdarstellung.

Performen von Positivität – Lächeln für andere

Wie sehr lassen sich Menschen von falschem Lächeln täuschen, wie sehr haben sie doch einen ganz guten Sinn dafür, falsches von echtem Lächeln zu unterscheiden? Das hat den britischen Psychologen Richard Wiseman interessiert. In einer Studie von 2015 ließ er Testpersonen jeweils paarweise angeordnete Fotos von lächelnden Menschen betrachten und bat sie zu benennen, wo richtig und wo nur aufgesetzt gelächelt wird. Sein Ergebnis: Etwa 60 Prozent der normalen Menschen sind in der Lage, falsches von echtem Lächeln zu unterscheiden. Aber ein Großteil liegt daneben. »Bei einem echten Lächeln«, so Wiseman, »beansprucht man mehr Gesichtsmuskeln, und das sieht man an den Falten um die Augen der Person, die sich stärker kräuseln.«

Diese Beobachtung ist alter Wissensbestand der Wahrnehmungspsychologie. Denn dass das aufgesetzte Lächeln die Augenpartie nicht erreicht, während von innen kommendes Lächeln Muskelpartien aktiviert, die um die Augen liegen und deren Kontraktion erst die markanten Krähenfüße-Falten erzeugen, hat schon 1862 der französische Psychologe Guillaume-Benjamin Duchenne in einer berühmten Untersuchung »Mechanismus der menschlichen Physiognomie« gezeigt. Genauer: Während jedes Lächeln eine Kontraktion des Zygomaticus-Muskels aufweist, also des Muskels, der die Mundwinkel hochzieht, aktiviert nur das wirklich von innen kommende Lächeln zugleich den Orbicularis-Oculi-Muskel um die Augen. Das heißt, die Augendeckfalte, die zwischen Augenbraue und Augenlid liegt, senkt sich ab. Unbestechlich ist also nicht der Mund, sondern es sind nur die Augen. Sie drücken nahezu alle Emotionen aus, starke wie schwache.

Vielen Menschen ist es aber nicht immer recht, dass die Augen so authentisch kommunizieren. Sie steuern bei Bedarf gegen, und zwar in der unteren Gesichtshälfte. Trifft man etwa auf einen unangenehm empfundenen Menschen, kann im Blick zunächst ganz unverstellt Aversion oder manchmal sogar Ekel liegen. Menschen sind jedoch in der Lage, blitzschnell der Emotion, die sich da den Weg nach außen bahnt, ein gespieltes Lächeln nachzuschieben, das dazu dient, den zwar wahren, aber situativ nicht erwünschten offenen Eindruck zu verbergen und dem Gegenüber mit einer gespielten Freundlichkeit zu begegnen. Das geht zurück auf frühe Lernleistungen, kein Wunder, davon kann viel abhängen, egal, ob beim Einstellungsgespräch mit dem zukünftigen Chef im Büro oder beim Date zur Anbahnung einer Partnerschaft.

Damit Menschen die Kontrolle über ihre Emotionsausdrücke behalten, nutzen sie in ihrer unteren Gesichtshälfte die Möglichkeit, die unverstellt geäußerten Gefühlszustände der Augen sozusagen zurückzumaskieren, indem sie dort eine Art mimische Maske aufsetzen. Wie und ob das gelingt, zeigten 2016 die japanischen Forscher Miho Iwasaki und Yasuki Noguchi. Sie konnten nicht nur bestätigen, dass Menschen vor allem durch unmittelbar nachgeschobenes Lächeln dazu neigen, den ersten spontanen Emotionsausdruck effektiv zu korrigieren, sondern auch, dass diese nachträglichen Maskierungsstrategien überaus erfolgreich sind und den ersten Eindruck wirkungsvoll überdecken. Selbst wenn also die wahre Emotion einer Person kurzzeitig offenbart wird, wird ihre bewusste Erkennung durch Folgebewegungen in anderen Teilen des Gesichts gehemmt. Das Lächeln des Mundes, auch wenn es nachgeschoben ist, ist demnach der stärkere Reiz. Er ist so omnipräsent, dass er bei den Empfängern die ursprüngliche Botschaft der Augen vergessen machen kann. Man kann es auch so ausdrücken: Selbst wenn man durchaus aufgesetztes von emotionalem Lächeln in einer Versuchsanordnung einigermaßen zuverlässig unterscheiden kann, lässt man sich im normalen Leben nur allzu leicht täuschen.

Gespieltes Lächeln

Wird ein falsches Lächeln eingesetzt, das weder der puren Liebe und auch nicht einem menschenfreundlichen Ethos entspringt, weil es ausschließlich ein eigennütziges Interesse motiviert, kann man sagen, es ist gespielt. Beim Spiel ist es wie im Theater oder im Film. Die hohe Kunst besteht darin, auch ein falsches Lächeln so zu imitieren, dass es als ein emotionales erscheint oder wahlweise als ein von einer ethischen Haltung ausgelöstes und für glaubwürdig gehalten wird.

Die Orte, an denen heute die hohe Kunst des geschmeidigen Lächelns quasi rund um die Uhr zelebriert wird, befinden sich am ehesten dort, wo es um einen hart umkämpften Markt geht, wo es gilt, im Handumdrehen maximale Aufmerksamkeit für sich zu gewinnen. Um die aktuellen Inszenierungsforen zeitgemäßer Geschmeidigkeit aufzusuchen, tut man also gut daran, den Auftritt von Menschen zu studieren, am besten solche, die ein Massenpublikum erreichen möchten und denen dies auch gelingt, *YouTuber* etwa, die über eine hohe »soziale Reichweite« verfügen oder erfolgreiche Fernsehmoderatoren. Besser aber keine, die im Nischenprogramm bei der Kultur auftreten oder etwa ein investigatives Format moderieren. Eher solche, die in einem der öffentlich-rechtlichen Vorabend-Programme performen und die obendrein unter Quotendruck stehen, weil von den Programmchefs permanent kontrolliert wird, ob gefällt, was gesendet wird. Ein Moderator, vielleicht Ende vierzig, Anfang fünfzig, aber »jung geblieben«, weiße Sneakers und pfiffige Designerbrille, ein Jackett mit hochgekrempelten Ärmeln, die seine Armknöchel freilegen, an denen ruhig ein paar bunte Kordeln oder ein Lederriemchen zu sehen sind, vielleicht sogar das ausgefranste Armbändchen aus dem letzten All-inclusive-Kluburlaub auf Ibiza.

Das wichtigste Kapital des Moderators ist sein Lächeln. Es soll der Türöffner zu den Herzen seines Publikums sein. Und das möglichst andauernd, was erklärt, warum Moderatoren nahezu ständig vor sich hin lächeln, ohne dass es eines äußeren Anlasses bedurfte. Darauf ist der Fernsehmoderator getrimmt, sobald das rote Kameralämpchen leuchtet, das hat er unzählige Male vor dem Spiegel geübt. Früh hat man ihm beigebracht, es geht, egal welcher Inhalt transportiert wird, um immerwährende Positivität. Wer routiniert moderiert, bei dem hat sie sich verfestigt, sie ist ihm in Mark und Bein übergegangen. Er kann gar nicht anders, als positiv zu sein.

Das Lächeln zur Anwerbung fremder Menschen, die den Lächler nur mit einem Interesse verbindet, ist die älteste Form der Geschmeidigkeit, eine, der man sich manchmal nur schwer entziehen kann, vor allem, wenn sie von Frauen eingesetzt wird. Viele, vor allem europäische Männer, zeigen sich vom asiatischen Lächeln, etwa dem »Sourire Khmer«, von dem Graham Greene so ergriffen geschrieben hat, bezirzt. Man kann diesem unwiderstehlichen Lächeln bis heute noch überall in Indochina begegnen, vor allem auf den Märkten, wo es von Frauen, dezent eingesetzt, hilft, ihre Waren besser an den Mann zu bringen. Und natürlich kennt man es auch von der Prostitution. Nicht nur zur Freude der Politiker und Sittenwächter. Um Kunden oder Freier davor zu bewahren, dass sie in die Lächelfalle tappen, wird seitens der Politik keine noch so strenge Maßnahme ausgelassen. In Frankreich, wo die Prostitution verboten ist, gab es noch 2003 unter dem damaligen Premierminister Nicolas Sarkozy eine Gesetzesverschärfung, nach der es nicht nur Kunden von Prostituierten untersagt wurde, diese auf dem Straßenstrich anzusprechen, sondern es den Frauen verboten wurde, zu potenziellen Freiern Blickkontakt aufzunehmen und diese anzulächeln. Selbst dieses »passive Anwerben«, französisch »raccolage passif«, konnte laut Gesetz mit bis zu zwei Monaten Gefängnis oder einer hohen Geldstrafe geahndet werden. Schriebe man eine Kulturgeschichte des Lächelns, eine historische Sozialpsychologie gewissermaßen, würde man bald erkennen, dass dieses Gefälligkeitslächeln, sobald es nicht der erotischen Sphäre entstammt und dem Zweck des Zurschaustellens der eigenen sexuellen Attraktivität dient, um einen potenziellen Partner anzuwerben, fast ausnahmslos der ökonomischen Sphäre zugehörig ist. So gelächelt wird nahezu immer, um ein Tausch- oder Kaufinteresse zu wecken, genauso wie der Moderator lächelt, um Zuschauer zu binden. Lächeln zur Akquise gewissermaßen – nach dem Lächeln aus Liebe die zweitälteste Gefühlsregung der Welt. In jeder Lage zu lächeln, auch noch in der aussichtslosesten oder in einer, in der der Normalbürger eher nervös oder angespannt wäre – damit verdient der Berufslächler sein Brot. Lächeln bedeutet hier Ausdruck von Souveränität, man hat alles im Griff, egal, ob einen renitenten Studiogast oder die Anmoderation zur Massenkarambolage im Nachrichtenblock. Lächeln heißt, Menschen an sich zu binden.

Verstellung ist harte Arbeit

Wie sehr das soziale Leben einem Darstellen auf der Bühne gleicht, lässt sich am besten dort studieren, wo man Situationen des alltäglichen Lebens nicht mit einem Spiel auf einer Bühne *vergleichen kann*, sondern wo einer ganz direkt und unverblümt auf einer echten Bühne *agiert*. Zum Beispiel in einem Fernsehstudio, in dem eine Livesendung produziert wird. So ein Live-Fernsehauftritt ist eine aufwendige Sache. Nicht nur technisch. Alles will kontrolliert sein, bevor man auf Sendung geht. Der Maskenbildner tupft dem Mann des Lächelns nochmals den Schweiß ab, der selber checkt den Sitz seines Jacketts, rückt die Krawatte zurecht. Es gibt auch welche, die, um sicherzugehen, dass sie es nicht verlernt haben, zur Probe noch einmal vor sich hinlächeln oder die ersten Sätze der Anmoderation vor sich hinsprechen, bevor es losgeht. Hier ist alles einstudiert, so gut wie nichts spontan. Alles beim Fernsehen, selbst noch das Unterhaltsame, ist eine todernste Sache. Wie anstrengend es wirklich ist, ständig so zu lächeln, und zwar vor allem gegen die eigene Befindlichkeit anzulächeln, sieht man immer wieder, wenn der Beitrag anmoderiert ist, aber noch Zeit vergeht, bis er eingespielt wird. Dann gefriert selbst bei manchem Profi das Moderatorenlächeln, die Zeit scheint still zu stehen, das Lächeln aber nicht, es entgleitet, wird starr, das Gesicht verrutscht, der Moderator zeigt nun, was er immer ist, ein Maskenträger. Das Maskenhafte wird greifbar, das ganze Elend, die harte Wahrheit hinter allem Schein: die Arbeit, die Pein, der Abgrund. Es gibt aber auch Naturtalente, die selbst solche *Time Slots* unbeschadet überbrücken können, die scheinbar ewig dauern: Entertainer Eckhart von Hirschhausen etwa oder Ex-Fußballprofi Bastian Schweinsteiger schaffen es auch noch lange nach dem Ende der Sendung, in unglaublicher Tapferkeit weiterzulächeln.

Ein normaler Mensch kommt heute trotz der Omnipräsenz von allerlei Medien höchst selten ins Fernsehen. Deswegen ist er nervös, wenn es doch mal dazu kommt. Er hegt vielleicht ähnliche Gefühle bei einem bevorstehenden Auftritt, wie wenn ein Zahnarztbesuch anstünde. Man kann zwei Nächte vorher nicht mehr schlafen und ist aufgeregt, bevor die Sendung anfängt, zu der man da vielleicht als Sprecher einer Bürgerinitiative oder als jemand, der einen kleinen Preis gewonnen hat, eingeladen ist. Wer öfter im Fernsehen auftritt, ist immer noch nervös, hat aber schon gelernt, es besser zu verbergen. Die Steigerung sind solche Menschen, die ins Fernsehen kommen und es genießen. Im Theater nennt man so jemanden eine Rampensau. Wovor sich andere ängstigen, scheint sie zu inspirieren.

Die finale Endstufe der Entwicklung ist jedoch nicht jene, in der alle Nervosität einer emotionslosen Souveränität gewichen ist. Nein, die wahre Steigerung ist eine Art zur Schau gestellte Indifferenz dem ganzen technischen Aufwand gegenüber, den Bauten, Beleuchtungsapparaturen und auch dem ganzen Personal, das einen ständig und in großer Zahl, vom Zuschauer freilich ungesehen, umgibt und das dazu da ist, den Studiogast ideal in Szene zu setzen. Mehr noch, bei solchen Menschen meint man, eine Art demonstrativen Gelangweiltseins zu erkennen, und es geht noch mehr: eine Art Verdruss schon, dass man im Fokus der Medien steht, ein nach außen gekehrtes Gefühl des Belästigtseins, ja, ein scheinbarer Widerwille gegen all die künstliche Aufmerksamkeit, die einem da entgegengebracht wird.

Der Geschmeidige, der es ins Scheinwerferlicht der Medien geschafft hat, lernt bald, nicht mehr zu zeigen, wie nervös er ist, wenn eine Kamera auf ihn gerichtet ist, und erst recht nicht, wie erfreut, wenn sich ein Miko nähert. Man verbirgt die glückvolle Aufregung besser, die in einem aufsteigt, wenn ein Reporter für ein Interview anfragt, obwohl man doch von einer derartigen medialen Wichtigkeit einst im Jugendzimmer, eingehüllt in die Bayern-München-Bettwäsche, ganze Nächte lang geträumt hat. Gerade der interviewte Fußballprofi, und sei er noch so unbedeutend, hat schnell gelernt, dass man keine Freude zeigen sollte, wenn es zum Interview kommt, sondern besser eine leichte Gereiztheit verströmt. Man hat sich das bei den Großen abgeschaut, bei Cristiano Ronaldo oder beim Erfolgstrainer Jürgen Klopp, in Expertenkreisen auch die »Lady Di des Fußballs« genannt, der es zwar nicht schafft, auch nur einer einzigen Kamera auszuweichen, wenn er dann aber redet, immer so tut, als wäre ihm diese Aktion extrem lästig, und noch fast jedem Reporter das schlechte Gefühl gibt, es sei eine unverdiente Gnade, den großen Trainer vor dem Mikro zu haben. Ein solches Gebaren folgt einer ersten Regel der Selbstdarstellung in medialer Zeit: Man vermag den eigenen Wert an Bedeutsamkeit zu steigern, indem man so tut, als sei einem all die gewährte Aufmerksamkeit regelrecht zuwider.

Sich rarzumachen, trotz des Bedürfnisses, so oft wie möglich im Mittelpunkt zu stehen, ist vollendete Geschmeidigkeit. Auf der Leiter der Geschmeidigkeit ist es wie mit der neuen Liebe. Man macht sich umso begehrenswerter, je mehr man die Angebetete zappeln lässt, anstatt sofort zu antworten: »Ja, natürlich habe ich Zeit, ich komme überall hin, wo immer du willst.« In der Aufmerksamkeitsökonomie hat man gelernt, dass erst durch knappdosierte Präsenzintervalle die Aktien der eigenen Attraktivität ins Unermessliche zu steigern sind. Man darf nur nicht übertreiben. Denn folgt der Absturz an Popularität, und es möchte nicht einmal mehr der Reporter vom Lokal-TV ein Gespräch mit einem führen, dann hat man zu hoch gepokert.

Alle spielen Theater – Rolle und Selbstdarstellung

Dennoch, Selbstdarstellung ist keine Balz, kein selbstverliebter Ausdruckstanz und kein affektiertes Pirouettendrehen, keine One-Man-Show, kein Catwalk auf dem Laufsteg des Lebens oder ein laszives Posing auf *Instagram*, sie ist nicht, wie man vorschnell annehmen könnte, eine Veranstaltung von notorischen Angebern oder vollends von pathologischen Narzissten, sondern zunächst einmal eine Notwendigkeit des menschlichen Zusammenlebens in der Gesellschaft. Insofern ist jeder ein Selbstdarsteller, der Papst so sehr wie die Kassiererin bei *Lidl*. Es ist eine grundlegende Überzeugung der Soziologie, wie sie schon in ihrer Gründungsphase etwa im Werk Georg Simmels zum Ausdruck kommt, dass sich Menschen unaufhörlich in Rollen darstellen, wenn sie anderen gegenübertreten. Menschen weisen zwar ganz verschiedene individuelle oder charakteristische Eigenheiten auf, als gesellschaftliche Wesen begegnen sie sich jedoch immer in sozialen Rollen. Sich selbst darzustellen, eine Rolle zu spielen, ist erst einmal eine soziale Funktionsweise, ohne die gesellschaftliches Zusammenleben nicht vorstellbar ist. Und wir tun es andauernd, kein Bereich ist ausgenommen. Alles ist Bühne der Selbstdarstellung, die Arbeitswelt, die Bar oder Kneipe bei der After-

Work-Party nach Feierabend, die Welten von Freizeit und Urlaub, die sozialen Orte von Partnerschaft, Familie, Freundschaft und Verein, Parteien oder Verbände, in denen man sich bewegt.

Wenn wir eine Rolle spielen, tritt unsere Individualität hinter die Rolle zurück. Georg Simmel hat diese Voraussetzung des sozialen Zusammenlebens in seiner Soziologie ausführlich beschrieben. Er spricht davon, dass wir anderen in der Öffentlichkeit nicht als Individuen begegnen, sondern sie »in irgendeinem Maße verallgemeinert« sehen. Wir nehmen im anderen immer nur den Typus wahr, »unter den wir ihn rechnen«, wobei die Formen der Rolle immer der Individualität vorausgehen und von Menschen »inhaltlich ausgefüllt werden.«

In den 1950er-Jahren entwickelte die US-amerikanische Soziologie die Rollentheorie und knüpfte an Simmel an. Auch sie nimmt in der Erkenntnis ihren Anfang, dass alles Handeln in der Gesellschaft *in sozialen Rollen* erfolgt. Sobald der Mensch agiert, tut er dies als Träger einer sozialen Rolle, egal ob als Mutter oder Vater in der Familie, als Schüler oder Lehrer in der Schule, als Angestellter oder Chef im Betrieb. Das hat mit dem Wesen sozialer Identität zu tun. Soziale Identität wird immer zu einem Rollenbild angepasst, das die jeweilige Situation zu erfordern scheint. Erst eine Rolle ist in der Lage, soziale Identität überhaupt auszudrücken.

Selbstdarstellung ist aber mehr als nur das soziale Rollenspiel, sie ist ein Oberbegriff für alle Formen, wie wir uns nach außen hin, zur Gesellschaft, präsentieren. Man kann also unter »Selbstdarstellung« nicht nur unser Rollenverhalten verstehen, sondern darüber hinaus alle auch spontanen, weniger festgelegten Formen, wie ein Individuum neudeutsch gesagt: »rüberkommen« möchte. Dazu wählt jeder Einzelne bestimmte Ausdrucksmittel, die er für seinen Auftritt geeignet hält. Was sage ich? Wie sage ich es? Wie möchte ich wahrgenommen werden? Man inszeniert sich, und zwar nach einer Idee, die man von sich hat. Aller Selbstdarstellung zugrunde liegt der Wunsch, *wie* man bei anderen ankommen möchte.

Wenn der Mensch morgens seine Wohnung verlässt, dann verwandelt er sich, ganz ähnlich wie ein Schauspieler, der zuvor noch in seiner Garderobe gesessen hat und sich für den Auftritt auf der Bühne umzieht, frisiert und schminkt. Das ist die Grundüberzeugung der Rollentheorie. Im Spiegel überprüft er sich so lange, bis er denkt, die Aufmachung ist geeignet zur Außendarstellung, zumindest für jene, die heute gefragt ist. Der Tag kann kommen. Dann öffnet er die Haustür und tritt hinaus in die Sozialwelt. Alle machen das, wenn sie zur Arbeit gehen, wenn man Freunde trifft, selbst wenn es nur zum Einkaufen oder in den Kiosk um die Ecke geht, um sich ein Bier zu holen. Auf der einen Seite folgt man damit einer Idee oder Vorstellung von sich selbst, wie man wahrgenommen werden möchte. Auf der anderen Seite orientiert sich dieses gewählte Außenbild auch daran, wie einer glaubt, sympathisch zu erscheinen und zu erreichen, dass er für seinen Auftritt wenigstens auf ein Minimum an Gegenliebe stößt.

Als Begründer der modernen *Rollentheorie* und so etwas wie der Gründungsvater der menschlichen Selbstdarstellung als akademischer Disziplin gilt der US-amerikanische Soziologe Erving Goffman. Er hat mit seinem Titel »Wir alle spielen Theater« (im Original: »The Presentation of Self in Everyday Life«) schon 1959 ein Grundlagenwerk vorgelegt, in dem er menschliches Sozialverhalten als eine Art Spiel betrachtete und alle Akteure des sozialen Geschehens mit Schauspielern verglich, die auf den verschiedenen Bühnen des Lebens Rollen spielen und von einem Publikum wahrgenommen werden.

Unter einer *sozialen Rolle* versteht Goffman, und nach ihm Ralf Dahrendorf, der diesen Begriff in die deutsche Soziologie eingeführt hat, einen Komplex konkreter Verhaltenserwartungen, Erwartungen, die einen normativen Charakter haben, in bestimmten Handlungszusammenhängen zum Tragen kommen und Gültigkeit beanspruchen. »Das heißt, sie wechseln nicht beliebig von Situation zu Situation, sondern sind regelmäßig unter bestimmten Umständen auftretende Erwartungen eines regelhaften Verhaltens«, führt der Soziologe Hans Peter Dreitzel aus. Man könnte auch sagen, Rollen sind Wahlidentitäten einer Person, mit der bestimmte normativ festgelegte Rollenerwartungen des Verhaltens und Handelns miteinander verbunden sind und die quasi den Rahmen abstecken, in dem eine Interaktion zweier Rollenträger abläuft. Diese Erwartungshaltungen gegenüber einer Rolle bestimmen darüber, wie sich Menschen dem jeweiligen Rollenträger gegenüber verhalten, gleichgültig, ob da einer etwa ein echter Polizist ist oder sich nur für einen Polizisten ausgibt, etwa in betrügerischer Absicht. Man passt das eigene Verhalten der Rolle desjenigen an, dem man da begegnet. Weil ich davon ausgehe, dass mir ein Polizist helfen wird, den richtigen Weg in einer fremden Stadt zu finden, spreche ich ihn an und werde sehr wahrscheinlich auf einen Menschen stoßen, der sich zuständig fühlt und versuchen wird, mir eine kompetente Antwort zu geben. Umgekehrt beeinflusst das auch meine Fügsamkeitsmotivation, wenn ich die Rolle anerkenne. Ich würde umgehend meinen Ausweis zücken, wenn ich bei einer Personenkontrolle aufgefordert werde, diesen vorzuzeigen.

Dem allen, das ist Goffmans Grundannahme, liegt ein Wunsch zugrunde, der Menschen immerzu motiviert, sobald sie sich unter andere begeben: Menschen wollen bei anderen in einer bestimmten Form einen bestimmten Eindruck von sich erwecken. Genau genommen geht es dabei um einen Eindruck, den man bei anderen aktiv erzielen möchte, aber gleichzeitig auch um einen solchen, der beim Publikum auf keinen Fall aufkommen soll. Welcher Eindruck bei anderen erzielt wird, hängt aber sehr stark davon ab, über welche Ausdrucksmöglichkeiten man verfügt. Goffman schreibt über den Menschen in der Selbstdarstellung: »Er kann wünschen, dass jene viel von ihm halten oder dass sie glauben, er halte viel von ihnen, er kann wünschen, dass sie seine wahre Meinung über sie erfahren oder dass sie darüber keinen klaren Eindruck gewinnen, er kann wünschen, die Harmonie zu sichern, um die Interaktion aufrecht zu erhalten, oder versuchen, die anderen zu betrügen, sie loszuwerden, sie zu verwirren, sie irrezuführen, gegen sie anzukämpfen oder sie zu beleidigen. Abgesehen von dem unmittelbaren Ziel, das der Einzelne sich gesetzt hat, und von den Motiven dieser Zielsetzung, liegt es in seinem Interesse, das Verhalten der anderen, insbesondere ihr Verhalten ihm gegenüber, zu kontrollieren.« Primäres Ziel im Rollenverhalten ist es, nicht nur einen bestimmten Eindruck zu machen, sondern, eine permanente Kontrolle darüber zu erlangen, wie man bei anderen ankommt. Dies gelingt Menschen am ehesten, indem sie versuchen, sich in einer Art und Weise zu verhalten, von der sie *annehmen*, sie erweckten den gewünschten Eindruck. Dazu wiederum ist es nötig, fremde Erwartungshaltungen zu *antizipieren* und ins eigene Spiel zu integrieren und gleichzeitig die anderen durch das eigene Auftreten so zu überzeugen, dass man bei allem Spiel *glaubwürdig* erscheint.

Um ans Ziel zu kommen, wählt man eine Rolle aus, die man spielen will und die man für sich als adäquat erachtet. Goffman vergleicht eine solche Rolle mit einer persönlichen Fassade, die jedoch nur dann überzeugt, wenn sie kohärent ist. Jeder Auftritt müsse nach Perfektion streben, weil nur sie Glaubwürdigkeit garantiert. Diese Rollen-Fassaden stehen in einer Gesellschaft immer schon fest, werden von der einen Generation zur nächsten weitergegeben und dabei modifiziert. Wer in sie schlüpft, wählt also immer aus einem Angebot bereits vorfindlicher, sozial existierender Rollenverständnisse aus, bedient sich ihrer konkreten äußerlichen Erscheinungsbilder und ganz genauso des festgelegten inneren Gestus und Habitus. Ein gelungener Auftritt ist dabei stets ein Spiel, das aber für echt gehalten wird, und das den Faktor, dass hier gespielt wird, vollkommen vergessen lässt.

Alles gelingende soziale Leben ist an die Fähigkeit gebunden, die richtige Distanz zu seinesgleichen zu finden. Zu nah, ist schnell zu aufdringlich; zu fern, reserviert und förmlich. Und immer dort, wo der richtige Abstand verletzt wird, entstehen Störungen und Konflikte in der sozialen Beziehung sowie Schamgefühle bei den einzelnen Akteuren. Soziale Rollen regeln die richtige Distanz, sie gewährleisten Sicherheit im Umgang miteinander, indem sie klären, Du bist mein Nachbar, und Du bist mein Freund, Du bist mein Vater und Du mein Kollege. Distanz wiederum ist etwas, so Goffman, was die Ehrfurcht vor der Rolle garantiert, deswegen komme einer am ehesten ans Ziel, wenn er kompetent und distanziert zugleich performt. Bei zu viel Vertraulichkeit hingegen entstünde Verächtlichkeit. Die Rolle muss für andere auch gut erkennbar sein, und sie darf den, der sie spielt, nicht überfordern. Deswegen flüchten sich viele in solche Rollen, die ihnen gesellschaftliches Ansehen eintragen, aber den Vorteil haben, nur schwer anzuzweifeln zu sein. Ob ich etwa Volljurist bin oder nicht, lässt sich leicht nachweisen, ob Wein- oder Kunstkenner hingegen, nicht so ohne Weiteres.

Rolle und Fassade

Wenn man unter einem Menschenbild eine Reihe von Annahmen bezeichnet, die man von anderen Menschen hat, dann geht es im sozialen Leben immer darum, das Bild, das andere von einem selbst haben, so zu beeinflussen, dass es möglichst vorteilhaft ist, dass es so ist, dass einer die größten Chancen hat, seine Interessen durchzusetzen. Menschen neigen dazu, den Prozess, wie sie auf andere wirken, nicht nur zu kontrollieren, sondern nach Kräften zu beeinflussen. Sie geben sich in einer Art und Weise, dass ein anderer das gewünschte Selbstbild auch für den tatsächlichen Menschen halten soll.

Das kann sehr weit gehen. Denn manchmal ist nicht nur die Art, wie wir uns stylen, schmücken oder kleiden, »für andere« gedacht, sondern es sind sogar ganze kleine Aufführungen, performative Episoden, die wir hinlegen, um einen bestimmten Eindruck zu hinterlassen. Etwas tun, als würde man es nur für sich selbst machen, wobei der Adressat eigentlich das Publikum ist, das dieser Szene beiwohnt, ist der gängige Move. Zum Beispiel in einer Bar über vier Tische hinweg lautstark ein Getränk in Auftrag zu geben. Das soll nicht allein dem Keeper anzeigen, was einer trinken will, sondern den anderen Gästen, wie selbstbewusst da einer ist und wie er in der Gruppe der anwesenden Gäste ankommen möchte. Oder wenn ein Kraftprotz zur Kneipentür hereinkommt, die Schultern breitstellt wie Arnold Schwarzenegger in seinen besten Tagen und dabei demonstrativ in alle Richtungen salutiert; Girls, die im Partyboot mit hochgereckten Armen tanzen, nicht weil sie ausgelassen sind, sondern weil sie dem Publikum am Ufer vorführen wollen, welchen irren Spaß sie hier an Deck haben, oder die junge Frau, die von sich meint, sie würde besonders attraktiv aussehen, an einem vorbeistolziert und sich ins Kreuz wirft, um zu unterstreichen, wie begehrenswert sie ist. Dann folgt das eigene Tun, Gehen, Verhalten nicht nur dem Selbstausdruck, sondern dem Zweck, andere zu beeindrucken. Gemeinschaftsräume sind niemals nur Orte individueller Bedürfnisdeckung, sondern auch noch der letzte Tante-Emma-Laden ist eine soziale Bühne, eine Rampe oder eine Art modischer Laufsteg. In einem Lokal oder einem Laden konsumieren wir nicht nur oder erledigen zweckdienlich eine Aufgabe, nein, wir präsentieren uns immer auch.

Wenn es richtig ist, wie Goffman argumentiert, dass zur Fassade einer Rolle nicht nur das Outfit, sondern auch noch die Räumlichkeiten zählen, die uns umgeben, lässt sich ein Wandel beobachten. Einst war es die Beherrschung eines Stils in allen Bereichen, die für die gelungene Fassade sorgte. Erforderlich war eine absolute Stilsicherheit. Heute ist es umso wichtiger, die Ernsthaftigkeit einer lupenreinen, stilsicheren Inszenierung zu durchbrechen. Man platziert inmitten der Empire-Möbel eine Loriotbüste, man heiratet rollenkonform, aber in einem bunten Ironie-Jackett, das an etwas Clownhaftes erinnert, um nicht zu eindimensional zu erscheinen, wie etwa noch die Großeltern bei ihrer Hochzeit. Man imitiert, aber man parodiert auch in Teilen gesellschaftlich überkommene Formen. Es ist der Mix aus der Beherrschung des traditionellen Ritus inklusive der entsprechenden Stilfragen und dem Know-how zu wissen, wo und wie diese zu durchbrechen sind, um eine ganz unabdingbare persönliche Note aufblitzen zu lassen. Selbst noch beim *Zoom*-Interview, zu dem man vor einem Bücherregal Platz nimmt, ist das geboten. Nur, wenn die imposante akademische Bücherwand konterkariert wird etwa durch ein Werk eines New Yorker Szene-Künstlers, durch eine schräge Skulptur oder auch nur ein paar große, überdimensionierte Kugeln, die im Hintergrund kullern, hat man die Aufgabe individueller Inszenierung zufriedenstellend erfüllt.

Rollen und Rollenerwartungen

Wenn eine Rolle nichts anders ist als die erkennbare Personifizierung eines Bündels von ganz spezifischen Erwartungen, dann gehört genauso zu dieser Definition, dass diesen Erwartungen eine hohe, die eigene Umgebung stark determinierende Kraft eigen ist. Wie wirkungsmächtig, ja manipulativ Erwartungen sein können, die man an Rollen knüpft, zeigt etwa Gottfried Kellers berühmte Novelle »Kleider machen Leute« von 1874, die Geschichte des armen, hungrigen, aber standesgemäß schick gekleideten Schneidergesellen Wenzel Strapinksi, der ohne jede Täuschungsabsicht für einen Grafen gehalten wird. Er gerät an einem

Wintertag ohne eigenes Zutun in einen prächtigen Landgasthof, wo ihn das gesamte Wirtshauspersonal in der irrigen Annahme hofiert, es mit einem polnischen Adeligen mit einem prall gefüllten Portemonnaie zu tun zu haben, so sehr, dass er sich am Ende gar nicht mehr traut zu bekennen, dass er eigentlich nur ein armes Schneiderlein ist.

Wenn man sich sozial inszeniert, dann im Vertrauen, dass man in der Art, als wer und wie man sich inszeniert, bei anderen bestimmte Erwartungen bedient. Andere begegnen einem so, wie das der Rolle, die man spielt, entspricht. Auch wenn man sich glaubwürdig als wichtig inszeniert, ohne überall heraus zu posaunen, dass man von adeligem Geblüt ist, wenn man sich also fein kleidet, Krawatte trägt, ein großes Auto fährt, mit tiefer Stimme langsam und bedeutungsvoll spricht, wird man schnell als sozial bedeutungsvoll kategorisiert – und gilt im Urteil der anderen als höherwertig, was sich in einer entsprechend respektvollen, ja hofierenden Behandlung ausdrücken kann, ja man bekommt automatisch mehr Respekt gezollt als ein Mensch mit geringerem Status. Das ist eine verbreitete Methode, um die eigene soziale Bedeutsamkeit zu steigern, die es in allen Gesellschaften gibt, um das eigene Standing, die eigene Bedeutsamkeit zu erhöhen und so an mehr Erfolg, Macht und Chancen zu gelangen.

Dazu müssen Rollen aber klar erkennbar sein. Man muss schnell einordnen können, wer wer ist, wer was macht und wer wofür zuständig ist. Dann ist klar, was zu erwarten ist. Diese Erkennbarkeit gewährleistet der Raum, in dem einer auftritt, das konkrete Auftreten, der Gestus, etwa der Auftritt eines Lehrers. Wenn er reinkommt und sagt »Schulhefte raus!«, wird er als Lehrer erkannt, ein Lehrer darf das. Wo Rollenträger nicht über Routinen erkennbar sind oder wo nicht erklärt werden kann, welche Rolle jemand spielt, weil dazu keine Zeit ist, tritt als Kategorisierungshilfe das »Habit« hinzu, die Tracht, Arbeitskleidung oder Uniform. Eine Uniform ist Sichtbarmachung von sozialer Identität schon vor der Interaktion, sie verkürzt und rationalisiert den Erwartungsprozess zwischen zwei Rollenträgern, man muss nicht lang Zuständigkeiten in Erfahrung bringen, sondern sieht sofort, woran man ist. Wenn ein Polizist in Uniform vor einem steht oder ein Arzt im weißen Kittel, dann weiß jeder Bescheid.

Im Spannungsfeld von Individualität und Rolle

Wenn es um zeitgemäße Formen der Selbstdarstellung geht, fällt auf, dass man heute eine gewisse Aufweichung starrer Rollenvorstellungen beobachten kann. In alter Zeit waren Rollen so festgelegt, dass sie viel strenger und verpflichtender waren, was ihre Interpretation durch den Einzelnen anging. Die Rolle war ein recht starres Gehäuse, der Handwerksmeister, der Polizist, die Schuhverkäuferin. Die Individualität hinter der Rolle galt es eher zu verbergen, es galt, sich viel stärker zurückzunehmen, um eine überzeugende Rollendarstellung abliefern zu können als heute.

Heute, bedingt durch die Dynamisierung der Individualisierung, haben sich Rollenverständnisse elastischer entwickelt. Eine Schuhverkäuferin in älterer Zeit zog der Kundin den Schuh an, für den sie sich entschieden hatte, und schnürte ihn. Das Verständnis ihrer Rolle schloss eine solche dienstleistende Tätigkeit mit ein. Das ist heute abgeschafft, ein solches Dienen – nicht allein vor dem Kunden, sondern gegenüber der Rolle, die man ausübt – geht dem modernen Individualisten gegen den Strich. Was einer in einer bestimmten Rolle zu erfüllen hat, wie weit das Gebot der Rolle geht, wird unbestimmter. Die Begegnungsformen im öffentlichen Raum tendieren heute dazu, persönlicher zu werden, wenn auch nicht in einem privaten oder freundschaftlichen Sinn, sondern in Form einer eher geschäftsmäßigen Art der Simulation einer pseudo-persönlichen Beziehung.

Nach Georg Simmel ist zwar die Rolle per se stets mächtiger als die Individualität, sie bleibt der Individualität sozusagen immer übergestülpt. Es lässt sich jedoch zeigen, dass sie sich im Lauf der Individualisierung der Gesellschaft mehr und mehr Platz schafft, mehr und mehr durch das Rollenkostüm nach außen drängt. Ein Beispiel ist der Zugbegleiter bei der *Deutschen Bahn* mit Ohrring, Zöpfchen und Tattoo, der flotte Sprüche macht, statt wie einst als »Schaffner« beamtenhaft förmlich und kurzangebunden zu sein. Das Rollenkostüm, so könnte man sagen, ist nicht mehr so eng geschnitten, freilich ohne dass die Rolle aufgegeben würde, sie wird heute nur viel freier interpretiert, gerät sogar manchmal in einen Konflikt, weil moderne Individualität dazu neigt, einer Rolle nicht immer so dienen zu wollen, wie das in früheren Tagen der Fall war.

Würde man heute eine neue Rollentheorie schreiben, müsste man ein Weiteres in Rechnung stellen. Der zeitgenössische Akteur stellt sich längst nicht mehr nur in den üblichen Rollen des Soziallebens dar, sondern immer auch als »Individualist in der Rolle«. Das ist der Gang, den die Selbstdarstellung im Lauf der Moderne nimmt. Noch immer überdecken Rollen den Selbstausdruck, dieser aber drückt mächtig nach außen. Denn für das Vorwärtskommen beim Karrierestreben ist es heute ganz entscheidend, wie sehr es gelingt, Individualität in oder trotz einer Rolle zu inszenieren. Die klassische Rolleninterpretation ist heute nicht mehr sonderlich erfolgversprechend, sondern weitaus eher die betont individualistische Ausfüllung einer Rolle. Je mehr Persönliches oder allgemein Menschliches durch die Fassade schimmert, umso größer die Aussichten, damit Erfolg zu erzielen. Das ist der Grund, warum man heute schon auf der Ebene etwa von höheren Verwaltungsbeamten oder Abteilungsleitern mehr Typen erleben kann, die in *Birkenstocks* und im bretonischen Fischerhemd zum Dienst erscheinen und nicht mehr im Seidensticker-Outfit und mit Tabac Original Aftershave besprüht wie noch zu Zeiten Ludwig Erhards. Selbst Führungspersonal erinnert heute in der stilistischen Eigeninszenierung weitaus eher an den klassischen Selbstverwirklicher als an den bürgerlichen Krawattenmann, wie er einst noch dem bürgerlichen Ideal im Herrenausstatter-Geschäft entsprochen hat und früher einmal uniform die Chefzimmer der Republik bevölkerte.

Wenn man in Goffmans Welt unterwegs ist, dann ist man in einer Welt von gestern. In seiner Gesellschaft treffen vor allem Träger von Berufs- und Familienrollen aufeinander. Heute spielen Menschen jedoch noch ganz andere Rollen, die diesen an Bedeutung in nichts nachstehen, ja diese in ihrer Bedeutung vielleicht sogar überholt haben. Eine Rollentheorie heute kann nicht mehr dabei stehen bleiben, diese alten Rollen neu zu beschreiben, sondern muss dem Wandel Rechnung tragen, dass Menschen sich heute vor allem in den Rollen des erfolgreichen Lebensstils begegnen, wie immer dieser definiert wird. Dies betrifft nicht einfach nur eine zusätzliche Freizeitrolle, sondern eine allen übergeordnete Mega-Rolle, die auch den Beruf noch mit einschließt. Man möchte die

Rolle eines Menschen interpretieren, der ein erfolgreiches Leben führt, in allen Bereichen, der enorm viel in diesen Wunsch investiert und die Erwartung in sich trägt, dafür gesellschaftliche Anerkennung zu ernten.

Der Selbstdarsteller heute repräsentiert einen Menschen, der eine ganzheitliche Vorstellung von sich hat und auch so auftritt. Die Berufsrolle ist nur eine unter vielen, die eigentliche übergeordnete Rolle, die alles überlagert, ist eine Vorstellung, eine Wunschidee von sich selbst. Im Zeitalter der Geschmeidigkeit inszeniert man sich als »Erfolgstyp« und verhält sich dabei so, wie man sich all jene vorstellt, die den Erfolg bereits errungen haben. Der »Selbstdarsteller« ist selbst zu einer Rolle geworden, zur mächtigsten Rolle vielleicht, die es in der Gesellschaft der Geschmeidigen gibt – und in die alle hineindrängen.

Das Selfie – Eskalation der Geschmeidigkeit

Um diesem neuen Selbstbild aber gerecht zu werden, ist heute wieder etwas gefragt, was in einem extremen Ausmaß zuletzt vielleicht noch in der höfischen Gesellschaft des Ancien Régime erforderlich war: hohe individuelle Schauspielkunst. Sie ist von einer Gabe weniger Professioneller im erlauchten Kreise heute zu etwas geworden, über das jeder verfügen sollte, der in dieser Gesellschaft nur halbwegs mithalten möchte. Ein anschauliches Beispiel ist die Art und Weise, wie man sich auf einem Selfie gibt. Ein Selfie, das ist jenes Foto von sich selbst, das man in alle Winde postet und das manchmal jeden Tag aufs Neue Auskunft über einen selbst gibt, über den Aufenthaltsort, die Befindlichkeit, die Gefühle und den aktuellen Status. Nun ist ein Selfie nicht einfach ein Foto, das Menschen von sich machen. Es ist vielmehr, wie Wolfgang Ullrich in seinem Essay »Selfies« schreibt, ein Bild von sich selbst, »auf dem man sich selbst zum Bild gemacht hat«. Im Selfie stellt man sich dar, setzt sich in Szene. Und zwar vornehmlich für andere. Die Mimik und die Gestik, die dabei gewählt werden, sind oft sehr stark normiert, orientieren sich an anderen, schon dagewesenen und verbreiteten Inszenierungsformen, man reiht sich ein.

Sich auf einer Bühne in Szene zu setzen, können jedoch die einen besser als die anderen. Diejenigen sind klar im Vorteil, die ein schauspielerisches Talent haben. Ullrich zitiert eine Studie des Psychologen Piotr Sorokowski aus dem Jahr 2016, die erwiesen hat, dass Menschen, die gerne im Mittelpunkt stehen und eher zu »extrovertiertem Verhalten« neigen, deutlich mehr Selfies verschicken als andere. Wer nicht so gut im Posing ist, wer grimassenhaft oder linkisch rüberkommt, wer den coolen Auftritt verfehlt, nirgendwo so sehr wie hier, vor einem virtuellen Weltpublikum, wird dies sofort auffällig. Das Selfie wird zur Nagelprobe. Wer dieses Masken- und Rollenspiel beherrscht, zählt zu den Stars, wer nicht, wirkt peinlich. Ein Selfie, das ankommt, hat dabei wenig Spontanes, es ist komplex komponiert, und das will gelernt sein. Dazu kommt die Kunst, ein Selfie zur Not auch verfremden zu können, Bildbearbeitungsprogramme und allerlei technische Kniffe einzusetzen, mit denen man den eigenen Auftritt noch weiter optimiert, um noch mehr Reichweite zu erzielen.

Der »Schein«, den man noch in der alten Welt der Masken, der Perücken und des Puders von sich erzeugte, war einmal eher situativ und beschränkt auf bestimmte Anlässe, die Soiree, den Salonabend, das Konzert. Vereinzelte Zeiträume waren es, in denen Menschen sich in eine Scheinwelt begaben, um sich dort publikumswirksam zu inszenieren. Heute kann man ein ganzes Scheinleben in einer eigenen Parallelwelt führen. Eine ganze neue Existenz lässt ich simulieren, man lebt in einem eigenen Kosmos außerhalb der Realwelt. Dies gab es so ähnlich schon einmal. Vor zwanzig Jahren etwa faszinierte es Millionen, sich mittels eines selbstgeschaffenen virtuellen Stellvertreters, eines »Avatars«, in der Welt von »Second Life« zu bewegen. Heute muss man dazu nicht mehr in die Virtualität abtauchen, man erfindet sich einfach neu auf *Instagram* oder *YouTube*. Für manche, Influencer oder auch ganz normale User, ist diese Welt schon bedeutungsvoller als die Realwelt, der Auftritt kommt einer Rund-um-die-Uhr-Story gleich. Und da das eigene Narrativ nur zählt, wenn es anderen vorgeführt wird, kommt dieser Scheinwelt der Charakter einer Wettbewerbsfläche zu. Man will in der besten aller Scheinwelten zu Hause sein und inszeniert sich entsprechend. Eine Konkurrenz des Scheins wird ins Werk gesetzt.

Die Inszenierungsräume zur Selbstdarstellung sind heute, in der modernen Gesellschaft viel offener, normativ entgrenzter und weitaus weniger überwacht als früher noch. Umso einfacher ist es, eine Wunschform der eigenen Selbstdarstellung Realität werden zu lassen. In einer traditionsgeleiteten Gesellschaft kann ich mich nicht einen Zimmermann nennen, wenn ich es will, sondern Institutionen wie Zünfte oder Gilden wachten streng darüber, wer eine solche Berufsbezeichnung führen darf. Auch noch in der frühen bürgerlichen Gesellschaft bleibt dies ganz ähnlich. Kompetenz ist viel stärker reguliert und zertifiziert, es gibt Berufsdiplome, die regeln, wer Meister ist und wer nicht. In den sozialen Medien sind solche Beschränkungen durchbrochen. *YouTube* etwa ist ein Bereich, in dem scheinbar alles geht und sich jeder präsentieren kann, wie er will, egal, ob als Experte für allerlei Lebensfragen, Diättipps oder als Sex-Ratgeber oder indem man auch nur irgendwelche »Reactions« einstellt – auf das letzte Bundesligaspiel oder das neue Musikvideo einer Popband. Man muss keinen Nachweis bringen, um dort als ein Meister aufzutreten. Wer und ob man jemand ist, das regelt allein die Nachfrage. Bedeutung wird dem zugebilligt, der viele Klicks hat. Es geht darum stattzufinden, sich darzustellen. Der Influencer ist das Berufsbild, in dem Fachwissen ersetzt wird durch Inszenierung und Showeinlage. Was einer zu einem Thema meint, wird als Kompetenz verkauft, nicht, was er dazu weiß.

Das Internet ist heute eine einzigartige Verwandlungsmaschine. Es erlaubt seinen Nutzern, mit neuen, »cleanen« Identitäten zu spielen, sich nach Gefallen ganz neu zu inszenieren, sich neu zu erfinden – und so aufzutreten. Das Spiel mit der Selbstdarstellung ist hier zum lukrativen Geschäftsmodell geworden, jeder taugt irgendwo zum Influencer, es gilt nur, eine Nische zu finden oder einen Dreh, wie und wo man die eigene Expertise einbringen könnte. Wenn man eine gute Geschäftsidee hat, geht alles ganz schnell. Selbst Intensivtätern mit mehrjährigen Haftstrafen bietet sich so die Möglichkeit, wieder einen Fuß auf den Boden zu bekommen und als »Experten« zu firmieren, etwa wenn es um die Vermittlung von Know-how bei der Prävention schwerer Verbrechen geht oder um ein »Anti-Gewalt-Training«. Oder man fährt gleich zweigleisig. Im einen Format gibt man sich geläutert und psalmodiert von einem erfüllten Leben in Gewaltfreiheit, hat aber gleichzeitig ein zweites Standbein bei *YouTube*, wo man einen Channel für ambitionierte Nachwuchskriminelle unterhält, der mit »True Crime Content« beworben wird und wo man mit vorbestraften Rotlichtgrößen und Drogenbossen im Interview Best Buddy ist. Wenn früher einer seine Haft abgesessen hatte und der Versuch erfolgreich verlaufen war, ihn wieder in die Gesellschaft zu resozialisieren, fristeten solche Naturen kein sonderlich spektakuläres Leben mehr. Die Hauptaufgabe war, sich den Rest der Zeit über halbwegs unauffällig zu verhalten und einen neuen Anlauf ins bürgerliche Leben zu nehmen. Heute ist das anders. Wer im Knast war, kann damit punkten. Er gründet ein eigenes Online-Forum und kann sich sicher sein, dass die ganze Gangster-Rapper-Jugendszene das tierisch aufregend findet und den Kanal abonniert.

Selbstdarstellung in alter Zeit hatte ein überschaubares Publikum. Familie, Verwandtschaft, Freundes- und Bekanntenkreis und beim Kirchfest die Gemeinde. Heute ist das Publikum gigantisch groß und auch noch völlig anonym. Der *Instagram*-Auftritt kann von Dubai bis Melbourne angeklickt werden, es könnten alle zusehen. Das Publikum ist global, und daher gilt es, den globalen Code zu beherrschen. Und es ist kritisch. Es verzeiht nicht allzu viel. Immer gibt es einen, der einen Mangel aufspürt, ihn schonungslos in der Kommentarleiste benennt oder hämisch all das auflistet, was zur Perfektion fehlt.

Um der Enttäuschung vorzubeugen, möchte man sich absichern und greift präventiv zu allerlei Tools, die zur Bildbearbeitung verwendet werden. Das aber ist eine Praxis, die, im übertragenen Sinn, sogar längst auch außerhalb der digitalen Welt zum Einsatz kommt. Und zwar überall dort, wo Performer außerhalb des Netzes versuchen, ihre Selbstdarstellung zu perfektionieren, indem sie sich nicht digital, sondern ganz und gar analog optimieren wollen – und sich etwa einer Schönheitsoperation unterziehen. Versucht man, die Art der Schönheit zu charakterisieren, die der Epoche der Geschmeidigkeit entspricht, fällt auf, dass heute mehr denn je Formen anvisiert werden, die gleichermaßen das Glatte und Cleane anstreben und solche optische Formen idealisieren, in denen gerade das weibliche Gesicht von allen möglichen individuellen Merkmalen bereinigt wird, von allem Kantigem, Prägnanten, von Zügen, die ungewöhnlich sind, zugunsten solcher Formen, die sich mit jeder Operation mehr einem konturenlosen digitalen Schema annähern, das man schon aus allerlei Simulationen der künstlichen Intelligenz kennt. Ganz wie in der digitalen Welt wird in der analogen individuelle körperliche Schönheit empfunden als das, was übrig bleibt, wenn der individuelle Ausdruck getilgt ist und eine ideale Allgemeinform erreicht ist. Alles, was an digitaler Qualität erreicht wird, wird zum Ideal auserkoren, mit der Folge, dass sich auch in der analogen Welt scheinbar immer mehr aus der Ästhetik der Digitalisierung stammende Schönheitsformen verbreiten, die perfekt, makellos und äußerst normiert erscheinen.

Das glaubwürdige Performen falscher Gefühle

Selbstdarstellung im Sozialleben ist wie Theaterspielen. Alle spielen im Sozialleben Rollen. Aber die wenigsten merken es. Rollen sind so etwas wie das Alter Ego eines Menschen. Er lernt, sie sich mit der Sozialisation anzueignen, sodass sie ihm bald in Fleisch und Blut übergehen und die meisten Menschen gar nicht mehr unterscheiden können zwischen dem Ich und der Rolle. Dass sie spielen, merken sie auch deswegen schon bald nicht mehr, weil sich das Ich ja immer nur in einer Rolle zeigt, weil es »nackt« nie sichtbar ist, weil es den sozialen Auftritt nur in der Rolle gibt und erst diese dem Ich eine Identität verleiht. Und doch braucht es Kompetenz zum gesellschaftlichen Rollenspiel. Es will erlernt sein.

Wie das aber geht, *wie* die Transformation praktisch psychologisch und neuronal gelingt, *wie* man Rollen gekonnt und überzeugend spielen lernt, hat den Rollentheoretiker Erving Goffman gar nicht interessiert. Und doch ist es ungemein aufschlussreich, sich zu vergegenwärtigen, wie sich Menschen all der verschiedenen Rollen bemächtigen, welche adaptiven Prozesse ablaufen, die sie in die Lage versetzen, eine Rolle überzeugend zu spielen. Wer sind die Lehrer in diesem Fach?

Man könnte annehmen, eine Anleitung zum gelungenen Rollenspiel liefern am ehesten diejenigen, die aus Gründen der eigenen Profession wissen müssten, wie man hier vorgeht und wie man das Spiel erlernt. Das sind die Professoren und Lehrenden von Schauspielschulen oder ganz allgemein die Schauspieler selber. Ihre Ausbildungsstätte nennt sich ja auch ganz explizit »Hochschule für darstellende Kunst«. Hier weiß man offenbar, wie es geht, jemanden oder sich selbst darzustellen. Und doch fällt schnell auf, dass es gar keine einheitliche Lehrmeinung gibt, die dem Schüler sagen würde, wie man es am besten macht. Welches die geeignete Methode ist, das Spiel der Darstellung zu lernen, ist umstritten. Bei der Recherche zu diesem Thema stößt man eher auf verschiedene »Techniken«, die hier schulbildend geworden sind und mittels derer an den Hochschulen die Kunst der Darstellung gelehrt wird. Die bekanntesten drei verbinden sich mit den Namen von Konstantin Stanislawski, Sanford Meisner und Lee Strasberg.

Der erstgenannte, Konstantin Stanislawski war ein russischer Regisseur und Schauspiellehrer, dem es bei der Ausbildung von Schauspielern besonders um die emotionale Glaubwürdigkeit der Charaktere ging. Dies glaubte er vor allem dadurch zu erreichen, dass er seinen Schülern nahebrachte, viel mehr Wert auf die Gefühle und Gedanken eines Charakters zu legen, als auf die einzelnen Worte und Sätze in den Dialogen eines Stücks. Meisner wiederum stellte eine stärker auf Improvisation abzielende Technik in den Vordergrund, die den Schauspielern ermöglichen sollte, in der Interaktion spontaner und instinktiv auf das Spiel der Mitdarsteller zu reagieren. Schließlich gibt es noch die Lee-Strasberg-Schule, die große New Yorker Schauspielschule, an der viele Hollywood-Darsteller ausgebildet wurden. Hier formte sich ein anderer Ansatz heraus, wonach der Schauspieler mit seiner Rolle verschmelzen ganz sollte, um sie wirklich überzeugend und glaubwürdig interpretieren zu können. So nahm etwa Robert De Niro für den Film »Wie ein wilder Stier« (Original »The Raging Bull«) von 1980 tatsächlich über 30 Kilo an Körpergewicht zu, um die Rolle des Jake LaMotta, eines älteren Ex-Boxchampions nach dem Ende seiner Karriere, überzeugend zu spielen. Er folgte damit der Idee, nur so könne er als Protagonist seine Rolle authentisch verkörpern, nur so könne er empfinden und agieren wie jener Charakter, den er spielt. Er spielt nicht mehr eine Rolle, er »ist« sie.

Auch um in einer Rolle glaubwürdig Gefühle zu zeigen, etwa um zu weinen, müsse der Schauspieler nach der Strasberg-Lehre am besten einen echten Schmerz fühlen. Um einen solchen heraufzubeschwören, könnte er sich etwa gedanklich zurück in ein eigenes Trauma begeben, sich in ein schmerzhaftes Erleben in der Vergangenheit hineinversetzen und dadurch ein zweites Mal »echte« Tränen heraufbeschwören, die er in seinem Rollenspiel fließen lässt. Viele andere Schulen lehnen solche Metamorphosen eher ab. Vor allem die Brecht'sche Theatertheorie, wie sie etwa der Lehre am Ernst-Busch-Seminar in Berlin zugrunde liegt, verfolgt einen dazu völlig entgegengesetzten Ansatz. Hier, so sagt man, bleibt der Schauspieler immer jenseits seiner Rolle, er geht nicht auf in ihr. Was er tut, ist, so nennt man es in der Theaterszene, »sich zur Rolle hochzuziehen«, ohne sich jedoch als den bewussten Schauspieler aufzugeben. Diese Methode folgt einer ganz anderen Idee. Berührt werden soll nicht der Schauspieler, sondern der Zuschauer. Und das passiert unmittelbar im Spiel. Was auf der Bühne geschieht, hat eine eigene Wahrheit, die eine eigene Dynamik auslöst, und eigene Gefühle. Tränen, wenn sie denn fließen, fließen, weil das die Dynamik des Spiels ergibt, aber nicht, weil sich einer in eine fremde Figur hineinsteigert oder gar eigene alte persönliche emotionale Erfahrungen aufsucht, um sie dann als Ersatzgefühl der Rolle, die er spielt, gleichsam zu borgen.

Wie aber lernt der normale Mensch, der nicht in die Schauspielschule geht, das anspruchsvolle Spiel, eine Rolle glaubwürdig zu interpretieren? Die Antwort lautet ganz einfach: Verstellung gelingt durch Vorstellung. Man schaut es sich ab, wie es geht. Man stellt sich Rollenverhalten vor oder ruft sich in Erinnerung, was man durch viele eigene Erfahrungen selbst erlebt hat. Viele Rollen sind »in uns«, auch die ganz und gar bösen, wie dies einmal der Hollywood-Schauspieler Gene Hackman in einem Interview formuliert hat. Jeder weiß durch Verinnerlichung, wie ganz unterschiedliche Rollen zu spielen sind. Das trifft für die allermeisten Alltagsrollen zu. Menschen wissen natürlich nicht ohne Weiteres, wie man einen Serienkiller spielt, einen sentimentalen russischen Komponisten aus dem 19. Jahrhundert oder einen Schwergewichtsboxweltmeister aus den 1930er-Jahren. Das ist nicht im Repertoire. Solche Sonderrollen historischer oder sonstwie einzigartiger Natur zu interpretieren, muss auch der normale Schauspieler über die beschriebenen Techniken erlernen. Für den Alltagsgebrauch jedoch greift man in aller Regel auf Rollen zurück, die man allesamt aus eigener Erfahrung kennt. Man ahmt etwas nach, was man schon einmal erlebt hat. Und weil man diese Rollen verinnerlicht hat, weiß man in einer akuten Situation ganz automatisch, wie man etwa einen hilfsbereiten Menschen spielt, der der Oma über die Straße hilft, oder auch einen Enkel, der sie um ihr Geld bringen will.

Selbstdarstellung als Problem der Kulturkritik

Selbstdarstellung ist eine schlichte Notwendigkeit des menschlichen Soziallebens. Es scheint jedoch, es gibt auch ein Zuviel davon, weswegen schon in der Bezeichnung eines Menschen als Selbstdarsteller eine eindeutig negative Bewertung mitschwingt. Hier scheint ein Zuviel, eine Reduzierung vieler Verhaltens- und Handlungsweisen auf ein zentrales Motiv der eigenen Geltung ausschlaggebend zu sein, ein Zuviel an Selbstdarstellung, die im Umfeld nicht mehr als Notwendigkeit erfahren wird, sondern als Eitelkeit oder übersteigertes Geltungsbedürfnis. Der Typ des »Selbstdarstellers« kann also auch die Folge eines hybrid gewordenen, auf Selbstbezogenheit reduzierten Individualismus sein, der auf soziale Ablehnung stößt.

Ab wann aber wird aus einer legitimen »Darstellung« eine gesellschaftlich geächtete »Verstellung«? Wann bekommt eine Außeninszenierung ein Übergewicht, das problematisch ist, weil es sich so sehr von einem angenommenen Persönlichkeitskern eines Menschen entfernt und für andere nicht mehr durchschaubar ist, wer ist das, wem begegne ich da überhaupt? Der Grad des Verstellens scheint das Kriterium zu sein, das darüber entscheidet. Sobald das Empfinden vorherrschend ist, eine Rolle hat kaum mehr Kontakt zu einer inneren Persönlichkeit, zum Maskenträger, der da dahinter steckt, entsteht bei anderen Misstrauen. Selbstrepräsentation billigt man allen zu, auch dass sich alle in ihrem Sinn optimal präsentieren wollen. Wo aber der Betrug gewittert wird, wird bald Ablehnung mobilisiert. Selbstdarstellung und soziales Rollenspiel, Selbstdarstellung und Verstellung – was ist der Unterschied? Die Verstellung ist eine komplette Verwandlung mit Täuschungsabsicht, das soziale Rollenspiel nicht, es ist Teil unserer Identität. Eine Rolle hat viel mit dem Ich zu tun, die Verstellung hingegen nicht. Hier wird das Ich eher ausgetauscht: Der Wolf bei den sieben Geißlein, der ist ein anderer. Verstellung geht einher mit List und Lüge, Selbstdarstellung nicht unbedingt.

Wir sind also zur Selbstdarstellung verdammt. Aber obwohl wir uns alle auf den verschiedenen Bühnen und Plattformen des Lebens darstellen, ja darstellen müssen, obwohl Selbstdarstellung eine schlichte soziologische Conditio sine qua non ist, zieht das Phänomen immer wieder harsche Kritik auf sich. Immer schon wird Selbstdarstellung mit der Verstellung in eins gesetzt und als solche zum Objekt einer massiven Kulturkritik, die zumeist gepaart ist mit flammenden Appellen zu mehr Authentizität.

Formen von individueller Selbstdarstellung sind in der Geistesgeschichte immer wieder problematisiert worden. Formen der Selbstdarstellung werden bewertet, gesellschaftlich toleriert, begrüßt oder verdammt. Einer ihrer schärfsten Kritiker war Jean-Jacques Rousseau, ein sittenstrenger und zur Geschmeidigkeit weitgehend unbegabter Mann, einer obendrein, der in seiner Wissenschaft ziemlich laute Töne anschlagen konnte. Und einer mit hellsichtigen Augen und gutem Instinkt. Er sah schon in der Mitte des 18. Jahrhunderts, dass das Ancien Régime schwächelte, mehr noch, dass seine Zeit aus den Fugen geriet. Mag sein, dass es Äußerlichkeiten waren, an denen er dies festmachte. Aber aus Äußerlichkeiten bestand ihm sowieso alles, auf was er seinen unerbittlichen Blick richtete. Ihm erschien alles leer und hohl. Der Mensch, sein Streben, die Gesellschaft.

Wer wie er die Welt durch diese Brille betrachtete, brauchte nicht lange zu suchen. Kein Wunder, dass ihm dabei jene Form der zeitgemäßen Geschmeidigkeit aufstieß, die seit dem 17. Jahrhundert um sich griff, die Zeit der Preziosität, der Geziertheit, ja Affektiertheit im adeligen Auftritt, den vor allem das Pariser Bürgertum in den Salons nach Kräften mal besser, mal schlechter imitierte. Für Rousseau war jene übersteigerte, hohle Kultiviertheit das Symptom von Dekadenz, ihr galt sein ganzer Spott, mehr noch, seine tiefste Verachtung. Aber Rousseau war nicht nur ein Kritiker des Zeitgeists, sondern ein Zivilisationstheoretiker. Die moderne, aufgeklärte Gesellschaft, die Zivilisation, der Fortschritt, auf den sich alle so viel einbildeten, sie hätte den Menschen nicht besser gemacht, sondern verdorben. Das war seine tiefste Überzeugung, eine Überzeugung, die aber so gar nicht in die fortschrittsfrohe Zeit passte, in der er lebte. Statt Bildung und Menschlichkeit, statt Licht und

Aufklärung: nur Luxus, Geld, nur Schein statt Sein. »Schein« war ihm von tiefstem Übel. Ein ambivalentes Verhältnis dazu, so wie ein moderner, nüchterner Soziologe sie für sich reklamieren würde, hatte er nicht. Auch dass der »Schein« an sich gar kein Problem sein *muss*, sah er nicht. Denn ein Schein kann immer auch ankündigen, was sich Gutes hinter ihm verbirgt. Und ein Problem entsteht nur, *wenn der Schein trügt*, wenn also das, was nach außen scheint, nicht dem entspricht, was innen ist. Dann müsste es aber auch einen Schein geben, der nicht trügt. Das ist praktisch dann der Fall, wenn einer als ein freundlicher und guter Mensch scheint und sich auch als ein solcher erweist. Diesen Schein, den kannte Rousseau nicht, in seinem Furor verteufelte er jede Form von Schein an sich, ganz egal, was dieser verbarg.

Selbstdarstellung, auch wenn er dieses Wort nicht kannte, sie war für ihn nur Synonym für Täuschung und Falschheit. Diese regiere die Menschen, vergifte die Hirne und die Herzen, meinte er. »Unsere Seelen sind in dem Maße verdorben, in dem unsere Wissenschaften und unsere Künste vollkommener geworden sind«, schreibt er in seiner 1751 veröffentlichten »Abhandlung über die Frage, ob die Wiederherstellung der Wissenschaften und Künste zur Läuterung der Sitten beigetragen hat?« Heutzutage, so klagte er, wage man sich nicht mehr zu zeigen, »wie man ist, und unter diesem beständigen Zwang handeln alle Menschen, welche diese Herde, die man Gesellschaft nennt, bilden... Man weiß also niemals recht, mit wem man es zu tun hat!«

Rousseau markiert die endgültige Wende von der verheißungsvollen Aufklärung in den Kulturpessimismus. Seine Kritik gilt nun der modernen Gesellschaft, die den Menschen nicht veredle, sondern ihn verderbe. Der Mensch wird schlecht durch den Fortschritt, nicht besser. Die moderne Gesellschaft fördere in ihm nur schlechte Eigenschaften, das »Übervorteilen« des anderen, das Überhandnehmen des »Amour propre«, der Selbstliebe, des Egoismus. Diese Kulturkritik sieht einen Menschen, der sein Innerstes aufgegeben hat, nur noch scheinen möchte, sein wahres Sein trete in den Hintergrund, Schmeichelei und Falschheit regierten.

Rousseaus Gesellschaftskritik ist zugleich verknüpft mit einer romantischen Idee, als habe es in grauer vormoderner Zeit noch die guten

Menschen oder die »Bonté naturelle« gegeben, wie er sie nannte und meinte, sie nur noch in ein paar Bergbauern vereinzelt vorzufinden, die an den Ufern des Genfer Sees lebten. Er betrauerte einen angeblichen Urzustand, der unwiederbringlich vorbei war und zu dem es dennoch irgendwie galt zurückzukehren. Der Mythos des echten, guten Urmenschen ist eine romantisch-religiöse Verklärung, motiviert von der Suche nach den guten alten Zeiten, wo man sich noch über den Weg trauen konnte, ein Zustand frei von Sünde und Verderbnis. Diese Kulturkritik ist es auch, die sich bis in die Romantik und die diversen Lebensreformbewegungen des späten 19. Jahrhunderts hineinzieht, die aufgeht in immer neuen Irrationalismen und immer neuen Versuchen, das »Lost Paradise« zurückzugewinnen, und nicht müde wird, immer wieder zu fragen, wie man den Menschen wieder zu seiner Natur zurückbringen könne, ohne zu erkennen, dass es diese echte Natur gar nicht gibt.

Von der Unmöglichkeit, authentisch zu sein

Rousseau ist dennoch kein flügellahmer Zivilisationskritiker geblieben, sondern markiert eine wichtige Stelle in der abendländischen Diagnose der Moderne. Er gehört zu den Ersten, die bei aller Romantik einem Unbehagen Ausdruck verliehen, das seither die Gemüter bewegt: das Unbehagen des Menschen in der Moderne, das durch jenen Prozess entstand, den Hegel und Marx später »Entfremdung« nannten und der zugleich in eine wachsende, unstillbare Sehnsucht mündete, die seither nie wieder verschwunden ist. Die Sehnsucht nach dem Authentischen, der Wunsch, den Menschen aus der Ummantelung des Geschmeidigen zu befreien.

Rousseaus Urmensch, der rund um die Uhr nur er selbst ist, ihn gibt es nicht. Aber ist der authentische Menschen nicht anders denkbar? Folgt man der hier vertretenen Argumentation, sind Menschen, genau besehen, nur dann authentisch, wenn authentisch bedeutet, keine Rolle der Selbstdarstellung zu spielen. Das könnte aber höchstens der Fall sein, wenn man ganz ohne Publikum ist. Tatsächlich, wenn Menschen allein sind, machen sie oft ganz merkwürdige Sachen, sie pfeifen Lieder vor sich hin, führen Selbstgespräche oder gehen sonstigen kuriosen Ticks und Grillen nach. Die Autorin Fanny Jimenez hat darüber 2016 ein schönes Bändchen geschrieben, Titel: »Ich und mein Spleen. Was wir tun, wenn wir alleine sind.« Eine fast philosophische Frage wäre es zu klären, ob alle diese Dinge tatsächlich »authentisch« zu nennen wären oder ob sie zwar Produkte des Alleine-Seins sind, aber doch eher irgendwelche Abführungen sich im Sozialleben angestaut habender Stressenergien, auf jeden Fall Formen, die mit menschlichen Grundbedürfnissen zu tun haben und offenbar nur in sozialer Nichtkontrolliertheit befriedigt und ausgelebt werden können. Aber ist das authentisch?

Wie ist es außerhalb der Privatsphäre, außerhalb der eigenen vier Wände? Gibt es dort den authentischen Menschen, kann es ihn geben? Manche sagen, nur verhaltensauffällige oder gemütskranke Menschen sind in der Öffentlichkeit authentisch. »Der Verlust der Scham ist das erste Zeichen von Schwachsinn«, formulierte einst Sigmund Freud. Einer, der nachts im Park nackt den Funky-Chicken-Dance auf der Wiese tanzt, den kann man als authentisch bezeichnen, aber davon hat weder Rousseau geträumt noch irgendein anderer der großen Echtheitsphilosophen von Hegel bis Heidegger. Es ist ein großer Gewinn der menschlichen Zivilisation, dass sie den »authentischen« Menschen nicht in der Öffentlichkeit kennt oder dass Authentizität allgemein als etwas erkannt wird, das man besser in ein Kleid steckt, um andere vor allen möglichen unabsehbaren Folgen ungefilterter Selbstentäußerung zu bewahren.

Bis heute ist es so, dass der Ruf nach dem Echten in seiner ganzen Sinnlosigkeit dann immer besonders greifbar wird, wenn man um Konkretion bittet und sich besieht, was denn als ein geglückter authentischer Ausdruck verstanden wird. Tritt einer wirklich an, diesen Aufruf umzusetzen, entsteht oft nicht mehr Authentisches, sondern Ideologie, Idylle und Kitsch. Ganz schnell gibt es dann keine Authentizität mehr, sondern allerlei ungeschlachte Formen, im Verhalten oder Stil, die als »authentisch« *gelten*, der »urige Landgasthof« ist so ein Ort, die Stube des Almbauern, der Musikantenstadl. Letztlich ist Authentizität ein idealistischer Begriff, der, zumindest in dieser Welt, uneinholbar ist, weil alles Sozialleben Spiel und Inszenierung ist. »Die Suche nach dem authentischen Selbst scheitert zwangsläufig«, schreibt der Autor Alexander Grau in einem Essay zur »Entfremdung«. Er argumentiert nicht so sehr mit der sozialen Rolle, die alle Authentizität unmöglich macht, sondern existenzieller: »Der Mensch ist das entfremdete Wesen schlechthin. Die Idee eines authentischen, nicht entfremdeten Lebens ist eine Illusion. Schon der banale Hinweis darauf, dass Homo sapiens das einzige Wesen ist, das nach dem Sinn seiner Existenz fragen kann, zeigt, dass zum Menschsein das Gefühl der Fremdheit gegenüber der Welt gehört.« Vielleicht mag das ernüchternd klingen, man kann darin aber auch eine große Chance sehen, denn genau in einer bestimmten, rein existenziellen Unbehaustheit und Verlorenheit des Menschen liegt immer auch der Urgrund dessen, was erst seine menschliche Freiheit ermöglicht.

Legitimität des Authentizitätsappells

Die Autorin Frauke Schulz hat einmal in einem Essay in der *taz* (2010) geschrieben: »Authentizität ist kein statisches Attribut, sondern ein Rezeptionseffekt. Das bedeutet, eine Person kann niemals authentisch sein, sondern authentisch ist das, als was sie wahrgenommen wird. Hierin liegt ein bedeutender Unterschied, der in der Nutzung des Begriffs nahezu immer übersehen wird. Damit sind ›Authentizität‹ und ›Inszenierung‹ keineswegs Gegensatzpaare. Stattdessen bleibt von den überhöhten Assoziationen des Attributs ›authentisch‹ mit Natürlichkeit, Unverfälschtheit und Echtheit bei näherer Betrachtung schließlich nichts weiter übrig als dessen Bedeutung als ästhetischer Begriff.«

Am Ende kommt es wohl darauf an, wie man dieses Wort gebraucht. Philosophisch-soziologisch ist Authentizität ein Konzept, das zum Scheitern verurteilt ist, weil es einen Idealtyp beschreibt, zu dem es keinerlei reale Entsprechung gibt. Als kulturkritischer Kampfbegriff mag es seine Berechtigung haben, wenn einer meint, in der Gesellschaft ein Überhandnehmen von Geschmeidigkeitsformen anprangern zu müssen, die ein Maß des Erträglichen überschreiten und zum Kulturproblem werden.

Der Aufruf Rousseaus an all die Selbstdarsteller dieser Welt, zum Authentischen zurückzukehren, ist Unsinn. Es gibt keinen sozialen Akteur ohne Rolle. Und doch gibt es in der Geschichte offenbar immer wieder Epochen, in denen die Empfindung der »Künstlichkeit« in der Interpretation vorherrschender Rollenbilder so überhandnimmt, dass man mit gutem Grund argumentieren könnte, es sei zu viel des Guten, und sich nach »geerdeten«, »bodenständigeren« oder ganz allgemein weniger aufgesetzten Rollen sehnt, wohl deshalb, weil diese berechenbarer, vermeintlich »ehrlicher« und sozial verträglicher für ein Gemeinwesen sind als die anderen. So gesehen kann man dem Ruf nach mehr »kultureller Authentizität« eine gewisse Legitimität nicht absprechen. Aber nur dann, wenn damit kein neues Ideal verbunden ist, sondern nur eine Kritik, etwa jene an einem Menschenbild, das eine Epoche propagiert und verbindlich macht, und die stattdessen dafür plädiert, dass jemand sich auch einmal offen zeigt, sein Visier herunterlässt, Tacheles redet, bekennt, für welche Werte er eigentlich eintritt, welchen Prinzipien und Haltungen er sich verpflichtet fühlt, was ihn wirklich im Inneren bewegt, was ihn motiviert, dass einer zeigt, wofür er steht und warum er so argumentiert, wie er argumentiert, und warum er handelt, wie er handelt. Warum sollte dies keine Art sein, die man authentisch nennen könnte?

KAPITEL 2

GESCHMEIDIGKEIT ALS SOZIALCHARAKTER

Das gesellschaftliche Ich

Wenn Selbstdarstellung die Darstellung des Selbst im gesellschaftlichen Leben ist, dann suggeriert der Begriff die Tatsache, es gebe ein unantastbares, isoliertes Selbst im Inneren jedes Menschen, das da nach außen gekehrt und anderen vorgeführt wird. Es wird jedoch schon beim oberflächlichen Betrachten der alltäglichen Äußerungspraxis von Selbstdarstellungsformen offensichtlich, dass gesellschaftliche Vorbilder eine gewaltige Rolle dabei spielen, wie das Ganze am Ende aussieht.

Die Frage, welche Eigenschaften der Charakter eines Menschen aufweist, die er nicht aufgrund persönlicher Veranlagung oder Eigenart ausbildet, sondern von der Gesellschaft vorgegeben sind, bedeutet, nach dem Sozialcharakter einer Zeit zu forschen. Ein Sozialcharakter ist der Anteil im Charakter eines Menschen, der gesellschaftlich formiert wird. Nach Erich Fromms Theorie geht in einen Sozialcharakter ein und verfestigt sich, was eine Gesellschaft von ihren Mitgliedern erfordert und erwartet. Menschen reagieren darauf, indem sie ihr Verhalten sozial anpassen und die wichtigen Charaktereigenschaften der jeweiligen Lebensweise verinnerlichen. Für Fromm spielt vor allem die Frage nach den Folgen eines manipulativen Sozialcharakters eine große Rolle. Um zu zeigen, wie sich herrschende Ideologen im Menschen so verfestigen, dass sie handlungsleitend werden, greift Fromm wiederholt auf den Terminus des »Gesellschaftscharakters« zurück.

Von einem vorherrschenden allgemeinen Sozialcharakter zu sprechen ist sinnvoll, seit es eine offen bürgerliche Gesellschaft gibt. Erst in dem Moment, in dem eine offene Gesellschaft entsteht, werden alle für einen dominanten Sozialcharakter empfänglich, man kann auch sagen, wird ein Sozialcharakter für alle zu einer verbindlichen Norm. Anders als in der feudalen oder allgemein in der traditionellen Gesellschaft gibt es keinen deutlich abgegrenzten und definierten Sozialcharakter der einzelnen Schichten mehr, etwa den der Bauern und einen anderen der Bürger, sondern je offener und zu mehr Gleichheit sich demokratische Gesellschaften entwickeln, desto mehr tendieren sie dazu, ihr sozialcharakterliches Ideal zu vereinheitlichen und für alle verbindlich zu machen.

Sichtbare Selbstdarstellung – der Blick auf Gestern

Wie sehr wir im sozialen Leben nicht nur wir selbst sind, sondern gesellschaftlich geformte Wesen, ist uns in der Regel nicht bewusst. Wir denken vorschnell, es gebe keinen Unterschied zwischen Sein und Schein. Ohne viel nachzudenken, würde wohl jeder von sich sagen, er gebe sich eben so, wie er nun mal sei. Mit einer größeren zeitlichen Distanz jedoch, mit der wir auf uns als Akteure auf der Bühne des sozialen Lebens blicken, können wir die immense Kraft erkennen, die die Gesellschaft auf uns ausübt. Wir erkennen auch, dass wir alle, und nicht nur die Fernsehmoderatoren, tatsächlich zu einem sehr großen Teil nicht sind, was wir meinen zu sein, sondern was die Gesellschaft für uns entscheidet. Nahezu alles, was wir repräsentieren und nach außen tragen, unsere Kleidung, die Art zu sprechen, das, was der französische Soziologe Pierre Bourdieu den Habitus genannt hat, ist gesellschaftlich präfiguriert. Wir bedienen uns durchweg eines gesellschaftlichen Angebots, wirklich frei ist der eigene Wille dabei nicht. Wir »selbst« sind wir nie.

Wen das nicht überzeugen mag, und wer an der Idee eines unveränderlichen Kerns seiner Persönlichkeit festhält, dem lege man nur einmal ein paar alte Fotos von sich vor. Wenn wir nach zwanzig, dreißig Jahren solche Bilder von uns betrachten, mündet dies fast immer in Schmunzeln, wenn nicht gar in großes Gelächter. Schon Stefan Zweig schreibt dazu in seinen Lebenserinnerungen »Die Welt von gestern«: »Es kann nun wahrhaft nicht Zufall genannt werden, dass heute, 1940, wenn im Kino Frauen und Männer der Gesellschaft um 1900 in ihren damaligen

Kostümen auf der Leinwand erscheinen, das Publikum in jeder Stadt, in jedem Dorf Europas oder Amerikas unisono in unaufhaltsame Heiterkeit ausbricht. Als Karikaturen belachen auch die naivsten Menschen von heute diese sonderbaren Gestalten von gestern – als unnatürlich, unbequem, unhygienisch kostümierte Narren; sogar uns, die wir unsere Mütter und Tanten und Freundinnen in diesen absurden Roben noch gekannt haben, die wir selbst in unserer Knabenzeit ebenso lächerlich gewandet waren, scheint es ein gespenstischer Traum, dass eine ganze Generation sich widerspruchslos solch einer stupiden Tracht unterwerfen konnte.«

Was Zweig beschreibt, ist ein Blick auf das Gestern nicht nur seiner Zeit, sondern eine wiederkehrende, ganz und gar zeitlose Erfahrung, die jede Generation neu macht. Nicht weniger komisch mutet es an, wenn später Geborene etwa auf ihr Aussehen in den 1970er-Jahren zurückblicken und den Kopf darüber schütteln, wie man nur vollkommen ernsthaft mit solchen Schlaghosen, Plateauschuhen, Koteletten hat herumlaufen können, ohne sich vor Lachen wegzuwerfen.

Noch jede Mode wird in der Zeit, in der sie herrscht, mit dem puren Ausdruck von Individualität verwechselt, immer erst im Nachhinein wird der Mensch sich ihres Kostümierungscharakters bewusst. Die jeweilige Mode erscheint nun nicht mehr als Ausdruck der Persönlichkeit, sondern als karnevaleske Maskerade. »Jede Mode hat etwas Lächerliches an sich«, schreibt Henri Bergson in seinem Essay »Das Lachen. Über die Bedeutung des Komischen« von 1900. Und das, obwohl ihre Träger zum Zeitpunkt ihres Vorherrschens kein sonderliches Bewusstsein davon entwickelt hatten, mehr oder weniger absurd gekleidet zu sein. Erst aus der zeitlichen Distanz heraus wird uns klar, dass die modische Inszenierung, ganz wie ein Clown-Kostüm, etwas unbemerkt von uns Fremdes, Übergestülptes ist: eine Art von Verkleidung. Im nachträglichen Betrachten erst erscheinen wir als fremdgesteuerte Wesen. Denn mit einigem zeitlichen Abstand machen wir den Schritt nicht mehr mit, so zu tun, diese Mode entspräche uns einfach nur so. Jetzt sträuben wir uns dagegen, weil wir uns von ihr entstellt fühlen.

In der Gegenwart wird jedoch von den aktuellen Protagonisten die Szene-Frisur mit Undercut und Nackenrasur genauso ernst getragen wie einst die Perücke mit Zöpfchen oder der Pouf, jene Turmfrisur für Frauen im Rokoko. Das Momentum der Mode ist immer ein absolut ernstes. Komisch erscheint sie erst im Blick zurück. Und so gibt es wenig ernstere Tätigkeiten als etwa den Catwalk eines Models, das die jüngste Mode auf dem Laufsteg vorführt. Warum aber lachen wir später darüber? Wir lachen über eine Verwechslung, der wir wie alle vor uns auf den Leim gegangen sind. Wir amüsieren uns darüber, weil wir mit einem gewissen Zeitabstand realisieren, dass das, was wir einst als absolute Selbstentäußerung unseres Ichs empfunden haben, diesem Ich vielmehr maximal fremd ist, ja entgegensteht – und diesen Irrtum empfinden wir im Nachhinein als peinlich.

Die soziale Konstruktion des Charakters

Klar ist, auch seinen Charakter bekommt man nicht allein in die Wiege gelegt wie die Haarfarbe oder die Zahnstellung, und man prägt ihn im Laufe seines Heranwachsens nicht einfach nur so aus seinem Inneren heraus aus. Ein persönlicher Charakter ist immer auch geprägt durch die jeweilige Gesellschaft, in die man hineingeboren wird. Jede Zeit, jede Epoche bildet ihren spezifischen Sozialcharakter aus, der die Mitglieder einer Gesellschaft formiert und determiniert. So wie eine Gesellschaft ein kollektives Gedächtnis hat, hat sie auch einen kollektiven Charakter. Dieser »Charakter« meint, um mit Ralf Dahrendorf zu sprechen, eine »dynamische Einheit von Dispositionen des Verhaltens.« Ein »Sozialcharakter«, wäre demnach eine solche Einheit, die alle oder sehr viele Mitglieder einer Gesellschaft mehr oder weniger kollektiv teilen. Wie prägend und tief verankert solche kollektiven mentalen Gemeinsamkeiten sein können, ist dabei nur schwer zu ermitteln, es ist auch nicht unbedingt entscheidend. Festzuhalten ist jedoch, dass ein Sozialcharakter durchaus eine messbare Größe ist und sich seine spezifischen Bestandteile sogar empirisch nachweisen lassen. So hat Theodor W. Adorno in seiner bis heute als Klassiker der empirischen Sozialforschung zu lesenden Studie den Deutschen auch nach 1945 eine »autoritäre Charakterstruktur« nachgewiesen und meinte damit ein solches Verhalten, wie Dahrendorf ausführt, »das die spezifische politische Verfassung des Autoritarismus, also das wohlwollend strenge Regiment einer exklusiven, meist durch Tradition verbundenen Elite ohne Teilnahme der vielen, stützt.«

Ein Sozialcharakter – das sind in einer Gruppe oder Gesellschaft von allen Mitgliedern geteilte persönliche Eigenschaften, die allen mehr oder weniger in Fleisch und Blut übergangen sind, ob sie es merken oder nicht. Sein Ursprung liegt in gleichen oder zumindest ähnlichen Lebensumständen, in einer geteilten geschichtlichen Erfahrung, in ähnlichen sozialen und psychologischen Prägungen. Am Beispiel eines Nationalcharakters – auch wenn dessen Prägekraft in der globalisierten Weltkultur nachlässt – kann man dies noch immer gut veranschaulichen. Vielleicht ist es nur ein Vorurteil, aber manche US-amerikanischen Staatsbürger erscheinen Europäern im öffentlichen Raum oft als ungewöhnlich geräuschvolle Wesen, beispielsweise wenn sie ein Restaurant betreten oder den Großraumwagen der Deutschen Bahn. Ein vietnamesischer Taxifahrer aus Hôi An, einem alten schönen Städtchen, etwa in der Mitte des Landes gelegen, hat bei Dreharbeiten mit internationalen Hollywood-Stars, bei denen Graham Greenes Weltroman »The quiet American« von 1955 verfilmt wurde, einmal augenzwinkernd in das Mikrofon eines Dokumentarfilmers gesagt, würde Graham Greene seinen Roman heute noch einmal neu schreiben, würde er ihn vielleicht besser »The noisy American« nennen. Tatsächlich, viele Amerikaner kultivieren bis heute eine Art des lauten Sprechens, in dem sie die Worte in der Stimme durch eine unnachahmliche Form des kehligen Nachdrückens so verstärken, dass man sie oft noch vier Tische weiter hört. Diese relative Unüberhörbarkeit im sozialen Auftritt könnte man als Teil eines nachwirkenden Nationalcharakters interpretieren. Man könnte sagen, diese Attitude ist Relikt eines ungleich höheren Drucks zur Selbstbehauptung, dem die Gründerväter und frühen Siedler Nordamerikas ausgesetzt waren. Darüber hinaus ist sie entstanden, weil die Vereinigten Staaten von Amerika ein Gemeinwesen sind, in dem ein weitgehend uneingeschränkter Individualismus noch viel mehr zu den fundamentalen Gründungsideen gehörte als in anderen modernen Demokratien, und sich somit hier viel früher ein hohes individuelles bürgerliches Selbstwertgefühl entwickelt hat, das dazu führt, dass man sich nicht versteckt, sondern selbstbewusst auftritt und weniger Probleme damit hat, dem Rest der Welt seine Individualität zuzumuten.

Sozialcharaktere im Wandel

Sozialcharaktere sind historisch wandelbar, sie entsprechen immer bestimmten Gesellschaften, wandeln sich diese, wechselt das Charakterideal. Die Bestimmung zeitgemäßer Sozialcharaktere ist zwar meist sehr abhängig von der Perspektive, die einer einnimmt, aber immer auch recht aussagekräftig, und so haben viele Schriftsteller gerade des 19. Jahrhunderts immer wieder versucht, in Porträts von Vertretern des jeweiligen Sozialcharakters den ganzen Geist einer Epoche einzufangen. Diederich Heßling etwa, der Protagonist von Heinrich Manns Roman »Der Untertan« von 1914, ist nichts als eine Personifikation des wilhelminischen Menschen, dem alle Sekundärtugenden und obrigkeitshöriges Pflichtbewusstsein höher stehen als eigene Urteilskraft, selbstständiges Denken und Handeln. Dieser autoritäre Typ sieht seinen Lebenssinn im Gehorsam und vor allem darin, mit aller Energie, die ihm zu Gebote steht, einer von ihm als höherwertig anerkannten Idee hinterherzulaufen, die er aber weder hinterfragt noch genauer kennt. Er weiß nur, was von ihm erwartet wird, und nur im Erfüllen eines Dienstes fühlt er tiefe Lebenszufriedenheit und einen hohen Selbstwert.

Etwa zur selben Zeit, in der Manns Roman spielt, hat Georg Simmel einen anderen Sozialcharakter dieser Epoche erfasst und seine Züge wissenschaftlich nachempfunden: den Menschen des Geldes. In seiner »Philosophie des Geldes« (1900) hat er darüber räsoniert, wie das Geld in der großstädtischen kapitalistischen Gesellschaft zum alles durchdringenden und alle, die in ihr unterwegs sind, verbindenden Element wird, und auch darüber, wie sehr es seine tiefen Spuren im Charakter des modernen Menschen hinterlässt. Berühmt geworden sind seine Darstellungen der sozialpsychologischen Auswirkungen des Geldes. Denn Simmel ist sich sicher, es verändert den Charakter. Je mehr es die sozialen Verkehrsformen der Menschen determiniert, desto mehr verwandeln sich die Beteiligten, wie er beobachtete, in blasierte und zynische Akteure. Blasiert ist heute nicht mehr im Gebrauch, ein Modewort des 19. Jahrhunderts, »überheblich« trifft es am ehesten, abgebrüht und unberührbar. Der Zyniker, so schreibt Simmel, ist das Gegenteil des sanguinischen Enthusiasten, ihm steht außer dem Geld nichts in hohem Wert. Er ist ein vollkommen antiillusionistischer, ja nihilistischer Typ, ethisch so gut wie indifferent, der sich vor allem durch eine moralische Grundhaltung auszeichnet, die nur die Abwärtsbewegung kennt, nichts wird von ihm auf-, alles nur abgewertet.

Max Weber hat den Simmel'schen Geldmenschen weiterentwickelt und ein berühmtes Porträt des »letzten Menschen« im Bann von Rationalismus und Bürokratismus gezeichnet, den berühmten »Fachmenschen ohne Geist, Genussmenschen ohne Herz«, wie er am Ende seiner berühmten Aufsätze zur protestantischen Ethik und zum Geist des Kapitalismus von 1904 auftritt. Einen Typus sah er da stellvertretend für eine ganze Epoche heraufdämmern, der am Ende eines rein agonal gewordenen Konkurrenzkapitalismus steht, der sich aller seiner religiösen Stützen entledigt hatte. »Dies Nichts bildet sich ein«, so resümierte Weber abfällig, »eine nie vorher erreichte Stufe des Menschseins erstiegen zu haben.«

Wenn man in die Nachkriegszeit zurückblickt, die in Deutschland identisch ist mit der sogenannten Wirtschaftswunderzeit, dann wandelt dieser Sozialcharakter erneut sein Gesicht. Die starke Orientierung an Autoritäten ist geblieben, nun kommt ein neu entdeckter Lebenssinn hinzu, der sich, nach den Schrecken der Weltkriege, sehr stark an materiellem Wohlstand und berechenbaren Zukunftsperspektiven ausrichtet. Eine Idee setzt sich durch, die sich um bürgerliche Werte wie Heimat, Häuschen, Sicherheit, eine überschaubare Berufskarriere und ein gut situiertes Sozialleben in überschaubaren Räumen gruppiert. In den USA hat sich zur selben Zeit der Soziologie und Harvard-Professor David Riesman die Aufgabe gestellt, seinen amerikanischen Landsleuten einen ganz ähnlichen Sozialcharakter nachzuweisen. Sein berühmt gewordenes Werk »The lonely Crowd« (1950) ist die bislang letzte umfassende Studie, die sich mit einem bestimmten verbreiteten Sozialcharakter beschäftigt, der in einer Gesellschaft in einem ganz bestimmten Stadium vorherrscht.

Riesman bezeichnet darin einen »außengeleiteten Charakter« als typisch für die US-Nachkriegsgesellschaft der 1950er-Jahre. Dieser Charakter, der ihm überall begegnet, war ein kleinbürgerliches, engstirniges Konstrukt, undynamisch, reaktiv und angepasst, sinnbildhaft, auch parodierend, in späterer Zeit gerne aufgegriffen in Hollywoodfilmen, so etwa paradetypisch in »Amercian Beauty« von Sam Mendes 1999 oder dem Epos »A Serious Man« von Joel und Ethan Coen aus dem Jahr 2009. Riesman gab diesem neuen Typus vor allem dadurch Konturen, dass er ihn gegen seinen Vorläufer absetzte. In einer Art historischer Charakterkunde unterschied er dabei drei Formen von Sozialcharakteren. Der Mensch alter Zeit ist von Traditionen bestimmt, die ihn leiten, aber ihn von einem Abweichen von seinen starren Leitbildern vor allem deswegen abhalten, weil jeder Übertritt oder Befreiungsversuch Scham auslöst und von einer verinnerlichten Furcht vor sozialer Abwertung gehemmt wird. Diese alte, starre Verhaltenssteuerung ist in der modernen, industriellen Welt überholt. Jetzt ist gefordert, wer ohne strenge Traditionslenkung flexibel auf die Herausforderungen der Zeit reagiert. Maßstab eigenen Verhaltens sind nun keine Dogmen oder Moralgrundsätze mehr, sondern innere Prinzipien, die auf individueller Einsicht beruhen. Für die Zeit der Industrialisierung spricht er von einem »innengeleiten Charakter«, hier sieht er selbstgewählte Orientierungswerte am Werk, in moralischer Hinsicht genauso wie alles, was eine politische Betätigung angeht oder das Ausbilden eines ästhetischen Geschmacks. Die Konsumgesellschaft, die aus der Industriegesellschaft hervorgeht, stellt diese Welt schließlich völlig auf den Kopf. Jetzt wird das Verhalten der anderen entscheidend für den eigenen Weg. Das soziale Außen wird zum wichtigsten Orientierungspunkt des modernen Menschen. Statt eigenen Werten selbstbestimmt zu folgen, ist nun die Reinhaltung einer intakten Oberfläche alleinige Quelle allen Lebensglücks, dazu die Anerkennung durch die anderen. Zu diesem Zweck wird im Privaten jene kapitalistische Konsumwelt nachinszeniert, wie sie in den Massenmedien und der Werbung vorgegeben wird. Eine Rückkehr zu einer selbstbestimmten Lebensweise wird durch die Angst vor sozialem Ausschluss oder Degradierung verhindert. Die Folge ist, die innengeleitete Orientierung verliert an Kraft, der Mensch hört nicht mehr auf das, was aus ihm selber spricht. Als Soziologe kritisierte Riesman dabei nicht so sehr das Faktum sozialer Überanpassung, er kritisierte vielmehr einen übermächtigen Taktgeber, die repressive kapitalistische Konsumwelt, und beklagte vor allem eine allgegenwärtige Bereitschaft zur selbstauferlegten Unfreiheit, die sich in einer einseitig materialistischen Lebensweise ausdrückte.

Wie sehr Riesman nicht nur den Nerv der US-Nachkriegsgesellschaft getroffen hatte, sondern tatsächlich auch die Wirklichkeit abbildete, inwiefern er also nicht nur eine schmissige Hypothese in den Raum stellte, sondern Realität abbildete, das zweifelten vor allem in der Wissenschaft einige seiner Fachkollegen an. Sein Buch, das bald zum Bestseller avancierte, wurde als unwissenschaftlich beargwöhnt. Man warf Riesman vor, mehr literarische Gesellschaftskritik als Wissenschaft zu betreiben. Das wollte Riesman nicht auf sich sitzen lassen. Zwei Jahre nach dem Erscheinen von »The Lonely Crowd« lieferte er einen zweiten Band, mit jeder Menge empirischem Material, das seine Thesen bestätigte. (»Faces in the crowd«, 1952). Manchen, denen selbst dies noch zu deskriptiv war, sprangen ihm sogar mit Folgestudien zur Seite. Waltraud Marggraff Kassarjian konnte 1962 in einer Interview-Studie ebenfalls nachweisen, dass sich Riesmans Thesen empirisch erhärten ließen.

Und heute? Wie sieht der Sozialcharakter der Gegenwart aus? Heute scheint die Gesellschaft in so viele Milieus, Subkulturen und Lebensstilgruppen zerfallen zu sein, dass es nicht einfach zu sein scheint, einen herrschenden Sozialcharakter auszumachen. Pluralisierung und Vielfalt herrschen aber genau genommen nur an der Oberfläche. Unter einer bunten Schicht von individuell abweichenden Selbstentäußerungsszenarien, die von ganz unterschiedlichen Phänotypen und Performern bespielt werden, schlummert, wie einst, eine ausgeprägte Konformität von Einstellungen und Haltungen, die sich unter dem Oberbegriff einer neuen Bürgerlichkeit zusammenfassen lassen und auch recht klar konturierbar sind.

Geschmeidigkeit und Spießertum

Der »Spießer«, der früher »Philister« hieß, ist streng betrachtet keine besonders brauchbare soziologische Kategorie – zu unscharf erscheint der Begriff und zu polemisch aufgeladen. Und doch ist er ein scheinbar alle Zeit überdauerndes Etikett, ein bestimmtes Phänomen zu beschreiben, für das es offenbar keinen besseren Ausdruck gibt. Das wusste schon Ödön von Horvath, der ihm mit seinem Roman von 1930 »Der ewige Spießer« ein unrühmliches Denkmal setzte. Und wenn man Riesman liest, hat man das Gefühl, mit seinem »außengeleiteten Charakter« habe er im Grunde ein Sozialporträt des Bourgeois gezeichnet, man könnte auch sagen, des US-amerikanischen Spießbürgers der 1950er-Jahre.

Er war nie wirklich weg, sagen die, die an ihm als Konzept zur Gesellschaftsanalyse festhalten. Was sich geändert hat, sei allein sein Gewand. Der Autor Max Goldt hat in einer Kolumne einmal geschrieben, Kabarettisten würden kleinbürgerliche Existenzen in ihren Programmen gerne wie Leute vor dreißig oder vierzig Jahren auftreten lassen, der zeitgemäße Spießer sähe heute aber ganz anders aus: »Er ist das Produkt einer widerstandslos hingenommenen Popkultursozialisation, ein sich wohlfühlendes Opfer. Er ist tätowiert, motorisiert, umfassend desinteressiert und allzeit bereit, zustimmend zu johlen oder empört zu schnauben, vor allen Dingen aber ist er sexy.« Hilft das Konzept beim Versuch einer zeitdiagnostischen Beschreibung eines Sozialcharakters der Gegenwart? Der Soziologe Gerhard Schulze etwa hielt den Begriff des Spießers schon vor vierzig Jahren nicht mehr für sehr tauglich und schrieb 1982 in seinem Hauptwerk »Die Erlebnisgesellschaft«, dass es gar nichts mehr aussagt, jemanden einen Spießer zu nennen. »Früher war die Kategorie scharf umrissen, heute ist das ein Schubladenwort«. Dennoch gibt es auch viele gelungene Versuche, die das Konzept beibehalten und weiterentwickelt haben. Der Journalist Christian Rickens hat dies etwa 2007 in seiner Schrift »Die neuen Spießer« getan. Er kommt zum Fazit: »Spießigkeit hat heute nichts mehr mit Einfamilienhäusern und Ikea-Family-Card zu tun, dafür aber mit viel Intoleranz, mit Misstrauen gegenüber anderen Menschen, Ideen und Religionen, mit Verabsolutierung des eigenen Lebensentwurfs und einer aus Zukunftspessimismus gespeisten Abwehrhaltung gegen alles Neue.« Andere haben Neo-Formen wie den »Kreativ-Spießer« auseinandergenommen, den »Jakobsweg-Spießer«, oder sie erzählen von ganzen Biotopen neuer Bürgerlichkeit, etwa dem »Bionade-Biedermeier« am Prenzlauer Berg, wie die Autorin Laura Kajetzke schreibt. »Spießer sind immer die anderen«, mit diesem klugen Satz schließt sie ihren Essay, und man ist geneigt, ihr beizupflichten.

Andere meinen, was früher der Spießer war, sei heute der Hipster. Schon kurz nach seinem ersten Auftreten in nordamerikanischen Metropolen der 2000er-Jahre haben Autoren versucht, diesen Sozialcharakter zu packen zu kriegen und zu definieren, welches *Mind Set* ihn ausmacht. Bücher etwa wie Marc Greifs »Hipster, eine transatlantische Diskussion« (2012) oder Josh Aiellos »Hip. Das Bestimmungsbuch für den Szenegänger« (2004) kam jedoch über oberflächliche Beschreibungen gemeinsamer stilistischer Merkmale nicht weit hinaus. Und doch kann man behaupten, im Hipster haben die Grundmuster des Spießers überlebt. Beide Typen zelebrieren ihre Lebensweise als die einzig richtige, beide sind engstirnige, intolerante und weitgehend fremdbestimmte Anpassungsvirtuosen. Was beide ausmacht, ist der Überlebenssinn. Der Spießer ist ein Chamäleon, was seine Haltungen angeht, ein Oktopus, was seine strategische Fortbewegungsweise betrifft. Sein persönlicher Funktionalismus steht ihm über alles, und deswegen begegnen sich Spießertum und Geschmeidigkeit immer irgendwo. Und doch gibt es einen Unterschied zwischen traditionellen und neuen Formen. Gerade die Geschmeidigkeit ist eine Form sozialer Anpassung, die sich von der klassischen Spießigkeit dadurch unterscheidet, dass sie ihre Konformität zu tarnen versteht. Geschmeidigkeit kann immer auch camouflierte Spießigkeit sein, ein Bündel äußerst angepasster Verhaltensformen, die diese Anpassung jedoch höchst wirkungsvoll zu verbergen versteht, sie zu verhüllen weiß und nur allzu gern kreativ, bunt, chic und charmant dekoriert.

Der zeitgemäße Sozialcharakter des Individualisten

Wenn man mit David Riesman die Annahme teilt, der außengeleitete Charakter der 1950er-Jahre, also ein konsumorientierter, materialistischer Typ, hätte die Zeit geprägt, dann stellt sich die Frage, welcher Sozialcharakter ihn denn abgelöst hat? Man könnte behaupten, nach der Überangepasstheit der 1950er-Jahre sei es nun im Laufe der 1960er- und 1970er-Jahre ein eher individualistischer Charakter, der an die Stelle des alten getreten wäre, also ein Sozialcharakter, der mehr auf Selbstbestimmtheit und Autonomie in Lebensentscheidungen setzt und diese Werte ausdrückt, der sich nun – gerade auch in der Gegenabsetzung zu seinem Vorgänger – mehr und mehr durchgesetzt habe. Wenn dem so wäre, schlösse sich die Frage an, ob man dann überhaupt von einem Sozialcharakter sprechen kann, zumal Selbstbestimmung ja etwas ist, was der Einzelne ganz dezidiert gegen die Gesellschaft vollzieht.

Es fällt zunächst auf, dass die kollektiven Erfahrungen der 1960er- und 1970er-Jahre eine Umwertung dessen auslösen, was man unter Anpassung versteht. Soziale Anpassung, von den Eltern dieser Generationen noch gefeiert als Zeichen gelungener Erziehung und Sozialisation in die bürgerliche Gesellschaft, wurde plötzlich zu etwas nicht unbedingt Erstrebenswertem erklärt, sie wird fragwürdig, und ihre Konzepte bleiben nicht unwidersprochen, wenn es um die Realisierung eines eigenen geglückten Lebensentwurfs geht. Gleichzeitig machen viele die Erfahrung, dass ein Leben in der bürgerlichen Gesellschaft ohne einen Grundstock an Anpassung zum Scheitern verurteilt ist. Am Ende werden viele Anpassungsmuster beibehalten, sie werden aber so gut wie möglich kaschiert.

Selbst dann, wenn sich dieser Wandel tatsächlich vollzogen hätte, entsteht ein Konflikt: Denn der individualistische Charakter, dem nun alle zustreben und der sich in der Betonung des Schlagworts der Epoche der »Selbstverwirklichung« nachhaltig äußert, wird nur zum Ideal, solange er eine gewisse Sozialverträglichkeit garantiert. Was zu beobachten ist, ist ein eigenartiger Mischcharakter, der in sich Elemente dieses neuen individualistischen Sozialcharakters aufweist, ihn aber abmildert, indem er ihn durch den Filter einer Sozialverträglichkeit modifiziert und entschärft, sodass er im Grunde gar nicht mehr individualistisch genannt werden kann, sondern höchst konformistische Züge beibehält. Es geht auf einmal um das unmögliche Kunststück, Anpassung abzustreifen, Individualität herauszustellen, aber dadurch doch nicht zu befremden, sondern Teil eines Stromes, eines Ganzen zu sein. Die Quadratur des Kreises, für die es nur einen Ausweg gibt: die Entwicklung von Geschmeidigkeit, durch die beides möglich bleibt.

Gefälligkeit und der Begriff der sozialen Geltung

Die These dieses Buchs lautet: Der moderne Individualismus, der sich in einem neuen Sozialcharakter widerspiegelt, führt nicht allein zu mehr Autonomie und Selbstverwirklichung, sondern steigert vor allem den Drang, soziale Geltung erlangen zu wollen. *Gelten* zu wollen – das bedeutet, bestrebt zu sein, von anderen eine Gegenleistung für die eigene dargestellte Individualität zu bekommen, in Form von gewährter sozialer Anerkennung. In dem Maß, in dem Menschen beginnen, in sich das Besondere, Wertvolle zu entdecken, wollen sie dafür auch gelten.

Geltungsdrang bedeutet jedoch praktisch, dass der Einzelne nicht nur Mühe und Zeit in seine Selbstfindung und ihren Ausdruck investiert, sondern auch in den *Verkauf* seiner Qualitäten, die er wie auf einem Markt anbietet. Man begibt sich in einen Wettbewerb mit anderen Individuen und versucht, ihnen überlegen zu sein. Schon der Soziologe René König hat in diesem Zusammenhang von einem »Auszeichnungsstreben« gesprochen: »Dieses Auszeichnungsstreben drückt sich nicht nur in der Anstrengung aus, auf irgendeine Weise hervorragende Leistungen zu vollbringen, sondern genauso auch darin, für diesen tatsächlichen oder vermeintlichen Vorzug einen sinnfälligen Ausdruck zu erlangen und damit zu prunken.« Er fragt: »Was nützt die schönste Auszeichnung, falls sie von den anderen nicht erkannt wird?«

Es geht also gar nicht so sehr um die »Gesellschaft der Singularitäten«, wie der Soziologe Andreas Reckwitz sein Buch über die individualistische Gesellschaft in der Spätmoderne genannt hat. Eine solche Gesellschaft der Einzigartigen festzustellen, ist nur eine aktualisierte Beschreibung eines alten Befundes, die neu illustriert, was andere unter dem Stichwort der Individualisierung des modernen Menschen längst abgearbeitet haben. Es geht nicht um die Entwicklung hin zu irgendeiner Gesellschaft der Einzigartigkeiten, sondern zu einer Gesellschaft, in der die einzelnen Mitglieder Alleinstellungsmerkmale ausbilden, die paradoxerweise gleichzeitig maximal gefällig sein wollen. Einzigartigkeit ist nicht, was jedes Gesellschaftsmitglied anstrebt, sondern nur eine solche individuelle Besonderheit, die sozial genehm ist, weil sich scheinbar nur soziale Gefälligkeit auch auszahlt. Damit wird klar, der zeitgemäße Charakter, der individualistisch genannt wird, bezeichnet im Kern nur eine Hülse, hinter der sich ein alter, neu verpackter Konformismus verbirgt. Was Reckwitz nicht sieht: nicht nur einzigartig zu sein, steht im Vordergrund der spezifischen individuellen sozialen Inszenierungen der Gegenwartsgesellschaft, sondern im Prinzip etwas viel Spezielleres. Ein *sozial gefälliger Individualismus* ist das Thema der Zeit. Es ist tatsächlich ein gewaltiger Unterschied, ob man von einem zeitprägenden Singularitätsstreben spricht, das prämiert wird, oder von einer individualistisch verbrämten Gefälligkeit, die die alten Formen sozialer Anpassung fortschreibt.

Wenn man ihre Ahnengalerie abschreitet, hat sich im Grunde strukturell nicht allzu viel geändert im Vergleich zu den Sozialcharakteren früherer Epochen. Die grundsätzliche Anpassung an einen dominanten Lebensstil ist dieselbe geblieben. Menschen versuchen, dem »coolen Leben« Herr zu werden, sie teilen den einen Lebensstil, der in der Gesellschaft für angesagt gilt. Dieser hat sich aber individualisiert, wenn auch nur an der Oberfläche. Die Gleichförmigkeit besteht nun nicht mehr im Phänotyp, also in der konkreten Erscheinungsform eines bürgerlichen Lebens, wie es David Riesman beim amerikanischen Spießer beobachtet hat, der in Suburbia lebt, eine Frau und zwei Kinder zu ernähren hat, im Kurzarmhemd und mit Aktenmappe in seinem Ford jeden Morgen zur Arbeit fährt, sondern in der Dringlichkeit, sich möglichst individualisiert auszudrücken. Das kann im Einzelfall jedoch höchst unterschiedlich ausfallen, bunt und knallig, und doch uniformiert. Die Uniform ist nicht das Outfit, sondern eine wirkungsmächtige Idee. Der Zwang, anders zu sein. Der Sozialcharakter der Gegenwart ist der geschmeidige Mensch. Er ist eine Figur, die Anpassung und Absetzung, Individualität und Gefälligkeit in einer ganz eigenen Form von Individualismus zu vereinen sucht und dabei in Kauf nimmt, das Prinzip der Selbstbestimmung zu verpassen, um seine funktionalistischen Ziele zu erreichen. Was macht diesen Charakter aus? Was ist in ihm ausgeprägt, was wird zurückgehalten, wie sieht seine Physiognomie aus? Wo und wie tritt er auf?

Sneaker's World – der geräuschlose Auftritt

Ein Sneaker ist nicht irgendein modischer Schuh, sondern ein Symbol. Er ziert die Füße des Menschen, der in der Epoche der Geschmeidigkeit unterwegs ist. Entwickelt wurde er ursprünglich für Sporttreibende aller Arten, flächenwirksam hat er sich seit etwa den 1990er-Jahren ausgebreitet und zu einem unverzichtbaren modischen Accessoire entwickelt, das keineswegs, wie manche nach seinem ersten Erscheinen in der Modewelt meinten, jedem Chic gegenläufig ist. Inzwischen ist er längst in den Rang eines Klassikers gelangt.

Die Zeiten sind vorbei, als sich mit dem Tragen von Turnschuhen Protest ausdrücken ließ, wie etwa 1985, als Joschka Fischer ein paar weiße Nikes bei seiner Vereidigung zum hessischen Umweltminister trug. Geschlechterübergreifend wird der Sneaker heute zum trendigen Anzug angelegt, zum Etui-Kleid oder zum Dirndl. Er wird im Business getragen wie in der Feierabendrunde, beim offiziellen Empfang durch den Regierungspräsidenten zur Verleihung des Bundesverdienstkreuzes wie bei der Erstkommunion der Kinder, Hochzeiten und Vernissagen, nicht nur in Berlin-Mitte, sondern überall. Und wenn man darüber nachdenkt, auf welchen Veranstaltungen oder Anlässen man ihn noch nicht gesehen hat, dürfte einem außer dem päpstlichen Konklave vermutlich kein Ort mehr einfallen, denn selbst Priester hat man schon in Sneakers gesehen.

Dieses nahezu immer aus synthetischen Materialien gefertigte Schuhwerk ist aber, seit es seinen Siegeszug angetreten hat, ein Affront geblieben, ja, ein ästhetischer Anschlag, und, was seinen fulminanten Siegeszug weltweit angeht, noch immer ein großes Rätsel. Erst recht, seit er vor langer Zeit schon sein Billigtreter-Image abgelegt und in Form kostspieliger Edel-Sneakers selbst die Haute Couture erobert hat. Was macht ihn so besonders? Man kann darüber streiten, ob er einfach nur hässlich ist oder einer postästhetischen Sphäre entstammt, also nicht einer Sphäre des Geschmacklosen, sondern einer, die sich dem Geschmacksurteil völlig entzieht. Auf jeden Fall verströmt er nicht nur sportliche Lässigkeit, sondern etwas Softes, Quietschiges, Kindliches. Dabei scheint er unschlagbare Vorteile zu haben: Seine Sohle aus Polyurethan oder Ethylen-Vinylacetat ermöglicht dem Träger ein gummibärchenweiches Gehgefühl und dabei vollkommen lautloses Auftreten.

»Sneaker« kommt von Englisch »to sneak« – zu Deutsch »schleichen«. Der menschliche Gang, der Persönlichkeitsmerkmal, Charakter- oder Temperamentsausdruck sein kann, scheint mit dem Sneaker am Fuß neutralisiert zu sein. Im Sneaker scheinen alle gleich zu trotten, er synchronisiert seine Träger in eine Richtung Gleichschritt. Die lautlose Annäherung, meistens durch die Hintertür, verspricht, unbemerkt bis zuletzt zu bleiben, und dies ist eine wichtige Voraussetzung, um im Neoliberalismus gute Beute zu machen. Das Unbemerktbleiben der wahren Absichten garantiert erst den Erfolg. In der Erbschleicherei ist es die Strategie, jemandem das Geld abspenstig zu machen. Nur wenn die Absicht unbemerkt bleibt, gelingt der Coup. Aber man muss gar nicht die ganz bösen Absichten hegen, geschlichen wird heute überall.

Die Kunst des Auffallens – nicht penetrant, aber nachhaltig

Man ist auf einer Party eingeladen. Eine feine Sause, auf der es um etwas geht. Vielleicht feiert ein gesellschaftlich einflussreicher Mensch einen runden Geburtstag, oder eine Koryphäe geht in den Ruhestand und nimmt ihren Abschied von der Universität im Kreise von wichtigen Menschen aus Wissenschaft, Politik, Kultur. Man ist dabei, in seinen besten Sneakers. Es ist ein Anlass, auf dem sich jede Menge Menschen tummeln, die für die eigene Karriere wichtig werden können, Menschen mit guten Kontakten bis nach ganz oben, gesellschaftliche Elite.

Die Reden sind gehalten, der inoffizielle Teil beginnt, man gibt sich ungezwungen, steht in Gruppen um hohe, weiß gedeckte Tische, nippt am Glas und kommt ins Gespräch. Wie gibt man sich? Das ist nicht so wie im Bewerbungsgespräch. Hier muss man niemandem etwas beweisen, und doch will man einen schonungslos überzeugenden Eindruck machen. Man will interessant sein. Auf eine subtile Weise, deren Absicht, sich bei den anderen nachhaltig ins Gedächtnis einzuprägen, man nicht merken soll.

So wie hier geht es überall in der modernen Gesellschaft zu. Es geht mehr denn je um Aufmerksamkeit. Sie ist, laut Georg Franck und seiner These von der »Aufmerksamkeitsökonomie«, ein knappes und umkämpftes Gut geworden, dazu ein unverzichtbares obendrein. Erhöhte Aufmerksamkeit sichert vermehrte Resonanzerlebnisse. Die wiederum braucht es, um erfolgreich zu sein. Die erste Regel auch im Zeitalter der Geschmeidigkeit ist so alt wie der Mensch als gesellschaftliches Wesen. Aufmerksamkeit wird uns zuteil, wenn wir das, was wir machen, anders machen als andere. Es geht darum, herauszustechen, sich abzusetzen, durch irgendeine Exklusivität aufzufallen. Zur Not folgt man dem Erfolgsrezept, das sich schon beim eigenen Internetauftritt förderlich gezeigt hat, wenn es gilt, bei *YouTube* möglichst viel Likes zu bekommen: »Tu irgendwas, was vor Dir noch keiner getan hat!« Schnell wird aber klar, es geht nicht nur um atemberaubend Neues, was sich da einer ausgedacht hat, sondern um eine gefühlte kleine Grenzüberschreitung, genauer: um eine Grenzüberschreitung, die nicht als Affront aufgefasst wird, sondern Zustimmung auslöst, im Grunde also um eine als nonkonform getarnte Form von Konformität, die Aufsehen erregt, ein positives Aufsehen. Diese Gratwanderung, die man ein performatives Paradox nennen könnte, ist in Zeiten, in denen mediale Aufmerksamkeit ein rares Gut ist, die erste Regel des Auftritts auf nahezu allen gesellschaftlichen Bühnen. Wo alle performen, geht es darum, den anderen die Schau zu stehlen.

Geschmeidigkeit ist gekoppelt an die Kunst der Antizipation sozialer Wahrnehmung. Der Virtuose weiß, wann er den Eindruck eines Nonkonformismus macht, der nicht anstößt, sondern begeistert, und genauso, wann er dadurch verstört und seine Chancen zunichtemacht. Er weiß vor allem, wer zu laut ist, wer zu viel Wind macht, wer im Extremen performt, erzielt oft den gegenteiligen Effekt dessen, was er, trotz einem Übermaß an Investition, anpeilt. Nirgendwo so sehr, wie auf einer Party, fällt auf, dass sozialfunktionale Geschmeidigkeit eine galante Fertigkeit des Auffallens ist, die es aber immer versteht, ihre rein distinguierende Absicht zu vertuschen.

Geschmeidig zu sein, heißt, Meister des Eindrucks zu sein, nicht der Substanz. Dazu gehört selbstverständlich auch, über Dinge reden können, von denen man keine Ahnung hat. Der Wörterschwall ist entscheidend, nicht der Inhalt. »Twaddle Tendency« nennt man dies in den USA, Plappertendenz in unseren Breiten. Noch viel wichtiger ist es, den akademischen Plapper zu beherrschen. Hier ist die Gefahr, schnell auf die Nase zu fliegen, größer, weil die eigene Inkompetenz jederzeit aufploppen könnte. Aber auch in solchen Fällen kann dem versierten Nichtbelesenen abgeholfen werden, vorausgesetzt, man investiert in das Buch von Pierre Bayard von 2007, das den schönen Titel trägt: »Commet parler des livres que l'on n'a pas lus?«, auf Deutsch: »Wie man über Bücher spricht, die man nicht gelesen hat.« Und zwar auf höchstem Niveau und vollkommen schamfrei. Generell gilt, die Artikulationsform, in der sich jene sanfte und doch nachhaltige Aufmerksamkeitsstrategie ausdrückt, ist jene semantische Seichtigkeit, wenn nötig über Stunden hinweg, zu der sonst nur Sportmoderatoren in der Lage sind. Sie ist das Geschmeidigkeitsfluidum schlechthin, eine stets um Oberfläche bemühte, immer daher witzelnde rhetorische Cremigkeit, wie sie etwa die TV-Moderatoren Johannes Kerner oder auch der Bestseller-Autor Axel Hacke meisterhaft beherrschen. Das Leichte mit dem Seichten zu verbinden, damit kann man richtig erfolgreich sein in diesen Zeiten.

Begehrt sein, kreativ sein

An die Kunst des gefälligen Auffallens knüpft unmittelbar jene an, bei anderen immerzu erwünscht und begehrt zu sein. Davon hängt unser Überleben ab, sonst sind wir grau wie eine Maus. Nirgendwo ist angewandte Geschmeidigkeit so sehr vonnöten wie auf einer Party oder dem Partnerschaftsportal. Wer hier wahlweise fantastischen Sex oder vollends das große Lebensglück finden will, muss richtig Gas geben. Begehrenswert zu sein, ist alles im Leben, am meisten hier, wo es um das Kerngeschäft der Partnerschaft geht. Also tun wir alles, um begehrenswert zu erscheinen. Partnerschaftsportale sind Orte maximaler Geschmeidigkeit, an denen performt wird, dass sich die Balken biegen. Die Philosophin Jule Govrin hat in ihrem Essay »Begehrenswert. Erotisches Kapital und Authentizität als Ware« (2023) davon geschrieben, wie wir uns zu Markte tragen und wie uns Apps und Devices, wie etwa die Dating-App *Tinder* mit ihrem »Desirability Score«, darüber Auskunft geben, wie begehrenswert wir sind und mit welchen Erfolgen wir rechnen können. Das Begehrenswerte in sich zu steigern, die eigene Attraktivität ständig neuen Normen anzupassen und sich immer wieder neu an Schablonen von Körperidealen und -moden auszurichten, ist Handwerkszeug wie Alltagsbeschäftigung des Geschmeidigkeitsaspiranten dieser Tage.

Auffälligkeit, die begehrt wird, nennt man Erotik, jene die bewundert wird, Kreativität – ein anderes Zauberwort der Epoche. Und so ist das Schlimmste, was dem Partygast heute passieren kann, nicht nur, nicht begehrenswert zu sein, sondern wenn ihn ein anderer auch noch sterbenslangweilig findet. Angehörigen des Wirtschaftswunders wäre das noch wumpe gewesen, Kreativität war für die wenigen reserviert, die Genies, die atemberaubende Musik machten oder wunderschöne Gemälde schufen, der normale Bürger kam ohne aus. Das ist lange her. Anfang der 1960er-Jahre hielt die Kreativität als Geschmeidigkeitspflichtfach Einzug, die Kreativität erreichte das gemeine Volk. Heute will jeder (unheimlich) kreativ sein, koste es, was es wolle. Als akademische Disziplin gibt es die Kreativitätsforschung, als touristische den Kreativurlaub, als kulinarische die kreative Küche, überall wirken »Kreativteams«. Das Genie des deutschen Idealismus wurde in die Wüste geschickt, der Begriff ist popularisiert und vulgarisiert worden. Heute gibt es die kreative Masse. Aber selbst wen dies alles nicht kümmert, an dem Begriff kommt heute keiner mehr vorbei.

Herzlichste Herzlichkeit

Existenziell unter Geschmeidigen ist es heute ganz genauso, dass man alles »sehr gerne« erledigt. Sehr gerne ist überall. Auch da, wo es eigentlich »Bitte!« heißen müsste. »Gerne können Sie auch die Klobürste benutzen!« Vor allem werden immer mehr appellative Botschaften durch ein »gerne« so umgewandelt, dass Forderungen oder gar Nötigungen, die an einen herangetragen werden, plötzlich wie eine großzügige Erlaubnis erscheinen. »Gerne erscheinen Sie zu unseren Öffnungszeiten!«

Oder es wird einer Selbstverständlichkeit der Anstrich obwaltender Nächstenliebe gegeben: »Gerne stehen wir für Rückfragen zur Verfügung!« Und statt »Sehr geehrte Damen und Herren« heißt es heute nur noch »Ihr Lieben!«

Schon 1991 beobachtete der damalige ZEIT-Redakteur und Autor Dieter Zimmer in einem Artikel über »Die neue Herzlichkeit« einen allgemeinen Wandel von althergebrachten, eher steifen und ritualisierten Formen der Höflichkeit im öffentlichen Verkehr zu Formen, in denen vermehrt Nähe und Vertrautheit simuliert wurden. Seiner Hypothese folgte in ihrer Dissertation 2013 die Heidelberger Neuphilologin Katrin Ankenbrand – und kam zu dem bestätigenden Schluss: »In der neuen Höflichkeitspraxis spielt die Suche nach Originalität und Individualität, sowie die Simulation persönlicher Nähe zwischen den Kommunikationspartnern eine große Rolle. Höflich ist man in der Korrespondenzsprache nicht mehr vornehmlich durch die Verwendung fester Formeln, sondern vielmehr durch den Gebrauch eines individuell-kreativen und ›frischen‹ Stils, der sich überdies durch eine hohe konzeptionelle Mündlichkeit auszeichnet. Durch diese Individualisierung von Höflichkeit löst sich die traditionelle Distanzhöflichkeit als die prototypische Schablone höflichen Verhaltens in einer Vielzahl individueller Höflichkeitsstile auf.«

Sie bestätigte in ihrer Arbeit die »Auflösung fester Höflichkeitsformeln und eine verstärkte Hinwendung zur individuellen und kreativen Formulierung«. Und warum? »Erstes Anliegen heutiger Schreiber ist es«, so Ankenbrand, »ihren Adressaten das Gefühl zu vermitteln, von ihnen ›gemocht‹, wertgeschätzt und respektiert zu werden.« Das neue angesagte Höflichkeitsverhalten ergießt sich daher in unaufhörlichen Appellen an die anderen, die ausdrücken, dass da nicht allein eine Nachricht übermittelt werden soll, sondern der Betreffende eine individuelle Eigenart wie seinen Humor oder seine Originalität präsentieren will. Man will nicht einen Inhalt, sondern immer auch sich selbst mitteilen.

Zupass kommt dieser Absicht, dass dadurch meist die Chancen steigen, an das Ziel zu kommen, das man mit der jeweiligen Kontaktaufnahme verfolgt. Denn seine persönliche Seite zu offenbaren, darüber hinaus auch noch in überaus herzlicher Art, die eine ständig aktivierte emotionale »Schwingungsfähigkeit« anzeigt, ist oft nichts anderes als ein regelrechter Manipulationsversuch. Wer so auftritt, will als Mensch sichtbar und wertgeschätzt werden, weil ja im Falle einer Ablehnung der Adressat der Botschaft den Bittsteller als Menschen persönlich ablehnen müsste, was bei so viel Herzlichkeit schwerer fällt als noch im alten, weitgehend emotionslosen Schriftverkehr vergangener Zeiten. Herzlichkeit ist also nur allzu oft ein Versuch, jemanden emotional auf Linie zu bringen, manchmal an der Grenze zur Nötigung. Echter Herzlichkeit entkommt keiner.

Wer sein Schriftstück »mit herzlichsten Grüßen« abschließt, kann das sicherlich ganz genauso meinen, es kann aber auch sein, dass er damit jemanden zu etwas zwingen oder zumindest einer Forderung Nachdruck verleihen möchte. Denn eins ist klar: Grüßt der hierarchisch Obere den Unteren herzlich, bleibt dem nicht viel anderes übrig, als mindestens so herzlich zurückzugrüßen. Gibt er sich förmlicher, würde er befremden und seine Erfolgsaussichten drastisch verkleinern. Genau besehen ist die neue Herzlichkeit immer eine kleine Erpressung, was praktizierte Geschmeidigkeit an sich schon ist, denn sie lässt dem Adressaten oft keine wirkliche Wahl. Am Ende dominiert auch den unerfreulichen oder sogar unterkühlten Kontakt eine scheinbare Herzlichkeit, die nur anzeigen soll, dass der Rittmeister auch anders kann, wenigstens am Anfang und am Ende seiner Ansage. Die Frostigkeit oder das knallharte Kalkül wird nicht dadurch weniger, dass jedes Schreiben mit den allerherzlichen, überaus herzlichen oder gar den herzlichsten Grüßen garniert wird. In der Sache hart wie Kruppstahl, aber herzlich. Man macht den Oberbefehlshaber und will doch nur als Mensch rüberkommen.

Der Mensch der Gegenwart lebt in einer Zeit, in der, wenigstens im Begrüßungsverhalten, scheinbar eine neue Überschwänglichkeit den altdeutsch-verklemmten Händedruck ersetzt hat. Auch vor Körperkontakt oder Bebusselung durch die Armee der Herzlichen ist heute kaum mehr einer sicher. Ist das ein Segen, werden die Menschen endlich lockerer? Man könnte in diesem Zeitphänomen vorschnell eine heilsame Entkrampfung erkennen, die zu mehr praktizierter Innigkeit führt, wenn man nicht genau hinsieht. Denn der Herzlichkeitskörper ist längst Teil der neoliberalen Geschmeidigkeit, er ist Teil einer Bewegung, die immer mehr Persönliches einem geschäftlichen oder zumindest einem solchen Kontakt beizumengen versucht, der sich von seiner Natur her eher nicht dafür eignet und bei dem schon in der Aufnahme ersichtlich wird, dass da einer etwas ganz Konkretes will, was nicht unbedingt mit sonderlich warmen Liebesgefühlen zu tun hat.

Und selbst wenn nicht, immer gilt es, eine emotionale Rede zu halten. Zu enden mit »I love you all.« »The sky is the limit.« Überall, in US-amerikanischen Wahlkampfreden, beim Betriebsfest im Industriegebiet. Man stellt sich so auch vor die Mitarbeiter der mittelständischen Schraubenfabrik und beschwört den »Team Spirit« »Yes, we can.« »God bless you all!« Das ist mittlerweile auch schon in der Umkleidekabine in der Kreisklasse angekommen, wenn der Trainer den Prediger gibt und die ganze Mannschaft dann dahockt und mit entgeisterten Gesichtern dem Emotionsausbruch folgt. »I love you!« – natürlich ruft das auch Jürgen Klopp seinen Profis zu und wird genauso verstanden.

Der Psychologie Peter Winterhoff-Spurk beschrieb schon vor zwanzig Jahren in seinem Buch »Kalte Herzen. Wie die Medien unseren Charakter formen« (2005) einen tiefgreifenden Wandel der Gefühlskultur in der modernen Gesellschaft, die einen besonders prägnanten Ausdruck in allerlei Trash-Formaten fand und die er auch in einem Millionenpublikum weit verbreitet sah. Demnach werden Gefühle nicht nur viel offener ausgelebt als früher einmal, sondern möglichst theatralisch und impulsiv dargestellt und inszeniert. Einen Persönlichkeitstyp sah Winterhoff-Spurk auf dem Vormarsch, den man in der Psychologie die »histrionische Persönlichkeit« nennt. Diese ist gekennzeichnet von stark egozentrischen und extrovertierten Zügen. Leichte Erregbarkeit geht einher mit dem Drang zur Überschwänglichkeit, alles wird übertrieben und dramatisiert, Tränen der Freude fließen beim geringsten Anlass wie solche der Trauer, und alles immer mit dem Ziel: im Mittelpunkt zu stehen. Das Motiv ist dabei keineswegs ein Herz, das am rechten Fleck sitzt und die Welt umarmen möchte. Gefühlsäußerungen werden bewusst oder unbewusst sozialstrategisch eingesetzt, um über ein demonstratives Ausleben von Emotionen Aufmerksamkeit auf sich zu ziehen und sich dadurch gut zu verkaufen.

Leicht, aber leidenschaftlich

Die Epoche der Geschmeidigkeit ist eine Epoche, in der der Einzelne noch nie so voller Ehrgeiz war – und doch gilt es, in allem Tun sein Vorherrschen unkenntlich zu machen. Deswegen wird alles, auch noch das verbissene Verfolgen des eigenen Vorteils, stets mit der Watte der Leichtigkeit umgeben, ja gänzlich verhüllt. Diese Leichtigkeit ist jedoch für alle in einer wahrhaft rigiden Strenge verpflichtend. Kein Wunder, dass Ironie hoch im Kurs steht, auch da, wo sie gar nichts zu suchen hat, weil es der Ernst der Lage verbietet.

Leichtigkeit muss aber stets mit einem Antagonisten zurechtkommen, der zugleich hofiert sein will: Leidenschaft. Leichtigkeit ist nur erlaubt, wenn auch Leidenschaftlichkeit hinzutritt. Dabei sind Leichtigkeit und Leidenschaft eigentlich ein Begriffspaar, das sich eher gegenseitig ausschließt. Die eine luftig wie eine Schneeflocke, die andere schwer und von tiefem Ernst wie ein Stoßgebet im Gottesdienst. Geschmeidigkeit in Formvollendung verlangt dennoch beides gleichzeitig, ein Künstler, wer sie zu verbinden weiß. Für Lernbegierige gibt es daher zu beiden Komplexen allerlei Erbauungsliteratur. Vom Lebenskünstler Wilhelm Schmid bis zum großen Dalai Lama – das Lebenshilferegal ist voll von Literatur zum Sich-locker-Machen, Die-Seele-baumeln-Lassen. Wir sollen lernen, leicht zu werden und runterzukommen. Aber interessanterweise ist das Hochkommen aus der Lethargie scheinbar mindestens so wichtig. Und das bedeutet, in Wallung zu kommen, Leidenschaft zu aktivieren. Tatsächlich, überall wird sie gefordert, vom Trainer beim Bundesligaspiel, vom Meister im Handwerksbetrieb (»Wir verlegen Fliesen mit Leidenschaft!«) oder vom Vorgesetzten im Büro, der zu eher staubtrockenen Tätigkeiten rund ums Abheften irgendwelcher Akten neigt. (Die Münchner Rück wirbt mit dem Slogan: »Wir suchen leidenschaftliche Rückversicherer!«) Bücher zu beiden Themen gehen gleichermaßen weg wie warme Semmeln. »Von der Kunst, das Leben leicht zu nehmen« von Autorin und Influencerin Marie Luise Ritter stand monatelang auf der SPIEGEL-Bestseller-Liste. Und auch Pater Anselm Grün hat wieder einen publizistischen Volltreffer gelandet, wenn er schon im Titel seines letzten Werks unverblümt fragt: »Wofür brennst Du?« und seine Leser dazu auffordert, endlich leidenschaftlich zu leben.

Stressige Gelassenheit

Praktizierte Gelassenheit ist Leichtigkeit, die sich handlungsaktiv bewährt. Aber nicht ohne Weiteres. Ohne Vielbeschäftigung, ohne Überarbeitung, ohne Hans Dampf in allen Gassen zu sein, keine Gelassenheit. Es braucht schon ein Leben, in dem man gefragt ist, um sich zur Gelassenheit zu bringen. Das heißt umgekehrt, jeder, der sich zur Gelassenheit bekennt, zeigt seiner Umgebung erst einmal an, wie sehr ihn diese Welt fordert, wie sehr sie ihn braucht, wie unverzichtbar er ist. Erst der verbissene Workaholic, erst der, der richtig »mattert« in dieser Welt, kann überhaupt zur Gelassenheit kommen. Ohne Stress keine Gelassenheit. Sie ist daher, so schreibt der Literaturwissenschaftler Thomas Strässle, »eine beliebte Form der Selbstdarstellung, ein Habitus, den man gerne vorzeigt oder vorspielt, um die eigene Unabhängigkeit und Unantastbarkeit zu signalisieren.« Gelassenheit sei ein Selbstschutzmechanismus, aber nicht nur das, sondern auch eine Haltung, die mit dem Glanz, der auf der Gelassenheit liegt, rechnet. »Wer sich gelassen oder gar betont gelassen gibt, weiß, dass er eine gesellschaftlich hoch angesehene Haltung annimmt.«

Und diese Gelassenheit thront über allem. Sie ist der Fetisch der Epoche der Geschmeidigkeit. Das hat damit zu tun, dass sie uns unangreifbar macht. Wer gelassen ist, dem kann niemand etwas anhaben, Störfaktoren werden weg gelächelt, auch die immer häufigeren »übergriffigen«, oder neuerdings: »toxischen« Erlebnisse, die heute täglich und überall lauern, werden sofort neutralisiert. Besonders versiert in praktizierter Gelassenheit sind dabei Menschen, die man Comedians nennt, und die täglich in irgendwelchen TV-Shows auftreten. Comedians sind vornehmlich Selbstdarsteller, die nicht einfach nur komisch sind, sondern in erster Linie sich selbst sehr komisch finden. Im Vordergrund ihres Spiels steht gar nicht so sehr die Absicht, ein Publikum gut zu unterhalten, sondern vorzuführen, wie man mit virtuos beherrschter Ironisierung die Welt im Griff behält. Und so quittiert es das Publikum. Man lacht nicht so sehr über den Spott, den da einer für die Welt übrig hat, sondern weil man ihn dafür bewundert, dass da einer die Härten der Welt so nehmen kann, dass sie ihm nichts anzuhaben vermögen.

Für die Tugend der Gelassenheit scheint es dabei keineswegs ausschlaggebend zu sein, woher eigentlich genau eine Störung oder Irritation kommt, die da zu Beunruhigung und innerem Aufruhr sorgt. Mag sein, dass der Chef unfair war, es gab Stress im Büro oder in der Partnerschaft, dann ist Gelassenheit ein schönes Mittel, wieder ins Gleichgewicht zu kommen. Aber die Reichweite der zeitgemäßen Form der Gelassenheit ist weitaus größer, sie wird auch dann wirksam aktiviert, wenn der Stress, den man hat, vollkommen selbst verschuldet ist und allein daher kommt, dass man selber Verursacher von schlechten Gefühlen bei anderen ist. Der Gelassenheit ist es gleich, man kann also selber Foul spielen, unehrlich oder unkollegial sein, selbst als veritabler *Trouble Shooter* jede Menge Porzellan zerschlagen – und das Gelassenheitsprogramm aktivieren. Man kann sich etwas zu Schulden kommen lassen, praktizierte Gelassenheit sorgt dafür, dass kein schlechtes Gewissen aufkommt. Manche müssen dafür nur dreimal »tief durchatmen«.

Es ist kurios, fast jeder Dritte im Neubaugebiet hat heute einen Baumarkt-Buddha im Vorgarten, der die Passanten vom Zierschotter grüßt, nicht aber unbedingt, um seinen Mitmenschen mehr Frieden, Güte und Versöhnlichkeit zu signalisieren, sondern um anzuzeigen, dass man sich in einer Weltanschauung eingerichtet hat, die fernöstliche Entspannungs- und Stressbekämpfungstechniken für das eigene Fortkommen einzusetzen weiß und man Mitglied in einem ganz bestimmten Klub ist. Man demonstriert seiner Umgebung, dass man darin geübt ist, so viel wie möglich an sich abperlen und sich von nichts aus der Ruhe bringen zu lassen. Deswegen ist es auch kein Widerspruch, wenn sich unruhige Geister mit hohem Aggressionspotenzial in Gelassenheit üben. Gelassenheit garantiert Unempfindlichkeit gegen alle möglichen unliebsamen Außenreize, indem man sich eine Art psychische Teflon-Schicht antrainiert. Geschmeidig in diesem Sinn ist jemand, der vor allem sich selbst viel verzeiht und die Technik beherrscht, mittels Gelassenheitsübungen sein aufkeimendes schlechtes Gewissen über den einen oder anderen Übertritt so zu lindern, dass er auch vor dem nächsten nicht zurückschreckt.

Unsere Zeit regieren zwei nicht einfach zu durchdringende Gebote. Auf der einen Seite sollen wir »empfindsam« sein, auf der anderen »gelassen«. Geschmeidig wäre es, situativ unterscheiden zu können, wo das eine angebracht ist und wo das andere. Gelassenheit bedeutet heute nicht mehr unbedingt, sich aus dem hektischen *Struggle of Life* herauszuhalten und Fünfe gerade sein zu lassen. Kein Diogenes vor dem Fass, und die Welt zieht vorbei. Sie bedeutet vielmehr, voll drin zu sein, dicht mit Terminen, Überstunden, hecheln und hetzen, aber eine Einstellung zu haben, die da lautet: Mir kann das alles nichts anhaben.

Gelassenheit und Gleichmut sind heute fernab ihres ursprünglich alten buddhistischen, und auch griechisch-antiken Bedeutungsgehalts eines temporären Weltverzichts, eines sich Zurücknehmens auf Zeit oder wahlweise einer Technik der Gefühlskontrolle zu einer Lebenskunst des Abstoßens störender Außenreize geworden, eine Abschottungskunst, die uns gewährleistet, rundum störungsfrei in unserer Geltungsblase zu verharren. Vor allem, indem sie immer mehr auch auf Bereiche ausgedehnt wird, innerhalb derer es weitaus eher angebracht wäre, sich tatsächlich irritieren zu lassen, sich betroffen zu zeigen und aus gefühlter Verantwortung auch einmal Stellung zu beziehen. Etwa wenn man einen Bock geschossen hat, einen richtigen Fehltritt begangen hat, vielleicht einen schwerwiegenden moralischen. Aber auch dann kommt einem die Gelassenheit schnell zu Hilfe und sagt einem, dass man das nicht an sich heranlassen sollte. Gelassenheit heute heißt oft nur noch, *gar nichts* an sich heranzulassen, dafür zu sorgen, dass einem nichts etwas ausmacht und man die hohe Kunst beherrscht, sich selbst schon vor der Sünde zu verzeihen.

Gelassenheit als Vermeidungsvermögen unangenehmer Nebengefühle und Gewissensregungen, als Kunst, innere wie äußere Störenfriede mundtot zu machen und Bedrückungen, die sie auslösen oder die einem das eigene Gewissen sendet, einfach stoisch auszuschalten, wird so zur funktionalistischen Technik, geschmeidig an die Ziele des Lebens zu kommen. Gerade demonstrative Gelassenheit ist heute nicht mehr so sehr Zeichen eines Charakters, der mit sich im Reinen ist, sondern ist immer öfter Teil einer Aura, die vor allem Narzissten umgibt. Wie schnell es jedoch mit der Gelassenheit vorbei sein kann, merkt man, wenn man ihren Virtuosen jede Bewunderung entzieht und ihnen mit Gleichgültigkeit begegnet. Das ist das Einzige, was sie in Wallung bringt.

Bescheidenheit und Respekt

Nichts hasst der Mensch mehr, als den Egoismus der anderen mitansehen zu müssen. Einen zu beobachten, der sich das größte Stück der Torte nimmt, erregt unseren Unmut. Auf der Autobahn im Stau zu stehen und zusehen zu müssen, wie einer auf dem Standstreifen an der Kolonne vorbeifährt, bringt einen zur Weißglut. Es macht uns fassungslos, mitansehen zu müssen, wenn sich Menschen vordrängeln oder sich mit fremden Federn schmücken.

Wer sich nicht wie Donald Trump um gar nichts schert und sich auch nur ansatzweise seines egoistischen Verhaltens bewusst ist, hat in der Regel ein untrügliches Gespür dafür, dass es anderen missfällt, wenn Egoismus im eigenen Verhalten aufblitzt. Man möchte diesen Makel tilgen, man tut alles, um ihn zu unterdrücken. Das bedeutet nicht, dass man die Orientierung auf den Eigennutz aufgibt. Die Anziehungskraft des Tortenstücks ist zu groß. Nein, man versucht, an das größte Stück zu kommen – aber dabei nicht egoistisch zu erscheinen. Geschmeidigkeit ist immer auch die Gabe, an das größte Stück zu kommen, ohne den Groll der anderen auf sich zu ziehen, ja mehr noch, den eigenen Vorteil zu erzielen, und dabei noch menschlich zu erscheinen, der Gemeinschaft verpflichtet, als ein echter Gentleman. Und wenn nicht gleich dies, so doch wenigstens im Effekt dafür zu sorgen, dass andere vom Eigennutz, den man erzielt, nichts mitbekommen. Geschmeidig sei das Talent genannt, abzuräumen und heilig zu erscheinen, die eigene Scheune zu füllen und doch als bescheidener Zeitgenosse dazustehen, als Wohltäter.

»Humblebrag« nennt man auf Englisch dieses Talent zur falschen Bescheidenheit oder »bescheiden zu prahlen«. Es geht um scheinbar schüchterne oder selbstironische Aussagen, die verkappte Selbstkomplimente sind und deren eigentlicher Zweck es ist, gleichzeitig Aufmerksamkeit und eine positive Wirkung auf andere zu erzielen. Solche Statements werden zwar als Gesten des Verzichts adressiert oder gar als Eingeständnisse einer persönlichen Schwäche, verfolgen aber einzig die Strategie, sich selbst aufzuwerten. Einer, dem es besonders gut gelingt, mit Bescheidenheit zu punkten, ist der allgemein als besonnen und zurückhaltend geltende, stets betont leise auftretende SPD-Politiker Rolf Mützenich. Ihm hat der Journalist Daniel Friedrich Sturm in einem Artikel im *Tagesspiegel* einmal unterstellt, er beherrsche eine besonders hohe Schule der Geschmeidigkeit, genauer »jene Eitelkeit nämlich, die darin besteht, nicht eitel wirken zu wollen.« Oder um vollends mit dem Großmeister der Geschmeidigkeitsanalyse François de La Rochefoucauld zu sprechen: »Bescheidenheit ist die schlimmste Form von Eitelkeit.«

Man muss aber wissen, Bescheidenheit ist eine Tugend, die wir am liebsten bei anderen sehen. In der Bescheidenheit kommt eine grundlegende Weisheit zum Ausdruck, die auch an die Grundsätze der Geschmeidigkeit rührt. Um gut durchzukommen im Leben, sollte man nicht so sein, wie man ist, sondern stets so scheinen, wie es andere gerne hätten. Wir sind nicht bescheiden, aber wir tun alles, damit andere denken, wir wären es. »Es wäre doch nicht nötig gewesen«, sagen wir auch dann noch, wenn uns das Geschenk, was da einer macht, im Grund zutiefst verärgert. Das »Ich will« wird uns früh aberzogen und bleibt doch ein Leben lang in uns lebendig. Wo es nicht hinausdarf, da bahnt es sich einen anderen Weg. Es weiß, es muss als »Ich tue das für Dich« daherkommen oder sich eben verleugnen, weil am Ende nur die Selbstverleugnung des eigenen Willens akzeptiert wird.

Auch Respekt zu zeigen, kann heute eine solche Bescheidenheitspraktik sein, die nicht unbedingt altruistisch motiviert zu sein braucht. Jemandem mangelnden Respekt oder Respektlosigkeit zu unterstellen, genauso. Wenn man etwa missliebige, aber berechtigte Kritik erntet, geht man nicht darauf ein, sondern braucht dem Gegenüber stattdessen nur Respektlosigkeit vorzuwerfen. Beides, Respekt zu bezeigen wie angebliche Respektlosigkeit anzumahnen, ist ungemein wichtig geworden in einer Gesellschaft, in der es immer mehr Ausgrenzungen und Anfeindungen gibt und genauso den rhetorischen Missbrauch damit. Gerade das Anmahnen mangelnden Respekts anderer ist heute zum wirkungsvollen Angriffsmittel in der politischen Auseinandersetzung geworden. Es ist eine Waffe, sich fernab jeder argumentativen Auseinandersetzung einen Vorteil zu verschaffen, weil sie den anderen zuverlässig in eine Schuld bringt und ihn quasi zu einer Verbeugung zwingt, will er weiterhin als ein guter Mensch gelten.

Verwegenheit und Wild Life – Rebellen ohne Risiko

Trotz aller Empfindsamkeit, trotz aller Bescheidenheit: Zu der leisen Eigenschaft der falschen Demut braucht es einen Gegenpart, ein Element des Strubbeligen, Ungepflegten, Bockigen. Es mag einen wundernehmen, aber nicht das zarte Pflänzchen hat in dieser Welt die Trümpfe auf seiner Seite, sondern das stachelige. Denn geschmeidig ist keineswegs zurückhaltend und aalglatt schon lange nicht mehr. Nein, die Welt der Geschmeidigen ist voll von einer zarten Art der Aufmüpfigkeit, einer latenten Bereitschaft zum delikaten Aufruhr, wenn auch in wohldosierter Form. In der Fußgängerzone oder im Szene-Café sitzen selbstbewusste junge Männer. Ihre unerschrockene Geisteshaltung ist gut am Dutt erkennbar, dem »man bun«, den sie verwegen über dem Hinterhaupt verknoten oder an den neuen Barfußschuhen, die ungebremsten Freiheitsdrang ihrer Träger indizieren sollen und in denen sie bei der Elternparty über die Waschbetonplatten tänzeln. Ein gewisses Quantum »Bad Boy« gehört in jedem Fall zur Geschmeidigkeit. Der Autor dieser Zeilen hat diese verstörende Attitude all jener »Rebellen ohne Risiko« in seinem Werk »Unbequem ist stets genehm« schon 1997 beschrieben, sie hat nichts von ihrer Aktualität eingebüßt.

Eine der wohl prominentesten Altvorderen und Galionsfigur des sanften Rebellentums ist der ZEIT-Chefredakteur Giovanni di Lorenzo. Er bevorzugt die gepflegte Soiree, den Wortwechsel im kuscheligen Ohrensessel oder den Plausch im Sterne-Restaurant weitaus eher als den revolutionären Kampf an der ölverschmierten Druckerpresse. Und so sind in den Talkshows, wo er Gastgeber ist, zwar in der Regel eher Gäste aus dem bürgerlichen Milieu geladen, Zeitgenossen wie Karl-Theodor zu Guttenberg, Schlagerinterpreten wie Roland Kaiser oder Popsängerin Lena Meyer-Landrut. Dennoch kokettiert der stets um den leisen Ton bemühte Journalist, den immer eine scheinbar ankultivierte Schläfrigkeit umgibt, mit dem Flair des Aufmüpfigen, Bohemianhaften. Und so verwundert es auch nicht, wenn er, wie zuletzt gegenüber dem Deutschlandfunk zum Besten gibt: »Ich würde auch den Teufel interviewen!«

Das beobachtet man oft in diesen Tagen, man hat sich in einer wohlsituierten Weichheit eingerichtet, lebt in weitgehender Windstille und, als spürte man ein sittliches Unbehagen dabei, steuert man gegen, Homo compensator, man entdeckt symbolische Formen des Übermuts. Diesen Schein zu erwecken hat präventive Funktion, man muss dann gar nicht lange erklären, wo man herkommt und wozu man sich zählt. Damit die soziale Kategorisierung anderen leichter fällt, wählt man Accessoires, die für die nötige Klarheit sorgen. Dreitagesbart, Wollmütze, Guerilla-Look, Camouflage-Shirt, Freischärler-Jacke, Chucks, Goldkettchen oder den Armreif, den Giovanni di Lorenzo gleich neben seiner Rolex trägt.

Solche Accessoires oder Attribute des Rebellischen findet man vor allem bei all jenen, die für sich zum Schluss gekommen sind, es gebe Bedarf, einen Außeneindruck des allzu Braven und Hochanständigen etwas zu korrigieren, vielleicht in der Befürchtung, von selbst würde keiner die dazu korrespondierende Geisteshaltung bemerken. Bunte Bändchen, Perlenketten oder Ethno-Armbänder am Handgelenk sollen nachhelfen, Accessoires, wie sie etwa der postministerielle Karl-Theodor zu Guttenberg nach seiner Läuterung trägt. Auch Tattoos als sozial leicht kategorisierbare Insignien eines demonstrativ zur Schau getragenen Nonkonformismus werden zu diesem Zweck gerne angebracht wie etwa bei Geiger David Garrett, den einer auch den »David Hasselhoff der Klassik« genannt hat, oder bei Schlager-Oldie Peter Maffay, der so seit vielen Jahren versucht, von seinem Schnulzenimage loszukommen, das er sich einst noch genauso mühsam erarbeitet hat. Als Prototyp und Spitze der Rangliste der gezähmten Wilden in der deutschen Öffentlichkeit firmiert freilich bis heute unangefochten der Popmusiker »Campino«. Er vereint, wie keiner sonst, anstößigen Punk und soziale Kuschelei, und keiner hat ihn bisher in der Kunst übertroffen, überall den Schein des Anarchischen zu verbreiten und doch immer zugleich Liebling der privilegierten Klasse zu sein.

Wie man sich ins Privatleben zurückzieht und doch im Gespräch bleibt

Ein anderer Move der Geschmeidigkeit ist es, persönliche Wichtigkeit zu verströmen, ohne wichtigtuerisch zu erscheinen. Erfolg hat, wer keinen Zweifel in sich trägt oder sich zumindest diesen nicht anmerken lässt. Egal, welchem Geschäft man nachgeht, ob man Leistungssportler ist oder Klopapier verkauft, man ist gut beraten, immer so zu tun, als gebe es nichts Wichtigeres auf der Welt als die Beschäftigung, der man gerade nachgeht. Was man macht, muss ganz wichtig sein, und in dem Business, dem man sich verschrieben hat, muss man selbst wichtig sein. Arbeitet man nicht selbstständig, sondern in einem Unternehmen, geht es um das erfolgreiche Vermitteln eines Eindrucks, den man auf die kurze Formel bringen kann: »Ohne mich bricht hier der Laden zusammen«.

Den Wert der eigenen Rolle im Berufsleben steigert das Erwecken des Eindrucks, Eingeweihter von hochbrisanten Betriebsgeheimnissen zu sein, Geheimnisse freilich, die man im Kollegengespräch ganz offenherzig ausplaudert. Um die Spannung zu erhöhen, spricht man bei den besonders heiklen Anteilen der Geheimbotschaft im Flüsterton und hinter vorgehaltener Hand. Man inszeniert sich als Träger von Geheimwissen, achtet aber darauf, nie alles auszuplaudern. Am Ende verweist man darauf, man habe nun eigentlich schon viel zu viel berichtet, mehr dürfe man nicht erzählen, um sich selbst nicht in Gefahr zu bringen.

Im Handgemenge des täglichen Erwerbslebens zeigt man die eigene Wichtigkeit am besten dadurch an, dass man sich permanent geschäftig gibt, auch wenn man gar nichts Nützliches hervorbringt. Im Buddhismus nennt man diese freilich verwerfliche Form »Faulheit sinnloser Geschäftigkeit«. Und tatsächlich, diese Form der Geschmeidigkeit wird längst praktiziert. Das hat vor ein paar Jahren sogar eine wissenschaftliche Studie bestätigt. Eine Juniorprofessorin der Bostoner Universität enthüllte, jeder dritte Berater der weltweit tätigen Beratungsfirma *Consult Coop* täuscht den Workaholic nur vor, gut ein Viertel der Consultants arbeitet gar nicht, sondern tut nur so. Eine solche extrovertierte Geschäftigkeit ist auf jeden Fall ein neues Statussymbol, auch das haben Studien gezeigt. Demonstrativer Freizeitmangel und andere Formen von Zeitmangelbekenntnissen zahlen maximal aufs Prestigekonto ein. Zur »Geschäftigkeit«, englisch *Busyness,* kommt am besten noch eine zur Schau gestellte grundsätzliche Überbeschäftigungsattitüde. Wenn dann am Ende wenigstens noch ein bisschen Zeit für andere bleibt, dann soll dies für jene fast wie ein Gottesgeschenk erscheinen. Geschmeidige Menschen sind Meister der Abwesenheit, sie sind äußerst »eng getaktet«, immer in Eile oder haben gar keine Zeit, kaum einmal einen *Time Slot,* in den sie Kontaktinteressierte »reinschieben« könnten, und wenn, dann erst in ferner Zukunft und auch nur ausnahmsweise. »Ich mache keine Termine vor elf Uhr«, sagt die Finanzspekulantin und Unternehmerin Aya Jaff. So geht Geschmeidigkeit.

Die Kunst ist hier das Thema, im Gespräch zu bleiben und doch so zu tun, als wolle man das gar nicht, als lehne man den ganzen Bohei um die eigene Person ab, obwohl man ihn immer wieder nicht nur selbst angefacht hat, sondern das Feuerchen auch permanent am Lodern hält. Der englische Kronprinz Harry mit seiner Frau Meghan Markle sind beide unerreichte Experten in dieser Teildisziplin exquisiter Geschmeidigkeit. Keiner beherrscht so gut wie sie das schwierige Kunststück, in der Öffentlichkeit so aufzutreten, als möchte man am liebsten überhaupt nicht in all den Medien vorkommen, schon gar nicht in der ordinären Boulevardpresse, als würde man den ganzen Rummel um die eigene Person hassen und nur seine Ruhe haben wollen – und doch nachhaltig im Gespräch zu bleiben. Mit empörten Klagen und ständigen Schutzforderungen der Privatsphäre schafft man eine ganz eigene Exklusivität, die einem zuverlässig garantiert, regelmäßig nicht nur in den Klatschblättern zu erscheinen und im Gespräch zu bleiben, sondern als Anti-Typen des Jet Sets fast noch mehr hofiert zu werden als der Rest des britischen Königshauses, der sich weitgehend rollenkonform verhält. Auch werden die beiden nicht müde, ihr Privatleben weidlich auszubreiten und dabei richtig auszupacken, ob in einer Bestseller-Autobiografie (Titel: »Reserve«) oder auf ihrer Hochglanz-Website, wo sich Interessierte des englischen Hochadels im wöchentlichen Update über allerlei Freizeitpläne und Shoppingtouren des Prinzenpaares rund um die Uhr auf dem Laufenden halten können. Man tut so, als wolle man nicht in der Presse vorkommen, und schafft es mit dieser Weigerung, dass erst recht über einen berichtet wird. Man bleibt am Ende im Gespräch darüber, nicht im Gespräch sein zu wollen. Das muss man erst einmal hinbekommen.

Gebildet, gelehrt – aber nicht zu sehr

Wir leben in einer Wissensgesellschaft. Noch nie galt so unumstritten, dass es eines hohen Wissensstandards bedarf, um heutzutage mithalten zu können. Das schreckt die Gebildeten nicht, andere dagegen schon. All jene etwa, die nicht über das nötige Sitzfleisch verfügen, sich durch das schwierige Gelände eines Wissensgebiets hindurchzupflügen, trotzdem aber mitreden wollen. Was bleibt ihnen? Ein Studium zu absolvieren war immer schon an die Fähigkeit gekoppelt, im Seminar, in der Übung oder in der Prüfungssituation Wissen zu simulieren, wenn es nicht abrufbar ist. Sich keine Blöße zu geben, lautet das Gebot. Aber was tun, wenn Leere herrscht, wenn kein Wissen abrufbar ist? Der Geschmeidige weiß, Kompetenz durch Contenance, Interessiertheit und Improvisation zu ersetzen. Es gilt, nicht die Fassung zu verlieren, wenn man auf verlorenem Posten kämpft.

Der geschmeidige Mensch unserer Zeit muss kein gebildeter Mensch sein, aber so muss er erscheinen. Der Druck, den diese Norm auf den Einzelnen ausübt, ist riesig. So groß, dass jedes Jahr die Zahl derer ansteigt, die in Bildungsabschlüsse investieren. In einer Sendung des »SWR Kultur Forums« fragte 2023 Moderator Thomas Ihm seine Gäste: »Ist der Doktor als Bildungstitel bald wertlos?« Wer sich die statistischen Zahlen vor Augen hält, kommt jedoch zu einem anderen Schluss, als zu dem, den die rhetorische Frage suggeriert. Der »Doktor« ist nach wie vor sehr attraktiv in der Gesellschaft der Geschmeidigen, man kann sogar behaupten, um ihn ist längst ein regelrechter Kult entbrannt. Dies bestätigen jede Menge Promotionsabschlüsse an deutschen Universitäten. 2022 etwa waren es exakt 27.692, das gab das Statistische Bundesamt bekannt. Das lag zwar leicht unter dem Rekord des Jahres 2016 mit 29.303, aber seit Jahren bewegen sich die Zahlen auf hohem Niveau. Zu Beginn der statistischen Erfassung, im Jahr 1953, hatten noch 7.745 den Doktor gemacht.

Ein Doktor zu sein, ist maximal geschmeidig, und daher so attraktiv in einer Zeit, in der es nicht so sehr um Wissen, sondern um Eindruck geht. Blickt man in die Geschichte zurück, gab es ihn einst vor allem an der Universität. Heute findet man ihn überall in der Gesellschaft, nicht zuletzt sogar in den Gefilden der Popkultur. Die letzten weißen Flecken auf der Karte seiner beruflichen Einsetzbarkeit sind getilgt. Dr. Martens macht Winterstiefel, Dr. Oetker Tiefkühlpizza, »Immobilien Dr. Schmid« kümmert sich um Wohnobjekte in München, Weine werden von Dr. Steiner, Weingut Johanneshof in Siebeldingen in der Pfalz hergestellt oder von Dr. Heger, Kaiserstuhl. Dr. Lauth führt einen Campingplatz in Ehrwald am Fuß der Zugspitze, Dr. Dadder einen in Saarlouis, Dr. Schepke firmiert als Gebäudereiniger in Bad Oldesloe und in Speyer gibt es »Dr. Wok Asia Imbiss«.

Nicht vergessen sollte man natürlich auch all diejenigen, die einmal Doktor waren und es nicht mehr sein durften, weil ihnen der Titel weggenommen wurde, Politikerinnen etwa wie Margarita Mathiopoulos, Silvana Koch-Mehrin und Annette Schavan, die es nach dem Verlust des Titels als Botschafterin in den Vatikan zog. Manche hatten nach der Aberkennung ein schlechtes Gewissen, manche nicht. Letztere eigentlich noch am ehesten. Zumal ihre Doktorarbeit, die sie in großen Teilen abgeschrieben hatte, ausgerechnet von »Person und Gewissen« handelte, Untertitel: »Studien zu Voraussetzungen, Notwendigkeit und Erfordernissen heutiger Gewissensbildung«. Dr. Karl-Theodor zu Guttenberg hatte seit seiner Plagiatsaffäre 2011 zwar ebenfalls erst mal den Lappen weg, seit 2018 ist er jedoch schon wieder mit neuem »Dr.« unterwegs, diesmal versuchte er es an der »University of Southampton«, offenbar mit mehr Erfolg als zuletzt.

Wem wird mit dem Doktor geholfen? Dem eigenen Selbstwert. Da scheint der Hund begraben zu liegen. Bei uns noch mehr als anderswo. Das hat auch mit dem typisch deutschen Bildungsdünkel zu tun. Der Doktor ist eine Art Schadensersatz. Weil es in der deutschen Geschichte mit der bürgerlichen Gleichberechtigung viel länger haperte als anderswo, weil der Adel hierzulande das Bürgertum viel länger als anderswo in Europa erfolgreich von allen einflussreichen Spitzenpositionen aussperrte, fand man Ersatz in der Bildung. Man kompensierte die unzureichende Emanzipation, indem man sich vermehrt das »bürgerliche Adelsprädikat« zulegte: eben den Doktortitel. »Es entstand ein bürgerlicher Adel, gleichsam ein akademischer Leutnant der Reserve«, schrieb der Autor Stefan Bach in einem erhellenden ZEIT-Artikel zum Thema. Heute hält den Bürger längst kein Adeliger mehr zurück. Aber das allein erklärt nicht seine ungebremste Attraktivität – ein Doktor zu sein, ist Geschmeidigkeit in Vollendung, man muss die prestigetaugliche Bildung nun nicht mehr in langen, kräftezehrenden Diskussionen beweisen, sondern deutet einfach auf den Titel.

Wer den zeitraubenden Aufwand nicht betreiben will, in seinen Doktorgrad zu investieren, wer die Strapazen einer langjährigen Niederschrift seiner Dissertation nicht auf sich nehmen will, dem bleibt zweierlei. Entweder den Titel »ehrenhalber« zu erwerben oder, etwa riskanter, ein Plagiat voranzutreiben. Hier scheinen immer weniger Menschen widerstehen können, denn die Zahl der Dissertationsplagiate hat in den letzten Jahrzehnten enorm zugenommen. Schwindel ist en vogue, auch wenn die technischen Möglichkeiten gleichermaßen gestiegen sind, diesen aufzudecken. Er äußert sich in einer allgemein gestiegenen Täuschungsbereitschaft und vor allem darin, die Grenzen des Erlaubten zu übertreten, freilich in der Hoffnung, der Übertritt würde nicht geahndet. Oder aber es ist die Vorahnung leitend, dass selbst bei einer Ahndung keine wirkliche Gefahr für die eigene Karriere droht. Der Journalist Bernd Kramer hat in seinem Buch »Der schnellste Weg zum Doktortitel. Warum selbst schreiben, wenn's auch anders geht?« (2014) akribisch nachgezeichnet, wie heute vorgegangen wird und wie es dazu kommen konnte, dass es so viele falsche Doktoren gibt. Das Plagiat als Katalysator zu schnellerem und nachhaltigerem Berufserfolg ist indessen nicht nur unter Promovierenden ein Thema, sondern grassiert in der Publizistik generell. Immer mehr Neuerscheinungen müssen zurückgezogen werden, weil Autoren abgeschrieben haben. Das Problem, wenn alles auffliegt, ist für die Betreffenden jedoch oft überschaubar. Keinesfalls schadet es immer der weiteren Karriere. Außerdem ist das Gedächtnis der Öffentlichkeit kurz, und so gehen immer mehr das Risiko ein.

Ein Beispiel nur aus der jüngsten Vergangenheit: Die vor allem durch ihre ungewöhnliche Kopfbedeckung bekannt gewordene CDU-Nachwuchspolitikerin Diana Kinnert veröffentlichte im Jahr 2021 ein Sachbuch, das den Titel trug: »Die neue Einsamkeit«. Es wurde recht bald nach Erscheinen in der SPIEGEL-Bestsellerliste geführt, und es lief sehr schnell für die junge Frau vermarktungstechnisch optimal, sie drang vor bis in quotenstarke Talkshow-Formate, etwa in eine der illustren Gesprächsrunden des ZDF-Moderators Markus Lanz. Alles lief wie am Schnürchen, bis ihr ein Plagiatsjäger auf die Schliche kam. Er wies ihr Abschreiben in nahezu 200 Fällen nach. Dem Verlag blieb nichts anderes übrig, als das Buch zähneknirschend aus dem Handel zurückzuziehen. Die erwischte Autorin formulierte rasch eine Entschuldigung. Das war's. Heute sieht man sie wieder mit ihrem großen Hut in allerlei Diskussionskreisen, auf Buchmessen oder auch in Talkshows, wo sie gern gesehener Gast ist und mittlerweile sogar ein eigenes Format bei »Phoenix« hat, Titel »Denken mit Kinnert und Welzer«. So, als wenn nie etwas gewesen wäre.

Andere, denen vielleicht eine Plagiatsaffäre durchzustehen zu nervenaufreibend ist, bleibt es, auf die Ehre zu setzen, den Ehrendoktor *honoris causa*. Ehre ist bekanntlich ein äußerst geschmeidiger, ein dehnbarer Begriff, der mit erbrachter Leistung nichts zu tun haben *muss*, sondern meist eher mit »guten Beziehungen« in die relevanten Kreise, zu denen also, die die Ehrentitel vergeben. Kein Wunder, wenn heute auch die Zahl der Ehrengelehrten mächtig ins Kraut schießt. Was bringt also so ein Doktortitel? Mehr Geld? Mehr Ruhm? Mehr Selbstbewusstsein? Nicht automatisch. Aber wenigstens etwas mehr Respekt, Kredibilität und Grundvertrauen, das einem von anderen entgegengebracht wird. Man wird im Alltagsleben, auf Ämtern und beim Elternabend einen Tick ernster genommen – und solch ein »Dr.« birgt nach wie vor ein gewisses soziales Einschüchterungspotenzial, das sich auch sozial strategisch einsetzen lässt, etwa im Restaurant bei der Beschwerde, dass der Wein Kork hat, oder auch im Hotel, wenn man beim Manager einen verschimmelten Duschvorhang moniert. Das Leben wird leichter, und man kommt eher ans Ziel als Lieschen Müller oder Otto Normalverbraucher.

Die geschmeidigste aller Bildungsbewegungen ist allerdings, als Gebildeter auch einmal eine Bildungslücke zu offenbaren, mithin Mensch zu bleiben. Nicht zu perfekt zu erscheinen, ist auch in Bildungsfragen der Schlüssel zum Erfolg. Geschmeidig zu sein heißt heute, gebildet zu scheinen, perfekt und doch nicht *zu* perfekt. Wenn der Professor etwa das Aperçu zum Besten gibt, bei ihm zu Hause läge Kester Schlenzs Bestseller »Ich komm da nicht mehr mit!« auf dem Nachtisch, dann fliegen ihm die Herzen zu.

Leben als Giving Story – Loben und Danken

Geschmeidigkeit, richtig angewandt, kann schnell zu erklecklichem Profit führen, aber raffgierig will keiner erscheinen, der mit ihr umzugehen weiß. Der Geschmeidige will kein durchtriebenes Schlitzohr sein, sondern Protagonist einer *Giving Story*. So eine Geschichte ist etwa jene von einem in seiner Heimatstadt allseits geachteten Bürger, Gymnasialprofessor, Verdienstkreuzträger. Mit einem Wort: eines Ehrenmannes, der sich in der Adventszeit tatkräftig an einer Spendenaktion beteiligt. Andere aus den Reihen der Lokalprominenz machen auch mit, Amtsleiter von der Stadtverwaltung, Kleinunternehmer, ein Speditionskaufmann. So auch der, der sich hier zur Wohltat berufen fühlt. Nur hat er, bevor es losgeht, noch einen guten Einfall. Am Vorabend setzt er sich mit einem ihm bekannten Redakteur der ortsansässigen Stadtzeitung ins Befinden und bittet darum, am Rande eines freilich zu ganz anderen Themen geführten Gesprächs kommunalpolitischer Art, doch gerne auch darüber zu berichten, dass er sich an dieser Spendenaktion beteilige. Am nächsten Tag stellt sich der Professor auf den Weihnachtsmarkt, sammelt eine schöne Summe Geld für Afrika ein und erscheint am übernächsten Tag mit großem Porträt samt Spendendose auf der Titelseite des Lokalteils.

Geschmeidigkeit bedeutet, als gebender Mensch zu erscheinen, ohne die anderen auf direkte Art und Weise darauf stoßen zu wollen. Denn wenn man etwas spendet und es jedem unter die Nase reibt, wird zu schnell ein Motiv offenkundig, dessen Sichtbarkeit man tunlichst vermeiden will: dass man nicht gibt, um Not zu lindern, sondern um als guter Mensch zu gelten. Wie entgeht man diesem Dilemma? Nur im stillen Kämmerlein zu sitzen, eine Überweisung an ein Kinderhilfswerk zu autorisieren und sich wieder unter Seinesgleichen zu mischen, das hält keiner aus. Also muss die eigene Wohltätigkeit sinnfällig werden.

Der radikale Theologe und rechtspopulistische Saalredner Peter Hahne weiß, wie es geht. Eingeladen bei einem Veranstalter in der Schweiz zu einem Vortrag über den schlimmen Zustand, in dem sich die Welt befindet, eröffnete er seine Rede mit dem Hinweis, dass er kein Honorar für seinen Auftritt angenommen habe, und scherzt: »Ich nehme nicht, weil ich finanziell unbezahlbar bin.« Der verlautbarte Verzicht wird in einem Eingangsstatement thematisiert und ironisch verbrämt, mit doppeltem Effekt. Er lässt den Mann als Wohltäter erscheinen, und die andienernde Ironie sichert Sympathien, die bei Selbstlob ja immer ein wenig gefährdet sind – ein geschmeidiger Akt. Dem nicht ganz unähnlich die Art und Weise, wie sich der Ehrenpräsident des FC Bayern München, Uli Hoeneß, als Wohltäter in Erinnerung zu rufen versteht. In der BILD-Zeitung wurde er in der Adventszeit 2023 mit den Worten zitiert: »Ich will nicht der Reichste auf dem Friedhof sein.« Er erzählt in einem Artikel, was es ihm für ein Herzensanliegen sei zu spenden, wieder und wieder, gerade um auch den Schwächsten zu helfen. »Die gute Tat schweigt!«, heißt ein deutsches Sprichwort. Und es ist doch eines, gegen das heute noch fast jeder verstoßen hat, der sich wohltätig in Szene gesetzt hat. Die zur Schau getragene eigene Wohltätigkeit ist im Zeitalter der Geschmeidigkeit zu einem pandemischen Phänomen geworden.

Dabei ist die Erscheinung viel älter. Schon der US-amerikanische Nationalökonom Thorstein Veblen wusste, dass es für die müßige Oberschicht in den USA um 1900 unerlässlich war, vor dem Rest der Bevölkerung nicht nur den eigenen Luxus auszubreiten, sondern dabei immer auch als überaus wohltätig zu gelten, weshalb gerade in der US-amerikanischen Lebenskultur bis heute Charity-Veranstaltungen eine herausragende Rolle spielen – und zwar nicht nur, weil hier so viel christliche Nächstenliebe waltet. Auch hier ist es nicht nur die Freude am Geben, sondern der erwartete Zuwachs an Status, der motiviert. Und deswegen spenden eigentlich alle, die etwas auf sich halten: Cristiano Ronaldo, Uli Hoeneß, Angelina Jolie oder Elon Musk, bei dem Kritiker allerdings zu bemängeln haben, dass er Großspenden oft Organisationen zukommen lässt, die er selber kontrolliert oder die ihm persönlich nutzen. Aber einmal mehr: wichtig ist der Schein. Öffentlich als Großspender in Erscheinung zu treten, ist zu einem wichtigen Move in der öffentlichen Wahrnehmung geworden, auf den kein Geschmeidiger verzichten will. Wie sehr solch inszeniertes Show-Spenden sogar gesellschaftsübergreifend Schule gemacht hat, kann man daran sehen, dass inzwischen selbst der mittelprächtige Gangster-Rapper heute nicht vergisst, im Vorspann seiner selbstgefertigten Musikvideoproduktionen zum Kameradrohnenflug über die nächtliche Großstadt die »Donations« einzublenden. Denn über die Höhe einer Spende kann man subtil anzeigen, über wie viel finanzielle Potenz man verfügt und wie wichtig man ist. Zu spenden, zahlt also mächtig ein, und zwar am Ende auf das eigene Konto, oder wie es La Rochefoucauld in seinen Aphorismen wendet: »Es ist weitaus wirtschaftlicher, freigiebig als geizig zu sein.«

Auch öffentliches Lob und öffentlicher Dank sind Gesten des geschmeidigen Menschen, die er gerne an die anderen richtet. Genau besehen ist zu danken, aber vielleicht die subtilste Form von Geschmeidigkeit und stets auch ein Akt, über andere Macht auszuüben. »Ich danke Euch allen!«, schreit die Gewerkschafterin ins Megafon, »Danke, dass ihr zur Demo gekommen seid!« Die Leute sind gekommen, um für die Demokratie zu demonstrieren, nicht wegen der Gewerkschaftsfunktionärin, die viele gar nicht kennen. Öffentlich jemandem zu danken, ist immer auch eine Technik, sich über jemanden zu stellen, zu markieren, dass man es selbst in der Hand hat, wem gedankt wird und wem nicht. Denn es dankt stets der Führer, dass der Untergebene gekommen ist, nicht der Untergebene dem Führer. Mit einem Dank entledigt man sich übrigens immer auch elegant des peinlichen Eingeständnisses, zur Erfüllung einer gemeinsamen Aufgabe im Grund nichts beigetragen zu haben, obwohl dies die eigene Pflicht gewesen wäre.

Dennoch zutiefst dankbar zu sein und es auch zu zeigen, ist maximaler Geschmeidigkeitsausdruck. »Wir wissen ja gar nicht, wie gut es uns geht!« Wer da zur Dankbarkeit ruft, verbreitet auf elegante Weise ein schlechtes Gewissen bei allen anderen, bringt sich selbst aber als Einziger auf die sichere Seite. Die eigene Umgebung permanent daran zu erinnern, wie schön die Welt ist und dass wir dankbar dafür sein sollten, ist die Vorstufe zu einem Leben, in dem man sich selbst schadlos halten kann. Friedrich Nietzsche schreibt einmal, jeder Dank sei im Kern eine verkappte Rache. Und Psychologen wissen es: Sich zu rächen, tut oft gut, mehr als sich viele eingestehen, weil Rache noch viel süßer ist als ihr Ruf.

Beim Lob ist es ganz ähnlich. Lob ist sehr oft nur von purem Eigennutz motiviert. Menschen loben nur zu gern Menschen, von denen sie etwas wollen. Sie machen Komplimente, um sich einzuschmeicheln, um sich jemanden gewogen zu machen. »Gewöhnlich lobt man nur, um gelobt zu werden«, sagt La Rochefoucauld und setzt noch einen drauf: »Lob zurückzuweisen ist nur der Wunsch, doppelt gelobt zu werden.«

Kalkulierter Kontrollverlust – Tabubruch als vollendete Geschmeidigkeit

Am *High End* der Geschmeidigkeit als Form des eleganten, aber höchst nachhaltigen Auffallens steht heute jedoch der kalkulierte Tabubruch. Als Meister der höchsten Stufe an Geschmeidigkeit erweist sich, wer sich einen öffentlichen Kontrollverlust erlaubt und es dennoch schafft, alle für sich einzunehmen. Das geschieht etwa, wenn sich verdiente Fernsehjournalisten zum Beispiel der Nachrichten oder von Magazinsendungen, vor laufender Kamera zu einem Lachanfall hinreißen lassen. Sich etwas zu leisten, was man sich eigentlich nicht leisten darf, ist ein Privileg. Ein Lachanfall ist etwas, das man sich leisten dürfen muss. Und das dürfen nur wenige, weshalb von Kontrollverlusten dieser Art große Sogwirkung ausgeht. Genauso wie das vorzeitige Verlassen eines Studios bei der Live-Talkshow nur wenigen auserlesenen Mitmenschen wie etwa dem CDU-Politiker Wolfgang Bosbach vorbehalten ist oder der Russland-Expertin Gabriele Krone-Schmalz.

Wenn also der Tagesschau-Ikone Susanne Daubner so ein Missgeschick unterläuft, dann ist das Kult und geht viral. Das wollen viele Zuschauer sehen, und es wird immer wieder auf *YouTube* geguckt. Warum? Weil da ein heiliges Format gesprengt wird und man es sympathisch findet zu sehen, dass Moderatoren auch nur Menschen mit Schwächen sind. Die Betreffenden dürfen sich nach dem Ausrutscher nicht nur sicher sein, dass solch ein Verhalten vom Publikum großherzig entschuldigt wird, sondern sich auch noch über einen nicht ausbleibenden Aufmerksamkeitsschub freuen, der einer solchen Aktion mit Sicherheit folgt.

Grenzverletzungen sind eigentlich nur für die Superstars reserviert, wie ein Lachanfall, der nie wirklich völlig spontan, sondern ein bisschen gewollt wirken kann. Aber genau, weil er so einen verbotenen Inszenierungsraum beschreibt, weil er ein Tabu, ein Sanktuarium ist, das eigentlich keiner betreten darf, lockt er auch den kleinen Entertainer, den kleinen Vortragsredner an. Er ist so etwas wie die Nagelprobe des eigenen Geschmeidigkeitspotenzials. Denn wenn ein Moderator bei der Liveschalte im Regionalfernsehen einen Aussetzer hat, dürfte es das letzte Mal gewesen sein, dass man ihn »on air« gehen lässt. Lässt das Publikum ihm aber den Fauxpas durchgehen, kann er sich zu den etablierten Kräften zählen und hat eine neue Qualitätsstufe in der Zuschauergunst erklommen.

Der kalkulierte Lachanfall ist riskant, aber das Risiko geht man doch ein. So erst stiehlt man allen richtig die Schau. Es geht um den nächsten Schritt auf der Geschmeidigkeitsleiter gewissermaßen, und deswegen wagen vereinzelte Protagonisten immer wieder diesen heiklen Selbstversuch. Beispiele findet man viele im Netz, etwa den eines unbekannten Moderators vom SWR in Stuttgart, der die tägliche »Landesschau Baden-Württemberg« am Vorabend moderiert, ein Programm vornehmlich für Zuschauer im fortgeschrittenen Rentenalter. Er steigerte sich während einer Sendung in einen selbstausgelösten Lachanfall hinein, obwohl es keinerlei erkennbaren äußeren Anlass dazu gab, und konnte dadurch seine Aufmerksamkeitsquote bei *YouTube* auf einen Wert von immerhin 200.000 Klicks steigern.

Solche selbst losgetretenen Tabu-Brüche sind keineswegs singuläre Erscheinungen im Kosmos der Geschmeidigkeit. Neu an dieser Form der Selbstinszenierung ist die Koketterie mit der eigenen Schwäche, die Lust, sich in aller Öffentlichkeit als fehlbares Wesen zu zeigen. Es ist ein Narzissmus, der nicht mehr nur für die perfektionistische Interpretation einer Rolle Anerkennung und Wertschätzung ernten möchte, sondern nun für das Innerste seines Wesens: für sich als Mensch.

KAPITEL 3

VORWÄRTSKOMMEN – SOZIALE STRATEGIEN IN DER GEGENWARTSGESELLSCHAFT

Von der Selbstdarstellung zur sozialen Strategie

Sehr viele Formen der Selbstdarstellung, die Menschen wählen, folgen nicht allein dem Motiv, etwa auf einer Party oder beim Stehempfang im Büro einen guten Eindruck zu machen, für andere interessant, attraktiv oder begehrenswert zu sein, sondern sind Teil ganz konkreter sozialer Strategien. Menschen inszenieren sich, um einem gewünschten Selbstbild zu entsprechen, um zu »gefallen«, aber auch um ganz bestimmte Interessen zu verfolgen und Ziele zu erreichen. Das fängt an beim Bewerbungsgespräch im edlen Zwirn und endet mit dem cleanen *Instagram*-Auftritt von Influencern, die richtig Geld verdienen wollen. Erfolgreiche Geschmeidigkeit ist Außendarstellung, aber vor allem ein Modus sozialen Handelns, angewandte, praktische Klugheit oder zumindest eine intelligente soziale Anpassungsleistung, die höchst zweckdienlich ist. Selbstdarstellung bezeichnet ein Selbstbild, wie man leben, wie man sein möchte, wenn man sich den maximalen Erfolg wünschen könnte. Soziale Strategien sind, dazu komplementär, die konkreten Techniken, wie man sich seinen Traumbildern im Leben ganz praktisch annähert.

Geschmeidigkeit als Bündel von *Soft Skills* in der Erfolgsgesellschaft hat ganz viele Formen und Färbungen, Schattierungen, Konnotationen. Lange nicht alle sind so formvollendet oder gar elegant wie jene des Oktopus oder des französischen Kellners, dessen Bewegungen Eindruck machen oder gar Bewunderung auslösen. Es gibt viele Formen von Geschmeidigkeit, bei denen man eher zum Urteil kommt, sie haben vielleicht ihr Ziel erreicht, aber gänzlich ohne Charme. Bauernschläue, Schlitzohrigkeit oder Windigkeit sind etwa Charaktereigenschaften, die ihren Träger oft zum Erfolg führen können, jedoch fast immer zum Preis einer gewissen Fragwürdigkeit, die zurückbleibt. Es entsteht, wo sie walten, aufs Ganze gesehen, immer mindestens genauso viel Schaden wie Nutzen. Aber egal wie, soziale Strategien sind funktionelle Handlungsweisen unter Individuen, die eigens vorgefassten Plänen folgen. Wie muss ich vorgehen? Welche List muss ich anwenden? Dazu zählen alle rein methodisch-formalen Abläufe, aber auch Formen des Überzeugens, bis hin zu Verstellung und Täuschung.

Soziale Strategien bei Tieren – die Affen vom Diani-Beach

Wie und in welchem Umfang bereits Affen von sozialen Strategien im Zusammenleben mit ihren Artgenossen Gebrauch machen, erforscht man im »Deutschen Primatenzentrum« in Göttingen. Affen leben in Gruppen, haben ein ausgeprägtes Sozialverhalten und sind bereits zu einem Verhalten in der Lage, das man sozial-strategisch nennen kann. Beispiele dazu gibt es viele. Wenn ein Weibchen etwa befürchtet, ihr Partner könnte sich mit einer attraktiveren Konkurrentin einlassen, verbündet sie sich mit anderen gegen die Rivalin und setzt diese derart unter Druck, dass deren Eisprung vor lauter Stress ausbleibt. Oder ein anderes Beispiel, über das die ZEIT in einem Artikel unter der Überschrift »Primatenpolitik« berichtet hat: Forscher hätten demnach im afrikanischen Busch ein junges Affenmännchen beobachtet, das auf ein Weibchen gestoßen sei. Das Weibchen war gerade dabei, eine schmackhafte Wurzel, die es im Boden verbuddelt hatte, wieder auszugraben und kurz davor, sie zu verzehren. Der Jungaffe beobachtete den Vorgang offenbar neiderfüllt und begann auf einmal völlig grundlos loszuplärren, als würde ihn gleich der Tod ereilen. Das brachte seine Mutter auf den Plan. Sie kam in höchster Sorge herbeigerannt, um ihr Kind zu schützen und um eine vermeintliche Angreiferin zu vertreiben. Während die beiden weiblichen Tiere noch miteinander kämpften, nutzte der Jungaffe die Verwirrung und gönnte sich das köstliche Stück. Ein klassisches Ablenkungsmanöver könnte man diesen Move bezeichnen, in ihm drückt sich schon sehr viel an praktisch-strategischer Intelligenz aus. Man sieht: Deren Entwicklung und Verfeinerung folgt einem evolutionären Prinzip. Je ausgeprägter sie ist, umso zuverlässiger wird der Fortbestand einer Art gesichert.

Am Anfang steht der Gedanke, dass die Evolution des Denkens nicht so sehr mit der Entwicklung des menschlichen Gehirns und auch nicht mit irgendwelchen Heureka-Erlebnissen berühmter Philosophen zu tun hat, die zu »Quantensprüngen« der Erkenntnis führten, sondern mehr mit sozialen Strategien, um so aufwandsarm wie möglich in den Genuss schmackhafter Nahrungsmittel zu kommen. Dieser Gedanke könnte sich auch aufdrängen, wenn man an der Küste des Indischen Ozeans, genauer an der Südküste Kenias, Urlaub macht. Als Tourist verbringt man in der Regel seine Zeit in einem der Ressorts, und wenn man es gut hat, ist man in einer Hütte untergebracht, von der aus man ungestört direkt auf das türkisfarbene Meer blicken kann. Wären da nur nicht diese frei laufenden Meerkatzen, also Affen, die für ihr diebisches Naturell berüchtigt und gefürchtet sind. Tatsächlich versuchen sie in unbemerkten Augenblicken immer wieder, von den Gästen etwas Essbares zu stehlen, zur Not direkt von der Tischfläche weg. Dazu können sie einen in aufdringlicher Weise belagern und urplötzlich zuschlagen. Immer wieder berichten Touristen jedoch auch von Fällen, in denen Affen ihr Mobiltelefon klauen. Die Affen haben offenbar kapiert, dass den Urlaubern dieses Ding furchtbar wichtig ist. Was, wenn man es den Leuten einfach stibitzt und damit auf die nächste Palme flüchtet? Man kann das Handy zwar nicht essen, aber man kann für die Rückgabe ein Lösegeld fordern. Wer sein Handy wiederhaben möchte, lernt bald, dass man etwas Essbares auf den Boden in der Nähe des Baumstammes deponieren und sich dann entfernen muss, dann klettern die Affen vom Baum herab und schnappen sich das Futter – und lassen dafür das Handy liegen. Die Affen in Kenia verfolgen eine raffinierte Strategie, die in den allermeisten Fällen zum Ziel ihrer Absicht führt. Man kommt nicht umhin zuzugestehen, dass hier bereits eine Vorform dessen vorliegt, was strategische Geschmeidigkeit genannt werden kann.

Planungs- und Umsetzungsintelligenz

Was unterscheidet nun tierische von menschlichen sozialen Strategien? Die große Philosophin Hannah Arendt hat in ihrem Werk von der »Vita activa« alle menschlichen Tätigkeiten in Dreierlei unterteilt: arbeiten, herstellen und handeln. Redet man über das Handeln, kommt man dem Thema der sozialen Strategie näher. Den Weg vom Motiv zum Erreichen des Ziels könnte man eine abgeschlossene Handlung nennen. Um ein Motiv ins Ziel zu führen, versuchen Menschen effizient vorzugehen, das heißt, sie versuchen, mit möglichst geringem Kraftaufwand einen maximalen Nutzen zu erzielen. Hier kommt die Strategie einer Handlung ins Spiel. Sie ent- und verwirft zunächst verschiedene Pläne, wählt dann die geeignete Methode. Je vielgliedriger Handlungsabläufe sind und je mehr Menschen in Handlungsabläufe miteingebunden werden, umso wichtiger wird die Frage der angemessenen Strategie.

Eine nützliche Definition dessen, was strategisches Handeln ausmacht, hat der Soziologe Hans Barth in seinem Standardwerk »Schlüsselbegriffe der Soziologie« geliefert. Für ihn liegt dann strategisches Handeln vor, wenn drei Merkmale erfüllt sind: ein hoher Grad an Zweckrationalität, eine gewisse »Geplantheit in einzelnen Schritten auf lange Sicht«, und darüber hinaus das Einkalkulieren, »dass in dem Handlungsfeld, auf dem man agiert, andere Menschen auftreten, die andere, entgegengesetzte Ziele verfolgen.« Im strategischen Handeln ist also immer eingerechnet, dass der Einzelne im Verfolgen seiner Interessen auf Widerstände anderer stoßen könnte.

Hans Barth verwendet den Begriff der Geschmeidigkeit nicht, er schreibt jedoch: »Da in Situationen, in denen strategisches Handeln am Platze ist, stets mit nicht voraussehbaren Eventualitäten zu rechnen ist, besteht die Rationalität erstens im Bemühen, das Handeln anderer soweit wie möglich doch voraussehbar zu machen, und zweitens in der Vorsorge für überraschende Entwicklungen, das heißt, auch in der Sicherung einer gewissen Elastizität. Man plant unter anderem Spielräume für Entscheidungsalternativen. Nichtstrategische Planung tendiert eher zur Starrheit.« Barth geht so weit zu behaupten: Allgemein betrachtet ginge es in sozialen Strategien eigentlich immer um die Erhaltung oder Ausweitung der eigenen Einflusssphäre. Er schreibt: »Strategisches Handeln hat immer mit Macht zu tun, mit Machtgewinnung, Machtbehauptung, vor allem mit ökonomischer Disposition über knappe Machtmittel.« Dass viele solcher strategischen Aktionen irgendwann in Routine übergehen, sodass der, der sie ausführt, sie gar nicht mehr in einer bewussten Planungsphase vorbereiten muss, sondern aus der Dynamik des Geschehens quasi automatisch heraus geschmeidig handelt, versteht sich.

Im Vergleich zu den Primaten ist das Leben unter Menschen etwas komplexer. So ohne Weiteres kommt man an den anderen nicht vorbei, selbst bei einer logistisch gut ausgeklügelten Strategie. Viele soziale Strategien zielen daher darauf ab, bei anderen Menschen einen gewissen gewünschten Eindruck zu hinterlassen, um ans Ziel zu gelangen. In den allermeisten Fällen geht es darum, sich jemanden gewogen zu machen, der dies verhindern könnte, weil er zwischen dem Akteur und dem Objekt der Begierde steht und man an ihm nicht einfach vorbeikommt.

Jede soziale Strategie hat ein *Motiv*, das sie lenkt. Aus dem Motiv entstehen Realisierungsfantasien, Pläne, die durchgespielt, verworfen oder konkretisiert werden. Wenn die Entscheidung gefallen ist, wird der Plan in strategisches Handeln umgesetzt. Am erfolgversprechendsten erweisen sich aller Erfahrung nach solche Strategien, die ein gewisses *Raffinement* aufweisen. Um zum Ziel zu kommen, muss man geschickt vorgehen, und man muss vor allem einschätzen lernen, wie sich andere verhalten werden, wie sie auf ein bestimmtes Vorgehen reagieren werden. Bei einem Fußballspieler etwa ist das Motiv leitend, ein Tor zu schießen. Eine oft gesehene Strategie, die auch mal auffliegen kann, ist es, sich im Zweikampf mit einem Gegenspieler im Strafraum im geeigneten Moment absichtlich fallen zu lassen, sich das Bein zu halten, scheinbar von Schmerzen gepeinigt laut aufzuschreien, sich zu winden, um einen Strafstoß zu bekommen. Die Handlung wird sozial inszeniert, und zwar nach Vorbildern, die man in ihrer Wirksamkeit anderswo schon kennengelernt oder selbst erfahren hat. Vielleicht hat man ja eine solche Inszenierung schon einmal ausgeführt und war offenbar erfolgreich darin. Ein anderes Beispiel: Wenn man möchte, dass andere einen für einen rücksichtsvollen Menschen mit hoch ausgeprägter sozialer Gesinnung halten sollen, dann tut man gut daran, in einem Moment, in dem es alle mitkriegen, irgendetwas zu tun, das dies unter Beweis stellt, also etwas zu tun, das als eine besonders soziale Handlung gilt. Etwa beim Sommerfest den Müll wegtragen, das Geschirr aufräumen, das andere haben liegen lassen, spülen – einen Gemeinschaftsdienst leisten. Am besten, wenn der ganze Ortsverein zuschaut. Dann ist die Chance groß, dass man von den Gästen für einen geerdeten, verantwortungsvollen und sozialen Typen gehalten wird, der sich auch nicht zu schade ist, sich die Finger schmutzig zu machen, ein aufrechter Charakter. Diesen Eindruck zu erzielen, kann für den Betreffenden wiederum ein wichtiger Zwischenschritt zu seinem eigentlichen Ziel sein, nämlich zum Ortsvorsteher oder Bürgermeister einer Gemeinde gewählt zu werden. Eine solche Aktion muss also immer vor Publikum geschehen, sie muss demonstrativ erfolgen. Ihr geht der Gedanke voraus: Was sollen die anderen von mir denken, und wie erreiche ich es, dass sie das tun? Wie sehr Menschen oft nur für andere performen, um bei ihnen einen bestimmten Eindruck zu erzielen, ist ersichtlich, wenn man sich das Publikum einmal wegdenkt. Das ist etwa der Fall, wenn Hundehalter in aller Herrgottsfrühe mit ihrem Hund Gassi gehen, wenn noch kein Mensch unterwegs ist. Die Erfahrung zeigt, sobald keiner zusieht, sinkt die Bereitschaft merklich, den Kot ihres Lieblings in ein mitgebrachtes Beutelchen verschwinden zu lassen.

Die Kunst des eleganten Ausweichens

Soziale Strategien umfassen niemals nur das aktive Verfolgen eines Plans, der über bestimmte Aktionen ins Ziel kommen möchte. Sie können genauso gut Techniken des Unterlassens, des Vermeidens oder Ausweichens sein. Im täglichen Verkehr mit anderen etwa ist es eine gängige Praxis, solche Menschen, zu denen man eine irgendwie geartete soziale Beziehung unterhält, auch einmal zu ignorieren, wenn es aus irgendwelchen Gründen nicht zu einer Begegnung kommen soll, vielleicht weil die Begegnung unangenehme oder für die Realisierung eines Plans ungünstige Folgen hätte. Solche vertrauten, aber in diesem Moment unwillkommenen Menschen zu ignorieren, indem man so tut, als würde man sie nicht wahrnehmen, ist eine gängige soziale Verhaltensweise.

Jeder kennt es, wenn man einem Nachbarn aus dem Weg geht oder auf dem Wochenmarkt auf einen bekannten, aber eher schwierigen Zeitgenossen stößt, mit dem man gerade eher nicht ins Gespräch kommen möchte, vielleicht weil man dann erfahrungsgemäß nicht unter dreißig Minuten wegkommt – und so tut man so, als sei der andere Luft. Man guckt angestrengt unangestrengt weg oder durch den anderen hindurch. Man wird höchst kreativ in der Vermeidungsinszenierung. Man täuscht etwa vor, man sei gerade von den Auslagen eines Standes bezirzt, ja, auch ganze kleine Ablenkungsvorführungen gibt es. Man bückt sich, bindet sich plötzlich den Schuh neu, obwohl der gar nicht offen ist, nur um einen Blickkontakt zu vermeiden. Oder man dreht vollends ab und wechselt die Straßenseite, als habe man vergessen, etwas anderes zu erledigen, was aber einem erst in diesem Moment einzufallen scheint. Für den stets einkalkulierten Fall, dass man bei seinem Spiel längst von dem Betreffenden erkannt und beobachtet wird, kann man sich zur Verstärkung des Gesamtauftritts gegen die Stirn schlagen, um den plötzlichen Sinneswandel, die unverhoffte Richtungsänderung beim Gehen glaubwürdiger zu performen und so zu hoffen, der andere würde nicht bemerken, dass da einer nur alles in Bewegung setzt, einer direkten Begegnung aus dem Weg zu gehen.

Soziale Strategien sind, genau betrachtet, immer auch angewandte Techniken gekonnten Ausweichens, Manifestierungen jenes Zaubers, wie Max Goldt ihn einmal genannt hat, »des seitlich dran Vorbeigehens«. Um nicht tun zu müssen, was in einer Situation von einem erwartet wird, weil man nicht willens ist, der Erwartung zu entsprechen, duckt man sich weg. Und ist das nicht möglich, simuliert man am Ende nur, eine Erwartung zu erfüllen. Auch das ist eine Form des Ausweichens, zumal dann, wenn man nicht dazu bereit ist, sich auf ein erwartetes Verhalten einzulassen, obwohl man die Notwendigkeit dazu durchaus erkennt. Soziale Strategien umfassen also nicht nur aktives Vorgehen, sondern mindestens so sehr ein ausgeklügeltes Ausweichverhalten gegenüber unliebsamen Kontakten. Und das viel öfter, als wir vielleicht denken.

Geheime Vorgehensweisen – jede soziale Strategie wird verborgen

Jede soziale Strategie zeichnet ein primäres Strukturmerkmal aus, das ganz erheblich darüber mitentscheidet, ob sie erfolgreich ist. Was einer wirklich will, weiß nur er. Es ist Merkmal nahezu jeder sozialen Strategie, das Umfeld stets über die wahren Absichten im Dunkeln zu belassen, nur der Protagonist, der eine List verfolgt, kennt sie. Den anderen gegenüber werden soziale Strategien geheim gehalten, aus einem einfachen Grund. Ihre Kenntnis etwa durch einen potenziellen Konkurrenten würde die erfolgreiche Ausführung infrage stellen. Auch bei einem Fußballspiel wird die Mannschaftsaufstellung erst kurz vor Spielbeginn bekannt gegeben. Würde der Gegner früher informiert, könnte er sich auf die Strategie einstellen und sie leichter durchkreuzen.

Wie eine List basiert eine soziale Strategie also auf einem Geheimplan. Das wahre Ziel einer Aktion soll im Verborgenen bleiben, ganz einfach deswegen, weil dann die höchsten Erfolgsaussichten bestehen. Das ist nicht anders als bei einem nächtlichen Überfall, einem Militärschlag oder auch nur, wenn man jemandem einen lustigen Streich spielt. Denn sobald eine soziale Strategie – genauer die wahre Absicht, die da verfolgt wird – für andere sichtbar ist, wird nicht nur die Erreichung des Ziels gefährdet, sondern manchmal gibt sich der Akteur dadurch sogar der Lächerlichkeit preis und läuft Gefahr, von den Zeugen des unlauteren Spiels sanktioniert zu werden. Wird bei anderen erkenntlich, welchen Plan einer wirklich verfolgt, kann das unmittelbar Ablehnung oder Geringschätzung auslösen, etwa wenn nur blanker Eigennutz hinter der Fassade der Freundlichkeit erkennbar wird. Die durchsichtige, fadenscheinige Strategie wird schnell entlarvt und stößt auf Ärger und Verdruss. Denn das Sichtbarwerden der vorherrschenden Motive, die hinter einer Handlung stecken, gerät schnell zum Offenbarungseid der wahren Beweggründe, die oft alles andere als edle sind.

Oder es entsteht unfreiwillige Komik. Die Durchschaubarkeit oder gar Stümperhaftigkeit in der Durchführung einer sozialen Strategie, schließlich ihr »Auffliegen« durch Ungeschicklichkeit, hat ein enormes komisches Potenzial und ist daher gern gewählter Stoff in Film und Literatur. Humoristisches Empfinden entsteht, wenn andere erkennen, dass da einer nur schlecht spielt, der komische Effekt, der in der Aufdeckung verunglückter Geschmeidigkeit liegt, ist manchmal kaum zu toppen. Komisch ist allein schon das Fehlerhafte, das Perfektion beansprucht. Gesellt sich dazu eine schlechte Performance, kommen dem Publikum die Tränen. Wenn etwa in der englischen Kultserie »Fawlty Towers« aus den 1970er-Jahren der Hotelbesitzer Basil Fawlty einem Gast gegenüber, der sich als Lord Melbury vorstellt, sich aber später als Trickbetrüger erweist, in tiefster Untertänigkeit persönliches Interesse an seinem Wohlergehen heuchelt, ihm unterwürfigst nach dem Mund redet, um seine Gunst zu gewinnen, wo er nur kann, ist das äußerst witzig, weil der Zuschauer aus anderen Passagen des Stücks bereits genau weiß, dass sich »Lord« Melbury nur als Adeliger ausgibt, im Grunde aber nur ein kleiner fieser Gauner ist und gleichzeitig Basil, der sich in falscher Freundlichkeit nahezu überschlägt, normalerweise nur ein griesgrämiger, geiziger und äußerst unfreundlicher Gastgeber ist, der sich hier nur deswegen einschleimt, weil er sich von dem adeligen Besucher eine höhere Reputation für sein schäbiges Hotel erhofft. Es ist die Durchschaubarkeit zweier sozialer Strategien, die hier aufeinanderprallen und den Zuschauer amüsieren. Es ist das Wissen um einen schlecht überspielten Egoismus, der bei beiden ständig aufblitzt, der die wahren Motive der Protagonisten offenbart und am Ende beim Zuschauer eine große Schadenfreude auslöst, dass weder die Schmeichelei von Basil belohnt wird, noch die krummen Touren des angeblichen Lords aufgehen.

Große und kleine soziale Strategien

Die größte Strategie im Leben ist es, so richtig Karriere zu machen. Ein Mann will nach oben. Wie komme ich da hin? Strategisches Denken wird schnell zu einer Lebensmethode. Das Leben besteht aber doch eher aus einer Vielzahl vieler kleinerer Strategien, die ständig neu entworfen und angepasst werden müssen. Im Kleinen wie im Großen bedeutet eine soziale Strategie also, wie man besonders *aufwandsarm* (»Ein Adler frisst keine Fliegen!«) und *fremdschonend* die kleinen Aufgaben des Alltags meistert.

Ist der Wille geweckt, sucht er sich die Bahn, und zwar am liebsten jene, auf der er mit den geringsten Widerständen zum Ziel kommt. Es braucht, zumal in einer komplexer werdenden Gegenwart, immer mehr solcher raffinierter Listen. Mit der Brechstange geht es in der zivilisierten Gesellschaft nur noch in den seltensten Fällen. Der Wille ist, was sucht und drängt, gelingende Geschmeidigkeit ist, was dafür sorgt, dass man ihn bekommt, ohne dabei irgendwelche sozialen Kollateralschäden anzurichten. Schafft man es, auf halbwegs faire Weise ins Ziel zu kommen, ist der Applaus über so viel soziale Eleganz sicher, gereift man zu eher unerlaubten Mitteln, wurde jemand geprellt oder übers Ohr gehauen, auch dann kann die Strategie aufgehen, und stellt man sich dabei ebenfalls geschickt an, dann kann es sogar auch für die krumme Tour Beifall geben. Geschmeidigkeit als eine performative Intelligenz der List ist moralisch indifferent, anders ausgedrückt, auch der schäbigen Strategie muss es nicht an Geschmeidigkeit fehlen.

So oder so, um eine soziale Strategie ins Ziel zu bringen, braucht man eine besondere Begabung: *Antizipationsvermögen* und eine *kognitive Empathie*. Beides sind Fähigkeiten vor der Tat. Man versucht, sich vorzustellen, wie die Umgebung reagieren würde, würde man einen Plan ins Werk setzen. Antizipation ist dabei eine Art Vermögen, den Fortlauf von Geschehnissen richtig zu deuten, praktische Ausrechnungskunst fremden Verhaltens. Kognitive Empathie meint ein Einfühlungsvermögen, das nicht so sehr zum Ziel hat, das eigene Mitgefühl zu aktivieren, was dann etwa in einer fürsorgenden, helfenden oder tröstenden Handlung münden könnte, sondern erst mal nur, ein Gegenüber zutreffend auszurechnen, zu erkennen, wie einer emotional reagieren wird, um auf solchen Einschätzungen eine Strategie als Handlungsoption aufzubauen. Geschmeidig ist es, wenn es einer schafft, eine Strategie zu verwirklichen, deren Ziel ausschließlich im Erreichen eines Eigennutzes liegt, dabei dennoch so sozial zu erschienen, und den Eigennutz, den er durch diese Strategie für seine eigenes Fortkommen erzielt, so elegant zu verschleiern, sodass er beides vereint: egoistische Zielstrebigkeit und Durchsetzung eigener Interessen bei gleichzeitigem Aufrechterhalten der maximalen Sympathie durch die anderen, die ihm auch nach der Erfüllung seiner Aufgabe ungeteilt entgegenströmt.

Eine grundlegende Geschmeidigkeitsstrategie, die sich bei vielen Vorgehensweisen als aussichtsreich erweist, ist es daher, sich besser etwas kleiner zu machen, als man wirklich ist. Erfahrungsgemäß gewinnt man die Gunst anderer eher, wenn man nicht zu dick aufträgt. Wo es aber keiner merkt, ist das Gegenteil mindestens ebenso oft von Erfolg gekrönt, man mäntelt sich auf. Es kommt jedoch wiederum darauf an, behutsam vorzugehen. Die Strategie eines Kleinwüchsigen mit Plateau-Schuhen, die ihn zwanzig Zentimeter wachsen lassen, verfängt nicht, sie ist zu durchsichtig. Ein schönes Beispiel, in dem die Rechnung aufgeht, liefert dagegen die ARD-Sendung »Börse vor acht«. Eine kleine Informationssendung vor der Tagesschau, in der ein Reporter die neuesten Börsendaten vornehmlich an das Nischenpublikum der Kleinaktionäre durchgibt. Ein adretter Journalist am Ende seiner Fernsehkarriere darf die kleine Sendung moderieren, einer, der es zwar nicht bis ganz oben geschafft hat, aber immer sein Bestes gibt. Am Ende seiner wohl aufgesagten Sätze pflegt er gütig zu schmunzeln und schließt gönnerhaft: »Guten Abend Ihnen allen, wo immer Sie uns zusehen!« Erfahrene Zuschauer wissen es, so hat einst Hans-Joachim Friedrichs seine »Tagesthemen« beendet, einer der ganz großen Newsmoderatoren, die das deutsche Fernsehen hervorgebracht hat. Mit demselben Abgang erscheint nun einer, der auch einen guten Sparkassendirektor vielleicht in Böblingen oder Filderstadt abgegeben hätte, aber doch ein bisschen mehr sein will, auch ganz und gar als ein Mann von Welt.

Gekonnt Einschmeicheln – Basking in Reflected Glory

Eine klassische soziale Strategie besteht darin, alte Menschen um den Finger zu wickeln, etwa um seine Chancen zu erhöhen, dereinst in den Genuss eines schönen Erbes zu kommen. Sich etwas erschleichen, nennt man es, wenn man es versteht, jemanden elegant für sich einzunehmen, in der Psychologie würde man davon sprechen, ihn emotional zu manipulieren, indem man sein Vertrauen nur gewinnt, um es zu missbrauchen. Schmeichelei ist ein Versuch, sich beliebter zu machen, als man normalerweise wäre. Man erwartet sich von der Person, die man anhimmelt, einen Vorteil. Meistens einen materiellen, es kann aber auch um die Wertschätzung oder Sympathie eines Menschen gehen, den wir bewundern und so veranlassen wollen, sich uns zuzuwenden, etwa weil wir uns von ihm erotisch angezogen fühlen.

Schmeicheln als soziale Strategie ist eigentlich eine eher passive Methode. Man versucht nicht so sehr, jemanden aktiv von den eigenen Qualitäten zu überzeugen, sondern verlegt sich darauf, allerlei schöne Sprüche zu machen, man »flattiert«, leckt Speichel, klopft auf Schultern, lobt und hudelt, um geduldet und geschätzt zu sein, es zu bleiben oder gar in der Gunst aufzusteigen. Schmeichler interessieren sich über die Maßen für jemanden anders, hören wie gebannt zu, reißen die Augen auf, gehen mit, wenn der Meister seine Geschichten erzählt. Selber sagt man viele Dinge, von denen man annimmt, dass sie der andere gerne hört, und unterlässt andere, die vielleicht nicht so gut ankämen. Schmeichelei ist dabei immer auch motiviert von einer Furcht vor Abwertung durch die bewunderte Person, der man aktiv vorbeugen möchte. In jedem Fall schmeichelt man, um von jemandem, den man schätzt, eine Gegenreaktion zu provozieren, Schmeichelei kann sogar eine Art Liebesgeständnis sein, das jedoch von der manipulativen Intention gesteuert ist, den anderen dazu zu bringen, dieses Gefühl unbedingt zu erwidern.

Schmeichelei gibt es auch im Kleinen. Dann kann sie eine Methode sein, jemandem auf die Sprünge zu helfen. Man schmeichelt jemandem, um ihn zu veranlassen, mehr in eine schleppende Unterhaltung zu investieren, etwa wenn ein Talkgast in einer TV-Sendung den Mund nicht aufkriegt. Ein Bestechungsversuch, der nichts kostet. Wie das Wort »geschmeidig« hat auch »schmeicheln« eine ursprünglich ganz konkret physische Bedeutung. Es bezeichnet jene Handbewegung, mit der man jemanden streichelt, berührt oder liebkost, wenn man zärtlich ist. Das Wohlgefallen, das man dabei auslöst, ist aber keineswegs von purer Liebe motiviert, sondern von der Erwartung einer handfesten Gegenleistung.

Die Epoche der Geschmeidigkeit ist eine Epoche, die viel Schmeichelei kennt. Wo die Selbstansprüche hoch sind, und Menschen viel in Selbstoptimierung investieren, wird auch außerhalb des eigenen Selbst nach allem Ausschau gehalten, was dieses eigene Selbst irgendwie stabilisieren und erhöhen kann und sein Leuchten verstärkt. Das bringt viele Menschen dazu, sich in den Bannkreis vermeintlich einflussreicher

Leute zu begeben. In der US-amerikanischen Psychologie nennt man den Komplex solcher Strategien einer Selbstwerterhöhung durch die Ausbeutung des fremden Selbst »Basking in Reflected Glory«, also das Sich-Platzieren in der unmittelbaren Nähe eines berühmten, als irgendwie großartig anerkannten Menschen mit dem Ziel, etwas von dessen Energie auf sich abzuzweigen, einen Teil des Ruhms, den einer hat, auf sich umzuleiten, seine charismatische Energie anzuzapfen, damit sie sich, oder wenigstens ein Teil davon, auf einen selbst übertrage. Man versucht, sich in der Aura eines anderen Menschen zu sonnen, um von seiner Strahlkraft zu profitieren.

Gerade in der Mediengesellschaft drängen heute immer mehr Menschen in die Nähe von Prominenten, um selbst heller leuchten zu können, und sei es nur für die Dauer eines kurzen Sprints auf dem Rasenplatz, zu dem der Flitzer beim Fußball-Länderspiel ansetzt, bevor er von den Ordnungshütern abgeführt wird. Förderlich ist, dass auch die Prominenten dieser Zeit von allen profitieren, die sich in ihren Glanz hineindrängen wollen. Denn die Zeit der Geschmeidigkeit kennt einen enormen Kult um Prominenz jeder Art, der so weit geht, dass es dank sozialer Netzwerke heute schon solche Prominente gibt, die eigentlich nur berühmt dafür sind, berühmt zu sein und ihre Fans nur allzu bereitwillig in ihren Dunstkreis vorlassen – und sei es nur für die Dauer eines Selfies. »Ein Atom sind wir von der Macht, ein verschwindendes Molekül von etwas, das sie ausgespuckt hat«, beschreibt Heinrich Mann seinen Protagonisten, den Untertan Diederich Heßling. Zu individueller Bedeutung kommt der erst, als er aufgeht in jener Macht, die sein Kaiser repräsentiert – und sei es auch nur für ein paar wenige Sekunden.

Schmeicheln ist eine strategische Handlungsweise, einem anderen die eigene Person und ihre angeblich unschlagbaren Charaktereigenschaften anzudienern. Komplementär dazu kann es zum selben Ziel führen, anderen Konkurrenten, die genauso um die Gunst des Bewunderten werben, jegliche charakterlichen Vorzüge abzusprechen. Schmeichelei tritt daher immer in Gesellschaft mit ihrer Schwester auf, der Lästerei. Lästern hat ein Doppelgesicht, es ist »ein Gradmesser der Vertrautheit«, wie Adam Soboczynski einmal geschrieben hat, zugleich aber immer auch der strategische Versuch des Strippenziehers im Hintergrund, einen missliebigen Konkurrenten aus dem Feld zu schlagen – nicht im direkten Ausscheidungskampf, sondern indem man hinter dessen Rücken Mehrheiten organisiert. Lästern ist die Vorstufe zur Intrige. Man macht jemanden vor anderen schlecht, schwärzt ihn an, man schiebt ihm etwas in die Schuhe. Man muss das schmutzige Geschäft aber nicht selber erledigen, sondern versucht, durch üble Nachrede dafür zu sorgen, dass es andere tun. So gesehen erfordert auch das geschickte Lästern ein hohes Maß an Geschmeidigkeit, denn es geht darum, die wahren leitenden Absichten des eigenen schändlichen Tuns, etwa Eifersucht oder Neid, einmal mehr gekonnt zu verbergen und eine Person nachhaltig zu diskreditieren.

Das Problem als Lösung präsentieren

Ein Grundzug jeder Geschmeidigkeit als sozialer Strategie ist es, sich anderen *zu empfehlen*, wodurch auch immer. Das erreicht man am ehesten dadurch, dass man erfolgreich vorgibt, für alle möglichen Probleme Lösungen parat zu haben. Wer so auftritt, kann es weit bringen, denn er wird viele offene Ohren finden. Weil aber Menschen viele Probleme haben, Probleme obendrein, die oft schwerwiegend sind, ja, die das ganze eigene Leben belasten können, ist oft schon der Anschein einer Problemlösungskompetenz, die da einer verbreitet, ungemein erfolgversprechend. Wer sogar ein ganzes Buch darüber schreibt, wie man ein Problem löst, dem billigt man diese Kompetenz erst recht zu, zumal er sich ja offenbar intensiv damit beschäftigt hat. Außerdem zeigt das Klappenfoto eines lachenden Autors an, dass dieser die Lösung auch gefunden haben muss, sonst könnte er nicht so optimistisch dreinschauen.

Viele Sachbücher greifen ein Problem auf, das sie vorgeben, auch lösen zu können. Damit sich das Buch verkauft, muss das Problem eines sein, was viele Menschen haben. Etwa vom Rauchen nicht loszukommen. Ratgeber wie »Endlich Nichtraucher!« Ein anderes Beispiel: »Simplify your Life« von Werner T. Küstenmacher und Lothar Siewert (2001), Untertitel: »Einfacher und glücklicher leben.« Wer möchte das nicht? Autoren, so scheint es, schreiben Bücher, weil sie auf derselben Suche nach der Lösung für ein Problem sind wie ihre Leser. Der Unterschied: Der Autor hat die Lösung gefunden, der Leser noch nicht.

Wer solche Werke liest, findet darin in der Regel erst einmal eine ausführliche Beschreibung des Problems, das man mit dem Autor teilt, über viele Seiten hinweg. Etwa in der Ratgeberliteratur, in Selbsthilfebüchern oder auch in persönlichen Erfahrungsberichten. Wer es bis ans Ende der Lektüre geschafft hat, kennt sein Problem noch genauer. Ist man aber auch der Lösung nähergekommen? »Simplify your Life« – gibt es eigentlich einen Menschen auf der Welt, dessen Leben nach der Lektüre dieses Werks einfacher und glücklicher verlaufen wäre? Hat nur einer seiner Leser klüger gehandelt, nachdem er Rolf Dobellis »Die Kunst des klugen Handelns« gelesen hat? Hat irgendeiner der Millionen Leser von Eckart Tolles »Jetzt!« seinem Leben wirklich mehr Gegenwärtigkeit abgerungen? Haben die unzähligen Werke zur »Resilienz« irgendjemanden wirklich widerstandsfähiger gemacht, wenn die Katastrophen des Lebens über ihn hereingebrochen sind? Hat schon jemals ein Werk über die »Gelassenheit«, etwa von Bestsellerautor und »Lebensphilosoph« Wilhelm Schmid, auch nur einen Menschen gelassener gemacht? Ist jemand auch nur einen Funken heiterer gestimmt durchs Leben geschritten, nachdem er Axel Hackes Heiterkeitsanleitung gelesen hat, die Ende 2023 an die Spitze der Bestsellerlisten gestürmt ist?

Der Geschmeidige ist ein durch und durch ökonomischer Mensch. Er weiß, wie man sich teuer verkauft, wo es sich lohnt zu investieren und wo nicht, weil man nur Energie vertun würde. Kein Wunder, dass unsere Zeit viele Formen von Problemlösungen kennt, die wie aus der Unternehmensberatung abgeleitete »Betriebsrationalisierungen« von emotionalem Stress erscheinen und deren Hauptziel es ist, eine möglichst kraftsparende Abwicklung störender Hemmnisse zu gewährleisten. Angewandte Geschmeidigkeit umfasst daher nicht zuletzt die Fähigkeit, sich gekonnt anzupreisen, die eigenen Vorzüge nach vorne zu stellen und das Störende so zu vernebeln. Eine solche Geschmeidigkeit, die als semantische Verwandlungskunst auftritt, kennt man etwa von Immobilienmaklern, die auch noch die Bruchbude im Brennpunktviertel als »Schmuckkästchen« inserieren, den Fall für die Asbest-Entsorgung zum »Wohlfühlhaus mit dem gewissen Etwas« erklären oder mit

»lebhafter Umgebung« einer Immobilie nichts anderes meinen als eine erhöhte Feinstaubbelastung, deren Quelle der nahe gelegene Autobahnzubringer ist. Man wendet eine Sache solange, bis auch das ungünstigste Szenario irgendeine positive Seite von sich zeigt. Die dauerhafte Praxis der Umwertung mündet bald in eine Lebensmethode mit ganz eigener Weltsicht. Bald berichtet man etwa, man habe »heute suboptimal performt«, wo es tatsächlich eine krachende Niederlage gab, und auch noch die hoffnungsloseste Lage ist zu »handlen«, man muss sie nur in eine veritable »Challenge« umdeuten. Geschmeidigkeit ist ökonomisches Hantieren, Jonglieren, mit allem, was einem Menschen zu Gebote steht, Geschmeidigkeit ist Selbstökonomie und effizientes Selbstmanagement. Kein idealeres Spielfeld für ihr Gedeihen ist denkbar als der Kapitalismus als Wirtschaftsform einer freien Gesellschaft.

Sozialer Funktionalismus im Kapitalismus

Wenn man Geschmeidigkeit als ein Konzept sozialen Handelns erfasst, das nahezu jede menschliche Interaktion durchdringt, entweder im Übermaß, etwa als Schmeichelei, in einem Zuwenig, das man als Barschheit oder Schroffheit im Umgang mit anderen bezeichnen könnte, oder eben in einem der Situation angemessenen Quantum, dann fällt auf, dass sie keine zeitlose Erscheinung ist. Es gibt zu allen Zeiten große geistige Ideen, Bewegungen und Kräfte, die ihr Vorherrschen hemmen oder fördern und auch die Art, wie sie sich äußert, bedingen.

Geschmeidigkeit ist am Ende ein Kind des abendländischen Rationalismus, wie er seit dem Einsetzen der Moderne alle Lebensbereiche dominiert. Sie ist im Grunde eine Ausdrucksform der Rationalisierung von Sozialverhalten. So wie sich die Welt seit der Aufklärung rationalisiert hat und sich fortwährend weiter rationalisiert, so gibt es auch eine Rationalisierung des individuellen Verhaltens in der Sozialwelt.

Welche gesellschaftlichen Voraussetzungen müssen aber erfüllt sein, damit Geschmeidigkeit als soziales Mittel der Vorteilsnahme eine so wichtige Rolle spielen kann? Eine offene Gesellschaft mit freien Märkten und freiem Handel ist die Bedingung, dass Geschmeidigkeit überhaupt zum Wirtschaftsfaktor oder sogar zum Gamechanger wird. Anders ausgedrückt, wo bestimmte Kreise der Bevölkerung vom Wettbewerb ausgeschlossen sind, kann einer noch so geschmeidig performen, es wird ihm nicht viel nutzen.

Mit der modernen Demokratie entsteht solch eine Gesellschaft wenigstens der nominellen Freiheit und Gleichheit. Anders als in ihrer Vorgängerin, der traditionellen Gesellschaft, wird in ihr eine Konkurrenz aller mit allen in Gang gesetzt. Diese Konkurrenz wird durch die liberale Wirtschaftsweise der Demokratie, den Kapitalismus, befördert und erst richtig entfesselt. Die offene Gesellschaft ist am Ende beides. Eine Gesellschaft, die die Chancen wie auch das Scheitern demokratisiert hat. Und dennoch treten in dieser offenen Gesellschaft keinesfalls alle mit denselben Chancen an. Die einzelnen Akteure gehen immer, wie Pierre Bourdieu es genannt hat, mit verschiedenen »Kapitalsorten« ins Rennen, worunter er nicht nur das ökonomische, sondern auch das kulturelle und soziale Kapital versteht. Allerdings sind diese recht ungleich verteilt. Soziales Geschick und strategische Gewandtheit können jedoch tendenziell Chancengleichheit herstellen und wichtige Vorteile bringen. Geschmeidiges Verhalten kann Rückstände ausgleichen, die es beim Run um die besten ökonomischen Chancen gibt. Denn sie steht, zumindest in der Theorie, jedem zur Verfügung, jeder kann dieses Talent ausbilden und entwickeln.

In dieser Gesellschaft konkurrieren bald die einzelnen Individuen miteinander. Eine Gesellschaft der ökonomischen Einzelkämpfer entsteht, in der jeder alles in die Waagschale wirft, über was er an Kapital verfügt, um persönlichen Erfolg zu erzielen. Die anderen Mitglieder der Gesellschaft werden im Lauf der Zeit immer stärker als feindliche Mitkonkurrenten wahrgenommen, bald als Hindernisse, zwischen denen man sich wie an den Slalomstangen elegant vorbeischlängeln muss, um seine Ziele zu erreichen. Vor allem die ökonomische Spielart der Geschmeidigkeit ist nahezu immer eine Erscheinung, die genau besehen nicht mit einem Geschick zu tun, wie es die Formen des Miteinanders und der Kooperation erfordern, sondern mit solchen, die man im Gegeneinander benötigt.

Die Gabe der Geschmeidigkeit zahlt sich aus, wenn es darum geht, dem anderen auszuweichen, ihn zu umschiffen, an ihm vorbeikommen, um ihn zu um- oder zu übergehen, um ihn auf dem Weg zum Erfolg hinter sich zu lassen.

Um zu gewährleisten, dass im System des demokratischen Kapitalismus die Spielregeln eingehalten werden, braucht die Wirtschaft der freien Individuen eine politisch stabile Ordnung. Diese ist in den Anfängen noch keinesfalls realisiert. In räuberischen Zeiten etwa regierte das Recht des Stärkeren, mit Geschmeidigkeit war wenig auszurichten. Sie begegnet einem allenfalls im mehr oder weniger geschickten Winseln um Gnade vor den Mächtigen, wenn sie einem Hab und Gut genommen hatten oder einem sogar nach dem Leben trachteten. Frühe Formen von Geschmeidigkeit gab es in diesen dunklen Zeiten höchstens in der Kunst zu überleben. Oder sie erscheint als eine Manipulationstechnik, sich die Mächtigen für eigene Zwecke gewogen zu machen. Damit jedoch eine wie auch immer geartete zwischenmenschliche Geschmeidigkeit die Chance hat, zu einem allgemeinen sozialen Agreement zu werden, das an die Stelle roher Gewalt tritt, braucht es ein Gewaltmonopol und ein rechtsstaatliches Justizsystem, das Verstöße ahndet und dafür sorgt, dass die Spielregeln von Gewaltfreiheit und Fairness wenigstens rudimentär eingehalten werden. Im modernen Staat, der sich in der Neuzeit allmählich ausbildet, ist dies alles mehr oder weniger gewährleistet. In der Sphäre der Politik begegnet einem die Geschmeidigkeit nun nicht mehr so sehr im Verhältnis von Herrschern und Beherrschten, sondern ganz prominent und auffällig innerhalb eines vielgliedrigen Herrschaftsapparates. Je weitreichender Herrschaft gefestigt wird, je mehr sich das entwickelt, was man einen modernen bürokratischen Staat nennt, mit einer Verwaltung, Institutionen und festgelegten Zuständigkeiten, umso mehr konkurrieren innerhalb dieses Apparats partikuläre Interessen. Geschmeidigkeit greift in dem Moment Raum, da es neben fachlichen Kompetenzen der Aufgabenbewältigung auch logistischer Kompetenz bedarf, um den Apparat dort, wo er Entscheidungen verhindert, zu überlisten. Die Geburt der Geschmeidigkeit ist zugleich auch die Geburtsstunde der Korruption. Man kann sagen: Geschmeidigkeit ist die kleine Schwester der Bestechung.

Die Geburt des Gebrauchtwagenhändlers

Wie sehr Geschmeidigkeit eine kapitalistische Seele hat, weiß jeder aus eigener Erfahrung. Etwa, wie es sich anfühlt, wenn einer versucht, einem etwas anzudrehen. Egal, ob auf dem Flohmarkt oder beim »Black Friday« im *Mediamarkt*. Jeder kennt diese bisweilen unangenehme, immer angestrengte, aber um Lockerheit bemühte Atmosphäre des Feilschens, wenn sich Käufer wie Verkäufer in einen Wettbewerb des schalen Lächelns verlieren, der eine mit dem Ziel, einen möglichst niederen, der andere, einen möglichst hohen Preis zu erzielen, für irgendein Produkt, um das sich zwei bei einem Kaufgeschäft gruppieren.

Nicht nur das Lächeln der Mona Lisa, auch das eines Verkäufers ist vielschichtig. Im Idealfall ist die Grundlage auch eines Verkaufslächelns die Freundlichkeit, die man jedem Menschen entgegenbringt, eine ethische Haltung. Wer ein Geschäft mit mehr Gewinn machen will, legt jedoch gern noch eine Schippe drauf. Das Lächeln wird dann Teil einer sozialen Verkaufsstrategie. Geht die Rechnung auf und man kommt zum Abschluss, regiert das falsche Lächeln in ganzer Blüte, umso mehr, je höher der Profit ist, den ein Verkäufer einstreicht. Läuft alles nach Plan, übermannt den Verkäufer dann oft die unverhohlene Freude über ein gutes Geschäft, er platzt fast vor merkantilen Glücksgefühlen, die er kaum zurückhalten kann. Die freudvollen Wallungen über den gewinnträchtigen Verkauf eines allenfalls mittelmäßigen Gebrauchtwagens bahnen sich dann als eine Art gütigen Lächelns den Weg nach außen, als Wohltätigkeit, fast Herzenswärme, wo doch die klammheimliche Freude überwiegt, ein Bombengeschäft gemacht zu haben.

Sucht man nach den Anfängen dieser rein ökonomischen Geschmeidigkeit, dann findet man sie in den ersten handeltreibenden Gesellschaften. Der Markt ist der erste Ort in der Menschheitsgeschichte, an dem eine frühe Entwicklungsstufe der Geschmeidigkeit vorherrscht, die den Verkehr von Waren und Gütern begleitet. Damit sie sich entfalten kann, sind eine gewisse Vielzahl und Konkurrenz an Angeboten nötig. Wer sie nachfragt, muss eine Wahl haben. Erst in einer solchen Situation gilt es für den einzelnen Händler, seine Ware so anzubieten, dass der Kunde ihm und nicht etwa der Konkurrenz den Vorzug gibt. Der Marktschreier realisiert die früheste Form des Marketings, eine noch recht plumpe Form, Aufmerksamkeit für die eigene Ware zu erzielen, und sie als die beste und in jedem Fall günstigste anzupreisen. Schon bald aber entwickeln sich subtilere Formen, Waren an den Mann zu bringen. Der Händler entdeckt die Kraft, die in der persönlichen Beziehung zum Kunden liegt, und weil er sie zu einem Kunden, als einem ihm unbekannten Menschen, nicht wirklich pflegen kann, verlegt er sich bald auf die Simulation des Persönlichen im Verkaufsgespräch. Er erlernt die Geschäftsfreundlichkeit, all jene *Soft Skills*, die ihm weitaus höheren Absatz garantieren als das lauteste Geschrei.

Kapitalistische Geschmeidigkeit ist ein weites Feld. Geschmeidigkeit zeigt sich hier vor allem in der Fähigkeit, den Kunden auszurechnen. Deswegen ist der gute Händler stets ein Psychologe. Er spielt mit den Bedürfnissen des Kunden, weiß, was ihn antreibt und wie weit er gehen kann, er weiß, dass der Wert einer Ware immer eine subjektive Angelegenheit ist und wie man ihn ins Unermessliche steigern kann, etwa indem man die Exklusivität einer Ware im Verkaufsgespräch noch zu erhöhen versteht. Es war Thorstein Veblen, der in seinen nationalökonomischen Schriften den später nach ihm zitierten marktökonomischen Effekt darlegte, wonach eine Ware an Attraktivität und Zuspruch nicht etwa verliert, je teurer sie gemacht wird, sondern gewinnt. Denn ein hoher Preis suggeriert stets einen hohen Gegenwert. Wer etwas verkaufen will, so lautete das Fazit seiner Untersuchungen, tut manchmal besser daran, anstatt die Ware billiger zu machen, den Preis zu erhöhen. Leitend ist hier die Beobachtung, dass Bedürfnisse variabel sind, dass es keine gibt, die nicht getriggert oder gesteigert werden können. Dies trifft natürlich nicht für die unmittelbaren existenziellen Bedürfnisse zur Lebenserhaltung zu, in hohem Maße jedoch für alle Arten von Luxusartikeln und all die vielen Dinge, die kein Mensch wirklich braucht.

Dass sich bei so viel Geschäftemacherei Moral und Ökonomie irgendwann in die Quere kommen, überrascht nicht. Auch verwundert nicht weiter, dass in den Anfängen des Kapitalismus noch große Bereiche des wirtschaftlichen Raums als unmoralisches Gelände galten. Eugen Friedell hat in seiner »Kulturgeschichte der Neuzeit« geschrieben, dass noch der Mensch des Mittelalters jede Art des Handels als sündhaft gesehen hätte. Er zitiert den Prediger Johann Geiler von Kaysersberg, dem der Ausspruch zugeschrieben wird: »Mit Geld wuchern heißt nicht arbeiten, sondern andere schinden in Müßiggang.« »Man hatte«, so Friedell, »offenbar die Ansicht, dass Zinsnehmen, Warenvertreiben, überhaupt aller Erwerb, der nicht aus Erzeugung, sondern aus dem Umsatz von Gütern fließt, nur eine feinere und verstecktere Form des Betruges sei.«

Bis heute ist die Ökonomie, zumal in ihrer entfesselten Form des internationalen Handels, ein gesellschaftliches Teilsystem geblieben, das immer wieder von wachstums- oder kulturkritischen Intellektuellen attackiert wird. Aber auch schon in den frühen theoretischen Schriften zur politischen Ökonomie des modernen Kapitalismus kommen Philosophen und Gelehrte immer wieder an den Punkt, an dem sie dafür plädieren, das Ökonomische moralisch zu flankieren, damit für die Gemeinschaft kein Unheil entsteht. Der schottische Nationalökonom Adam Smith stellte schon im 17. Jahrhundert seinem großen Grundlagenwerk über den neuzeitlichen Kapitalismus »The Wealth of Nations« nur wenige Jahre später eine »Theory of the Moral Sentiment« an die Seite, weil er einem entfesselten Wirtschaftsliberalismus ohne moralische Kontrollinstanz schon in den Anfängen misstraute. Die Geschichte zeigt jedoch, dass sich das ökonomische Denken recht erfolgreich diesen moralischen Bedenken und Vorwürfen zu entziehen vermochte, entweder indem seine Vertreter nicht müde wurden zu betonen, dass beides zwei voneinander völlig getrennte Sphären seien, oder gar, indem sie behaupteten, dem freien Spiel der wirtschaftlichen Kräfte wohne etwas inne, das die allgemeine Moral wie von selbst befördere, eine Auffassung, die etwa dem Dogma der »Invisible Hand« im Manchester-Liberalismus entspricht. Wie dem auch sei, die Moralisierung der ökonomischen Sphäre ist bis heute ein unvollendetes Projekt geblieben. Heute drückt der globale Kapitalismus der Welt seinen Stempel auf, und nicht etwa eine moralische Verfassung, die ihn zügelt und seine schädlichen Auswirkungen bekämpft. Statt einer Ökonomie, die sich moralisiert, erleben wir eine Moral, die sich zusehends ökonomisiert. Die Moral wird von ökonomischen Interessen zurechtgestutzt und hat längst den Ort verloren, von dem aus sie Ordnung in jenes Chaos bringen würde, das der globale Kapitalismus bis heute weltweit angerichtet hat.

Eine ökonomische Theorie der Selbstdarstellung

Geschmeidigkeit im Kapitalismus bezeichnet jedoch nicht allein das Vorherrschen immer ausgereifterer Formen von angewandter Verkaufskunst oder Verhandlungsgeschick. Diese sind nur ein Ausschnitt dessen, was Geschmeidigkeit heute umfasst. Der Mensch ist von der Geschmeidigkeit nicht nur als ein strategisch einzusetzendes Instrument fasziniert. Er strebt sie viel umfassender an, als eine alle Lebensbereiche durchdringende Mega-Strategie, als eine Lebensweise. Er will sich als durch und durch geschmeidiges Wesen den Anschein von Eleganz und Prestige verpassen, weil sie ihm soziale Anerkennung einträgt.

Menschen haben immer schon sehr viel in die Art investiert, wie sie scheinen wollen: in ihre *Geltung*. Zu scheinen, also ein ganz konkretes Selbstbild von sich zu entwerfen und gleichermaßen dafür zu sorgen, dass es die anderen mitbekommen sollen, ist ein großes soziales Bedürfnis nicht nur des modernen Individuums, sondern des Menschen als soziales Wesen überhaupt. Lange Zeit war dies jedoch nicht ohne Weiteres möglich. Frühe Formen von Selbstpräsentation waren von strengen Regeln bestimmt, traditionshütende Institutionen gaben vor, wie man sich inszenieren durfte, und zeigten Grenzen auf. Ein Bauer etwa, auch wenn er genug Geld gehabt hätte, wäre in der traditionellen Gesellschaft nicht weit gekommen, hätte er sich als Edelmann inszeniert. Es war ihm verboten. In der modernen Gesellschaft gibt es jedoch keine ständischen Kleiderordnungen mehr, keine stilistischen Repräsentationsverbote, Selbstdarstellung und Selbstinszenierung sind auf dem »Jahrmarkt der Eitelkeiten« demokratisiert, alles, was man dazu braucht, ist frei verfügbar.

Welche enormen wirtschaftlichen Konsequenzen das menschliche Urbedürfnis nach Geltung unter Seinesgleichen gerade in der nachtraditionellen Gesellschaft hat, hat Thorstein Veblen fasziniert. So sehr, dass er über die Macht dieser Scheinwelt ein ganzes Buch geschrieben hat. Der Nationalökonom stand seiner eigenen wissenschaftlichen Zunft immer recht misstrauisch gegenüber. Die neoklassischen Lehren der Nationalökonomie galten ihm vielfach als leere Theoriekonstrukte, die mit der Realität nicht viel gemein hatten. Seine Wirtschaftstheorie nahm sich da ganz anders aus. Sie ist weitaus eher eine Sozialpsychologie, eine Gesellschaftskritik, manchmal sogar fast schon eine Satire des gängigen Wirtschaftslebens. Ihn interessierten die wahren Motive, die die Welt der wirtschaftenden Menschen zusammenhalten, keine Marktgesetze, Algorithmen oder Grenznutzenzahlen. Individualistische Erklärungsansätze in der Nationalökonomie hielt er für naiv. Menschen suchen nach Konsumformen, das war seine Überzeugung, die nicht subjektive Bedürfnisse auslösen, sondern solche, die die Gesellschaft in sie einpflanzt. Er schrieb am Ende eine ganz andere Geschichte des menschlichen Wirtschaftens, genauer eine Geschichte der menschlichen Wirtschaftsmotive jenseits der Bedürfnisdeckung.

Veblen kam zu der Überzeugung, dass es nicht so sehr ökonomische Bedürfnisse sind, die die Wirtschaft einer Gesellschaft steuern, sondern vor allem psychologische Kräfte. Seine zentrale Erkenntnis ist, dass Menschen bereit sind, ihre Lebensführung den Erfordernissen der sozialen Selbstdarstellung unterzuordnen, eine Selbstdarstellung nach Vorbildern, die man in der Gesellschaft vorfindet und für sich erreichen möchte. Er stellt diesen Aspekt in den Mittelpunkt seiner ökonomischen Theorie, indem er zeigte, dass Menschen, zumal jene, die es sich leisten können, einen enormen Aufwand betreiben, um fortwährend einen Eindruck zu realisieren, wie sie in der Gesellschaft gesehen werden wollen, und selbst dann nicht damit aufhören, wenn sie schon im größten Reichtum schwelgen.

Ökonomie wird für ihn von einer Wissenschaft des Herstellens und Handelns von Waren und Gütern zur menschlichen Bedürfnisbefriedigung, zu einer Wissenschaft, der es um Methoden zur Gewinnung sozialer Anerkennung geht. Seiner Überzeugung gemäß treffen Menschen nicht nur ständig ökonomische Entscheidungen, die ihre kaufmännische Bilanz aufbessern, sondern immer auch solche, die das Handeln auf Außenwirkung überprüfen. Entscheidend ist nicht so sehr, was einer hat, sondern »ob es sich sehen lässt«. Das ökonomische Streben ist geleitet von einem Streben nach Status, allerdings einem Status, der den anderen gegenüber sichtbar werden muss, um den Vorsprung anzuzeigen, die Macht und den Einfluss, den er einträgt.

Veblen hat argumentiert, dass es nicht einfach darum geht, Reichtum anzuhäufen und ein *Commodious Living* zu führen, sondern anderen zu *zeigen*, was man sich leisten kann. Das sich unaufhörliche Ausstatten mit Statussymbolen, wie immer sie sich auch im Lauf der Jahrhunderte verändert haben, ist davon inspiriert. Der Geschmeidige ist der, der sich aneignet oder imitiert, was gerade angesagt ist. Statusgeschmeidigkeit umfasst jede Praxis, Dinge, die hoch im Ansehen stehen, zu erwerben und sie demonstrativ vorzuführen. Wie sehr der Wunsch, wirken zu wollen, Menschen prägt, kann man daran erkennen, wie weit viele gehen, um den gewünschten Eindruck zu erzielen. Fake-Produkte sind heute so verbreitet wie nie, jede Menge Imitate sollen kompensieren, wozu das eigene Budget nicht ausreicht. Die Not des Scheinenwollens um jeden Preis, man kennt sie schon aus alten Stummfilmkomödien, bei denen man sich daran belustigen kann, wie edle Herren in Frack und Zylinder nur ein Hemdenimitat, eine Art falschen Kragen oder Krageneinsatz, also nur ein Bruststück eines Hemdes mit Schlips tragen, das dann gerne von einem Gegner im Ringkampf herausgerissen wird und den Träger bloßstellt. Das Hemd ist zu kostspielig, das Bruststück ist die bezahlbare Lösung des Problems. Es ist so gesehen, eine Art von optischem Betrug, aber auch eine Möglichkeit für seinen Träger, seine Würde wahren, auch wenn er nicht über den ganz großen Geldbeutel verfügt.

Veblen geht es nicht um Bedürfnisdeckung, um Wohlstandsgenerierung, sondern am Ende um die *Funktion* erwirtschafteten Reichtums. Das oberste Motiv allen Wirtschaftens, so erkannte er, ist nicht die volle Scheune, sondern die Aussicht, als jemand Großartiges zu gelten, als ein Mann der Ehre. Denn Ehre ist die höchste Form sozialer Anerkennung. Was aber trägt Ehre ein? Nur der Reichtum eignet sich dazu. Aber nicht auf dem Kontoauszug. Reichtum ist immer nur ein *Mittel*, um Ansehen zu erwerben, um zu gelten. Dies gelingt aber nur, wenn er so eingesetzt wird, dass man Dinge tut, die anzeigen, dass man über Reichtum verfügt. Demonstrative Muße und demonstrativer Konsum sind die beiden öffentlichkeitswirksamen Praktiken, die sich dazu bestens eignen. Reichtum muss also zur Schau gestellt werden, ja, mehr noch, er muss öffentlich und vor aller Augen verschwendet werden. Nur dann trägt er ein, worum es geht. Der Gewinn von Ansehen und Prestige, er ist der Schlüssel zum geheimsten und größten Motiv des Wirtschaftens im Menschen, nicht die Ankunft im Schlaraffenland oder in Aussicht gestellter Profit und seine Maximierung.

Das Selbstbild von sich, wie man in die Gesellschaft wirken will, das ist das Hauptmotiv, warum Menschen wirtschaften und nicht aufhören zu wirtschaften, selbst wenn ihre Erträge für ein gütliches Auskommen mehr als genügen sollten. Sie wollen ein Bild von sich schaffen und in der Welt verbreiten, als welches andere sie wahrnehmen und wertschätzen sollen. Prestige, das ist die großartige Erkenntnis Veblens, ist also nicht etwas, was wir nach Feierabend pflegen, sondern das Streben danach durchpulst unsere ganze ökonomische Existenz, den gesamten Lebensstil des modernen Menschen.

Wenn das oberste Ziel des ökonomischen Handelns die Beförderung eines bestimmten prestigeträchtigen Selbstbildes ist, dann beschreibt Veblen nicht nur eine Zeiterscheinung der US-amerikanischen *Leisure Class* um 1900, sondern einen menschlichen Grundzug. Der geschmeidige Mensch ist der ökonomisch handelnde Optimierer seines Selbstauftritts, er agiert fortwährend seine tatsächliche mit der gewünschten sozialen Position abgleichend und investiert in nahezu alle Lebensbereiche, um der gewünschten Selbstdarstellung näherzukommen. Alles, was dazu taugt und wessen er habhaft wird, eignet er sich an, alle sozialen Strategien, die ihm zu Gebote stehen, werden eingesetzt. Selbstdarstellung geht uns über alles. Das ist die Quintessenz von Veblens Wissenschaft. Heute, in einer Zeit, die keine wirkliche Trennung mehr von Arbeit und Freizeit kennt, ist der Mensch in ein Stadium der maximalen Optimierung seiner Selbstdarstellung eingetreten. Die ganze Gesellschaft eifert mit und versucht, es der müßigen Klasse gleich zu tun, in nie gekanntem Aufwand, in nie gekannter Investition, rund um die Uhr.

Statussymbole und Geschmeidigkeit

»Was aber braucht man, um für das gehalten zu werden, was man gerne wäre?« Das ist die Schlüsselfrage, die jeden Selbstdarsteller umtreibt. Jeder staffiert sich mit Dingen, Zeichen und Symbolen aus, die anderen gegenüber davon künden sollen, wie er am liebsten gesehen werden möchte. Es versteht sich dabei von selbst, dass man in einer Selbstinszenierung nicht nur als Mensch, sondern als Könner, als Virtuose seines gewählten Lebensentwurfs gesehen werden möchte, mit einem Wort: als Gewinner. In jedem Statusverhalten geht es also immer weitaus weniger um eine Form des Schmückens oder Selbstveredelns, sondern vielmehr um eine Demonstration persönlicher Macht. Anders ausgedrückt: Selbstdarstellung ist nicht allein eine Art der neutralen, irgendwie aufgehübschten Abbildung unseres Selbst, sondern der Versuch, sich selbst als *mächtig* und überaus *einflussreich* zu präsentieren, als ein Mensch mit Rang, Bedeutung und großer Wirksamkeit.

Statussymbole haben eine so simple wie sozial lebenswichtige Funktion, auch noch – oder erst recht – in der Zeit der Geschmeidigkeit: Sie sollen anzeigen, dass ihre Träger einen besonderen Platz in der sozialen Rangfolge einnehmen. Einen solchen Eindruck zu hinterlassen, erleichtert es immer, nach oben zu kommen, man spart sich zumindest einen Teil eines anstrengenden Ausscheidungskampfes, wenn der Ausgang desselben in Form einer Rolex am Handgelenk oder eines Sportwagens bereits für jeden sinnfällig ist. Vor allem Faktischen ist jede Symbolisierung immer auch ein Versuch, etwas, das man vielleicht gar nicht hat, schon einmal anzukündigen. Ein Symbol kann davon erzählen, wo jemand steht, es kann aber auch nur die Ambition ausdrücken, ganz unabhängig von der real erreichten Position in einer Hierarchie. Gerade die modernen Möglichkeiten der Selbstdarstellung erlauben beides und laden ein zum Spiel zwischen Wunsch und Wirklichkeit, umso mehr, als jeder weiß, dass niemals ohne Weiteres erkennbar ist, ob im einen Fall der Wunsch nach einer sozialen Position der Vater der Inszenierung ist oder ob sich im anderen tatsächlich die soziale Realität abbildet.

Wenn Selbstdarstellung immer auch auf das Anzeigen von persönlicher Macht ausgerichtet ist und wenn Geschmeidigkeit eine Strategie ist, an Macht und Einfluss zu kommen, um Wohlstand und Erfolg zu mehren, dann verwundert kaum, dass sie im symbolischen Feld alles nutzt, was einzusetzen ist, um ans Ziel zu kommen. Zur Geschmeidigkeit gehört also auch der intelligente Einsatz von allerlei Statusbotschaften.

In der offenen demokratischen Massengesellschaft, in der jeder mit jedem konkurriert, spielen Statussymbole daher nach wie vor eine wichtige Rolle. Aber, jeder hat es erfahren, Statussymbole haben auch etwas Abstoßendes. Wer sie zu offen und zu stolz vor sich her trägt, erhöht nicht seine Chancen auf mehr Einfluss, sondern minimiert sie. Der Aufschneider ist am Ende eine Figur unserer Tage, die ihr strategisches Ziel verpasst, weil er zu ungestüm und aufdringlich vorgeht. Oft auch sind es gerade Angehörige nicht privilegierter Schichten, die den Bogen überspannen und damit ihr ursprüngliches Ziel durchkreuzen, durch ihren Auftritt mehr Sozialprestige zu erlangen. In der Unsicherheit, den gewünschten Effekt anzupeilen, ist für sie die Übertreibung typisch, die aber wieder alle Distinktionskraft zunichtemacht. Zu viel sichtbare Haut, zu viel Make-up, zu viele Tattoos, zu viel Gold, *too much information*. Subtilität ist stets der Erfolgsbringer, nicht die Anhäufung. Geschmeidig kann kein Statussymbol wirken, dem man seine Absicht anmerkt. Denselben strategischen Fehler begehen oft auch diejenigen, die sich mit jeder Menge Luxusmarken ausstaffieren und gar nicht bemerken, dass sie im Rennen um den gesellschaftlichen Erfolg keinerlei Vorteil bringen, sondern sie eher zurückwirft. The »true upperclass« repräsentiert viel hintergründiger, dafür aber sehr nachhaltig, was dem Ideal der Geschmeidigkeit viel näher kommt als jede Angeberei und jedes Geprotze.

Viele verfehlen das Ziel, und doch ist man überrascht, wie verbreitet die Kenntnis über die richtigen Geschmeidigkeitsregeln im Statusverhalten ist. Der SPIEGEL-Autor Philipp Laage will in einem Essay herausgefunden haben, dass gerade Angehörige der *TikTok*-Generation so aussehen wollen »wie reiche Menschen, die nicht reich aussehen wollen«. Das knüpft an Erkenntnisse der US-amerikanischen Statusforscherin Elizabeth Currid-Halkett an, die in ihrem Buch über »The Sum of Small Things. A Theory of the Aspirational Class« von 2017 zu dem Schluss kommt, dass heute der eigene Status generell viel verfeinerter demonstriert wird als etwa in der Zeit um 1900, als Thorstein Veblens berühmtes Buch »The Theory of the Leisure Class« entstanden ist.

Im Zeitalter der Geschmeidigkeit ist die Richtung klar: Die Entwicklung des Statusverhaltens geht dahin, dass seine Symbole und Formen heute weitaus ausgeklügelter demonstriert werden als früher einmal. Der Geschmeidige heutiger Tage verzichtet nicht etwa auf Statussymbole, sondern er wählt mit Bedacht solche, die nicht zu plump daherkommen und doch eine große Außenwirkung haben. Das aber erfordert ein großes Raffinement, das der Geschmeidige jedoch locker beherrscht.

Geschmeidiges Einbehalten sozialer Abgaben

Geschmeidige Selbstdarstellung umfasst jedoch nicht nur all jene Formen, in denen Menschen versuchen, die Imposanz ihres Außenauftritts mehr oder weniger subtil zu vergrößern, sondern genauso, wie sie das, was sie als Mitglieder eines Gemeinwesens der Allgemeinheit schuldig sind, ideenreich einbehalten können. Eine erfolgreiche Bilanz ist immer Resultat von beiden Strategien, von klugem Anlegen und effektivem Einsparen. Der goldene Mittelweg der kapitalistischen Geschmeidigkeit ist es, einerseits in den Außenauftritt zu investieren, andererseits Ausgaben dort zu vermeiden, wo sie unnötig erscheinen und das einbehaltene Kapital anderweitig profitabel einsetzen lässt.

Beiden Einstellungen sekundiert heute eine Ethik, die sich scheinbar nur noch dem Nötigsten verpflichtet fühlt. Heute, so scheint es, hat sich das ethische Konzept gerade in der privaten Ökonomie in Grenzbereiche verschoben, die man einst eher noch gemieden hätte. Die eigene Straffreiheit zu bewahren, ist eher das Kriterium, das die Grenzen des individuellen moralischen Raums in der Individualökonomie definiert, nicht so sehr jedoch der alte kategorische Imperativ Kant'scher Prägung. Wie sehr diese These zutrifft, lässt sich heute am Zustand der neoliberalen Moral erkennen, wie sie unter Makroökonomen und dem Heer ihrer Consultants herrscht. Geschmeidigkeit ist mehr denn je zu einer Kunst des trickreichen Einbehaltens geworden, wenn es um das Einsparen von Steuern geht. Tatsächlich war die Kreativität unter Großverdienern noch nie so groß, sich maximal geschmeidig um lästige Steuerpflichten herumzuwinden wie in diesen Zeiten.

Wirklich erstaunlich ist dabei, dass all den Zahlungsunwilligen heute selbst noch der Fiskus zur Seite springt. Etwa in Gestalten wie der ehemaligen Referatsleiterin im Bundesfinanzministerium Gerda Hofmann, die in der Vergangenheit als Regierungsbeamtin ihren gut bezahlten Arbeitseifer nicht etwa darauf verwandte, wie dem Staat mehr Steuereinnahmen zu generieren wären, sondern im Gegenteil auf privaten Steuerspar-Seminaren Superreichen wohlfeile Tipps gab, wie Steuern und Abgaben, vor allem solche, die im Augenblick noch in der Planung waren, aber bald auf den Steuerzahler zukommen sollten, durch Weitsicht, bürokratische Kniffs und ziemlich viel Chuzpe vermieden werden können. Und das, indem sie noch »ofenwarme« politische Entscheidungen zum Wegfall von Steuervergünstigungen so rechtzeitig ausplauderte, dass sich die Welt privater Finanzjongleure schon einmal auf das, was da bald drohen sollte, einstellen konnte.

Solche Naturen gehören in der Welt der ökonomischen Geschmeidigkeit genauso zum Bild wie die Heerscharen nicht verbeamteter freiberuflicher Steuer-Coaches, die auf ganz ähnlich ausgerichteten Veranstaltungen in deutschen Edelhotels einer dürstenden Klientel die Kunst beibringen, wie man etwa einen Urlaub im Yoga-Camp, eine neue Küche für zu Hause oder sogar eine Brust-Schönheits-OP der Ehegattin von der Steuer absetzen kann. Für seine Tätigkeit berühmt ist etwa der Unternehmensberater Marc Eisinger, der dafür sogar mit fünf Sternen von einem Kundenbewertungsportal ausgezeichnet wurde und für solch ein Wochenendseminar an die tausend Euro Teilnahmegebühr nehmen soll, wie die ZEIT berichtete.

Geschmeidig zu sein, bedeutet, die Tube auszuquetschen bis zum letzten Tropfen und gleichzeitig, sich so viel wie möglich einzuverleiben. Geschmeidigkeit in diesem Kontext bedeutet auch, sich unliebsame Neider vom Hals zu halten, Wegelagerer, Parasiten, lästige Bittsteller, vorneweg das Finanzamt. Der Geschmeidige ist erfindungsreich in der Vorteilsnahme, aber mindestens ebenso sehr in der Lastenvermeidung, und so ist es tatsächlich nicht sonderlich gut bestellt um die Steuermoral, ausgerechnet in den reichsten westlichen Wohlstandsgesellschaften des 21. Jahrhunderts. Der geschmeidige Mittelständler droht dem Staat inzwischen dreimal am Tag, den Produktionsstandort zu wechseln, sollten die Steuern erhöht werden, er droht damit, künftig in Portugal zu produzieren oder gleich in Bangladesch, vielleicht auch nur, um dann festzustellen, dass es dort keine Gesundheitskarte gibt, kein Kindergeld und keine Alterssicherung. Oder er macht ernst und geht wirklich. Wie immer mehr unserer Großverdiener, die mehr Netto vom Brutto haben wollen, etwa

Fußballstars wie Joshua Kimmich, Manuel Neuer, Bastian Schweinsteiger, Oliver Bierhoff, Julian Nagelsmann und viele andere mehr, die längst ihren Hauptwohnsitz nach Österreich verlegt und sich, einer wie der andere, Immobilien im Großraum Kitzbühel gekauft haben. Man liegt richtig in der Annahme, nicht allein der schönen Alpensicht wegen.

Wie man Steuern vermeidet, ja, wie man möglichst gar keine zahlt, ist zum Volkssport geworden, und das, obwohl Deutschland einmal als Hochburg der Steuermoral galt. Heute, so scheint es, achten Steuerzahler immer akribischer nicht auf das, was dem Staat, sondern auf das, was ihnen selbst zusteht.

Die Moral der Performer – der Mythos von der Meritokratie

Zur Geschmeidigkeit gehört, dass man die eigene soziale Strategie, der man folgt, auch überzeugend zu legitimieren versteht. Dies geschieht im Feld der wirtschaftsliberalen Ideologie vor allem dort, wo sie *at work* ist und sich immer wieder konkret manifestiert. Etwa wenn einmal wieder der Mythos der Meritokratie beschworen wird, jene tief sitzende Überzeugung gerade unter Wirtschaftsgrößen und Finanzstarken, wonach ihnen nicht nur rein rechtlich, sondern in einem ganz und gar moralischen Sinn vollumfänglich zusteht, was sich auf ihrem Konto angesammelt hat.

Meritokratie nennt man die Idee, wonach diejenigen in einem Staat herrschen sollen, die hervorragende Leistungen erbringen und sich dadurch den höchsten Verdienst um ein Gemeinwesen erworben haben. Auf den ersten Blick eine schöne Idee. Wenn jedoch schwerreiche Wirtschaftsführer, so etwa vermehrt in den USA, von Meritokratie sprechen, dann meinen sie, es handele sich um eine Herrschaftsform, in der ihnen nicht nur ihr Kapitalertrag, sondern die politische Macht zustünde, denn sie würden am meisten leisten.

Auch Arbeiter und Gewerkschafter hören von Unternehmenssprechern oder Arbeitgebern oft den scheinbar stimmigen Satz: »Erst muss man etwas erwirtschaften, bevor man es verteilen kann!« So sehr der Satz zutrifft, so sehr führt er auch in die Irre. Denn zwischen den Zeilen wird so getan, als seien es die Wirtschaftsbosse und Manager, die für die betriebliche Leistung zuständig seien, während die Erwerbstätigen in den Firmen und Betrieben nur daran interessiert sind, etwas vom großen Kuchen abhaben zu wollen, ohne wirklich dazu etwas beigetragen zu haben. In Wahrheit erwirtschaften aber Millionen von Arbeitern und Angestellten die Gewinne, während Unternehmensführern vor allem die Aufgabe zukommt, Konzepte zu erstellen, den Betrieb zu leiten und die berühmte Verantwortung zu tragen, was sie umso bereitwilliger tun, je höher die Boni ausfallen, die sie dafür einstreichen.

Eine Ideologie ist dieser Mythos insofern, als das Theoriegebäude, wie es der Philosoph Terry Eagleton formuliert hat, »deshalb errichtet und dogmatisch vertreten wird, um weitere Reflexionen und kritische Nachfragen zu verhindern.« Wer von Meritokratie spricht, tut genau dieses. Die Idee der Meritokratie basiert auf einem fatalen Missverständnis. Jeder dürfte es aus seinem privaten Umkreis kennen, es sind fast nie die wirklich Besten, die oben ankommen. Erfolgreich ganz oben zu stehen, muss keineswegs heißen, zu den Tüchtigen zu gehören oder sich auch nur ansatzweise um das Gemeinwesen verdient gemacht zu haben. Anhänger der Meritokratie werfen das nur allzu gerne in einen Topf, oder sie verwechseln absichtsvoll diejenigen, die Erfolg haben, mit denen, die den Erfolg auch verdienen. Am Ende ist die Meritokratie recht schnell nicht mehr als die Ideologie einer rücksichtslosen Plutokratie, die versucht, sich moralisch zu legitimieren.

Wie bei jeder Ideologisierung, so leistet auch hier ein geschmeidiges Scheinargument einer Scheinwahrheit Vorschub, an der jedoch nicht gerüttelt werden soll. Wo die Idee herrscht, die Tüchtigen würden auch oben stehen in einer Gesellschaft, entsteht schnell die Idee, wenn einer oben ist und viel Reichtum angehäuft hat, muss er auch zwangsläufig einer sein, der etwas Großes geleistet hat. Wohlstand entsteht durch harte Arbeit, lautet dann das Leistungsnarrativ. In Wirklichkeit werden aber die wenigsten reich, weil sie viel arbeiten, sondern »weil sie viel erben und viel zocken«, schreibt der ehemalige nordrhein-westfälische Finanzminister und ehemalige SPD-Vorsitzende Norbert Walter-Borjans in seinem Buch »Steuern – Der große Bluff« (2018). Man kann durch höchst anrüchige Geschäfte sehr reich werden, dazu Kapital durch effektive Steuerflucht einbehalten, und man muss dazu nicht einmal unbedingt kriminell werden. Zum Beispiel indem man als Hedgefonds-Manager spekuliert und seinen Erstwohnsitz nach Liechtenstein verlegt. Das hält aber viele Hasardeure oder Glückspieler, die durch puren Zufall oder sogar durch dubiose Geschäfte an viel Geld gekommen sind, nicht davon ab, für sich zu beanspruchen, dass sie ganz und gar zu Recht nach oben gekommen sind, weil sich Leistung eben lohne – und sie so ganz zu Recht als Tüchtige dort stehen, wo sie stehen.

Gerade Superreiche, wie etwa der Firmeninhaber und Milliardär Günter Wild erzählen immer wieder gerne, sie hätten ihren Reichtum nur durch harte Arbeit erzielt. Wenn sie, wie in einer Dokumentation des ZDF von 2023, befragt werden, ob so viel Geld zu besitzen denn okay sei, blicken sie fast schon gekränkt zu Boden. Beim Aufkommen der leisesten Zweifel an der moralischen Legitimität von so viel Reichtum wird schnell von einer Neidkultur gesprochen, die in Deutschland herrsche. Gerne verweist man dann auf die Vereinigten Staaten, wo man selbst unfassbaren Reichtum offenbar von vollem Herzen gönnen könne, während man hier so oft so bösartig mit den wahren »Leistungsträgern« umginge.

Die Meritokratie folgt der Idee, dass die, die herrschen, sich durch persönliche Verdienste, also verdientermaßen durchgesetzt haben. Davon abgesehen, müsste erst einmal geklärt werden, was »besondere Verdienste« genau sind. Ein zentrales Problem liegt darin, dass die offene Gesellschaft große Räume obwaltender Geschmeidigkeit schafft, innerhalb derer auch Akteure ohne jeden Verdienst in gesellschaftlich sehr hohe Positionen rücken können. Die Erfahrung lehrt immer wieder, im liberalen Kapitalismus kann man es sehr weit bringen, allein dadurch, dass man Leistung imitiert, ohne sie wirklich zu erbringen.

Von einem »High Performer« zu sprechen, ist ein schönes Beispiel dafür, wie sich in der Sprache der Betriebswirtschaft die Verwechslung von Reichtum mit Leistung verfestigt hat. Unter einem »High Performer« versteht man in der Welt der Unternehmen nicht etwa einen besonders unseriösen Schaumschläger, sondern einen Leistungsträger. Der Begriff »performen« wird hier nicht mehr als die Kunst der Selbstdarstellung im Betrieb verstanden, sondern steht dafür, dass einer Verantwortung übernimmt, Entscheidungen trifft, für die Firma die ganz großen Fische an Land zieht. Es ist hier der Unterschied zwischen Substanz und Form, zwischen Sein und Schein vollkommen verloren gegangen, zumal man ja unter »Performance« eine Darstellung versteht, in der einer eine bestimmte Rolle spielt, eine Stimmung oder eine Gefühlslage imitiert, einen Vortrag hinlegt, dessen primäre Aufgabe es ist, *nach außen eine Wirkung* zu erzielen, ganz egal, ob etwas Substanzielles dahinter steckt oder nicht. In der Wirtschaftswelt ist daher derjenige, der den dicken Maxe macht, offenbar identisch mit dem, der auch für maximalen Profit sorgt. Hier lässt sich besonders gut die völlige Entleerung eines Leistungsbegriffs erkennen, der tatsächlich mit Qualität oder echter Wertschöpfung nichts mehr zu tun hat. Ganz genauso nennt man in der Welt der Unternehmen mit Selbstverständlichkeit denjenigen, der weniger lukrativ wirtschaftet, den »Low Performer«.

Man kann in dieser Gesellschaft entweder eine reale Position ausfüllen, die sozial anerkannt ist, um seine Interessen zu verfolgen und seine Ziele zu erreichen. Wenn man diese Position nicht innehat, bleibt, sich wenigstens so zu inszenieren, dass man von den anderen dafür gehalten wird – so verfuhren etwa Romanfiguren wie der Hauptmann von Köpenick oder Felix Krull oder in der Realwelt zuletzt der Unternehmer René Benko, eine Art moderne Variante von beiden. Wenn alle Stricke reißen, kann man immer noch so tun, als hätte man eine bestimmte Position inne, man simuliert. Eine große Chance, dass diese soziale Strategie aufgeht, hat man immer, weil sich Menschen mit hoher Wahrscheinlichkeit genauso willfährig verhalten, als wenn man wirklich ein Hauptmann oder ein Spitzenmanager wäre. Die Verlockung der puren sozialen Imitation ist dabei so groß, weil sie allen offensteht. Wenn man also nicht wirklich über hohe Verdienste verfügt, bleibt einem immer noch, sich so geschmeidig zu inszenieren, als habe man sie tatsächlich schon errungen. Dieser Gedanke steckt in dem Aphorismus von La Rochefoucauld: »Die Welt belohnt den Anschein des Verdienstes eher als das Verdienst.« Bei Honoré de Balzac steht ganz entsprechend zu lesen: »Die Frage des Anzugs spielt außerdem eine bedeutende Rolle bei denen, die den Anschein erwecken wollen, als besäßen sie, was sie nicht besitzen, eine Haltung, die oft das beste Mittel ist, um es später wirklich zu besitzen.« Wie sehr entkoppelt das Kapital der Ehre von tatsächlich erbrachten Leistungen sein kann, zeigen auch viele andere Beispiele. Attribute von Rang und Ehre können immer Ausdruck echter Rangpositionen sein, sie können aber auch nur gefakt sein. Das eine Mal ist es ein Rangsymbol wie ein Orden oder eine Uniform, das andere Mal wird der Rang zum Attribut des Rangsymbols, wie es der Pädagoge Hansjosef Buchkremer in seinem Essay »Ehrgeiz« formuliert hat.

Geschmeidigkeit und der kategorische Imperativ

Soziale Strategien der Gegenwart sind moralisch sehr unterschiedlich ausgerichtet. Welche moralisch legitim sind und welche nicht, darüber herrscht keine Einigkeit. Manche, die etwa auf den Erwerb von Bildungsdiplomen zum Aufstieg setzen oder solche, die über Leistung versuchen, Erfolge zu erzielen, spiegeln die Möglichkeit wieder, im gleichen und fairen Wettbewerb der demokratischen Gesellschaft vorwärtszukommen. Aber nicht alle tun dies. Viele widersprechen, genau besehen, dem, was Kant den kategorischen Imperativ genannt hat. Wenn man nur nach den Maximen handeln solle, »durch die du zugleich wollen kannst, dass sie ein allgemeines Gesetz werden«, dann müssten sich viele Manager und Großaktionäre andere Geschäftsfelder suchen, um zu Wohlstand zu kommen. Auch die Kant'sche Forderung, dass in unserem Handeln der andere nie ein Mittel sein solle, nie instrumentalisiert werden solle, sondern immer nur als ein eigener Zweck erscheine, ist in vielen angewandten und legalen sozialen Strategien des modernen Kapitalismus nicht mehr erfüllt. Gut ist dort weitaus eher, was sich schlicht rentiert.

Die Überzeugung und Handlungsweise, die ihr folgt, verletzt oft den kategorischen Imperativ. Es scheint fast, er hat im Neoliberalismus ausgedient. Es geht nicht mehr darum, dass die Maxime des eigenen Handelns zum Vorbild für andere wird, sondern gut ist alles, was erlaubt ist. Die Grenzen zieht immer häufiger nicht mehr eine für alle verbindliche Ethik, sondern das Strafgesetzbuch, und wenn man sich nicht erwischen lässt, nicht einmal dieses. Der Neoliberalismus folgt keiner liberalen, sondern einer libertären Moral. Aber die ist ein Paradox. Sie gründet in einer Ethik, die auf Thomas Hobbes zurückverweist und auf seine

Beschreibung eines sozialen Urzustands, in dem der Mensch dem Menschen nur ein gefräßiger Wolf ist. Der einzige Unterschied: Im Zeitalter der »neoliberalen Moral« ist die Gewalt monopolisiert, dem Wolf sind die Zähne direkter körperlicher Gewalt gezogen.

Heute wird auch in vielen Formen der Geschmeidigkeit der kategorische Imperativ unterlaufen. Aber warum? Es ist das Ich, das sich immer stärker ausdehnt, das in den Raum der Moral übergreift und sein eigenes Recht beansprucht. Der Individualismus scheint den Menschen nicht, wie in Kants Mündigkeitsbegriff immer mitgedacht, zu mehr Verantwortung den anderen gegenüber zu befähigen, sondern zu mehr Selbstsucht, die jedoch freilich von einer Moral der Selbstgerechtigkeit abgesichert wird. »Reichtum kann dann gerechtfertigt sein«, schreibt der Philosoph Christian Neuhäuser in seinem Essay »Wie reich darf man sein?« (2019), »wenn er tatsächlich auf eigener Leistung beruht.« Unterschlagen wird in der kapitalistischen Ideologie jedoch völlig, dass Reichtum ab einer gewissen Höhe immer ungerecht ist. Über Superreichtum zu verfügen oder Milliardär zu sein, ist immer unmoralisch, argumentiert er, weil solch ein Reichtum »nie wirklich auf eigener Leistung beruht, ja: gar nicht beruhen kann.« Dies zu verschleiern, ist aber die erste Aufgabe der neoliberalen Ideologie und daher vielleicht der kühnste und umfassendste Zug, den Geschmeidigkeit heute ausführen kann.

Die Diktatur des sozialen Funktionalismus

Es gibt verschiedene Weltanschauungen der Mitglieder in einer demokratischen Gesellschaft. Sie münden in zwei grundsätzlich verschiedene Zugänge zur Welt und Strategien des Lebensglücks. Entweder man versucht, die demokratischen Werte hochzuhalten, die man begrüßt, und kritisiert andere, die dies nicht tun. Man kämpft sozusagen nicht nur für sich und sein Fortkommen, sondern immer auch dafür, dass die regelbasierte demokratische Grundordnung, die Fundamente von Freiheit, Gleichheit und Gerechtigkeit eingehalten, die Regeln und die Ordnung, der man seine Freiheit verdankt, bewahrt und gefestigt werden. Oder aber man hat den Glauben an diese Werte aufgegeben und schert sich nicht mehr sonderlich um die Spielregeln. Dann ist die demokratische

Gesellschaft schlicht ein Übel, das es hinzunehmen gilt, oder eher ein Hindernis der eigenen Ambitionen, jedenfalls nichts, wofür man überaus dankbar sein möchte.

Eine Weltanschauung, in der das Ich für das eigene Fortkommen wie in einem Ego-Shooter-Spiel alles aus dem Weg räumt, was nur möglich ist, um an sein Ziel zu kommen, könnte man eine rein funktionalistische nennen. Sie hat die Überzeugung hinter sich gelassen, dass es soziale Werte gibt, die über den individuellen Erfolg hinausragen. Mag sein, dass man diese Regeln kennt, aber sie haben für einen selbst keine normative Kraft, die Welt ist eh nicht mehr zu retten. Wir müssen diese demokratische Grundordnung akzeptieren, sagen die Vertreter dieser fatalistischen Weltanschauung, aber lieben tun wir sie nicht. Viel wichtiger ist ihnen eine instrumentelle Intelligenz anzuwenden, die Wege in diesem Dunkel aufzeigt, wie man trotz allem am besten an die Fleischtöpfe kommt und für sich dennoch nur das Beste herausholt. Die Spielregeln muss man zwar einhalten, um nicht aus dem Verkehr gezogen zu werden, die ganze freiheitlich-demokratische Grundordnung hat für solche Menschen aber keine sonderlich schützenswerten Qualitäten.

Wenn man diese beiden Weltanschauungen oder Einstellungen zum eigenen sozialen Selbstverständnis betrachtet, dann scheint es heute so, dass es von Vertretern der zweiten Sichtweise immer mehr zu geben scheint. Geschmeidigkeit ist eine soziale Strategie, die sich darauf kapriziert, wie man »elegant«, »reibungslos« und »störungsfrei« ans eigene Ziel kommt, der solidarische Gedanke spielt dabei keine sonderlich große Rolle mehr. Dem entspricht auch, was empirische Studien gezeigt haben. So hat die Entwicklungspsychologin Andrea Kleeberg-Niepage von der Universität Flensburg in ihren Untersuchungen zu »Zukunftsvorstellungen von Kindern und Jugendlichen im interkulturellen Vergleich« nachweisen können, dass gerade viele Angehörige der Generation, die mit dem Internet aufgewachsen ist, in großem Maße, Protest und Eigensinn vermissen lässt, dafür aber umso mehr einen ausgeprägten Sinn für einen neuen sozialen Funktionalismus an den Tag legt. Man erkenne, resümiert sie in einem Interview zu ihrer Studie, zwar durchaus, wie und wo sich die Gesellschaft falsch entwickle. Aber das münde aber nicht in einen Kampfgeist, der die Verhältnisse verändern will, »sondern vielmehr in Strategien, trotz aller Widrigkeiten die eigenen materialistisch-bürgerlichen Ziele zu erreichen«.

In der Gesellschaft der Geschmeidigen scheinen soziale oder ökonomische Ungerechtigkeiten nicht mehr so sehr Gegenstand von Kritik zu sein, sondern werden mehr und mehr als unabänderliches Übel hingenommen. Die Idee, durch Überwindung von Missständen Fortschritte zu erzielen, wird zunehmend ersetzt durch immer mehr persönliche Anstrengungen, das eigene Strategieverhalten zu perfektionieren, zu intensivieren und bei bestehenden Missständen durch Anpassung an ein Ziel zu kommen, das selbstverständlich ein individualistisches ist und kein kollektives. Man versucht nur mehr, das Spiel anzunehmen und es zu gewinnen. Es wäre aber nicht so, dass man die neuen Spielregeln unbedingt als legitim erachten würde, es ist vielmehr so, dass man die Frage nach der Legitimität gar nicht mehr stellt.

Dazu passt die Beobachtung, dass in der Generation der Jüngeren, die man auch die Generation Z nennt, in den letzten Jahren eine kollektive Überzeugung verloren gegangen zu sein scheint, die als Gründungsmythos einmal die gesamte Geschichte der Bundesrepublik durchzogen hat und das Denken der überwiegenden Mehrheit der Bevölkerung bestimmte. Es ist dies die sozialharmonische Vorstellung, man müsse nur gut in Ausbildung und Studium investieren, eine gewisse Zeit lang hart arbeiten, und dann würde sich ein Leben in Wohlstand und Bequemlichkeit einstellen. Mit den Krisen der 2020er-Jahre ist dieser Glaube in die eigene Selbstwirksamkeit jedoch stark erschüttert worden. Umfragen im Frühsommer 2024 zeigten, dass nun auch die Generation im Alter zwischen 20 und 30 Jahren bei Wahlen vermehrt rechtspopulistischen Parteien wie der AfD ihre Stimme gibt. Immer mehr junge Menschen geben zusehends etwa den Traum vom Eigenheim auf, weil sie merken, dass er sich wirtschaftlich nicht mehr realisieren lässt. Sie fühlen sich zusehends um die eigene Zukunft geprellt und wissen offenbar keinen anderen Ausweg mehr, als in eine fundamentale Protesthaltung zum politischen System überzugehen.

In Zeiten, in denen die Selbstwirksamkeit verloren geht, spielt die Geschmeidigkeit eine noch wichtigere Rolle. Sie erscheint nun als allgegenwärtige Form der Zielstrebigkeit, die die alte Kritik, das zivile Engagement und den politischen Kampf abgelöst hat und sich nun überall durchsetzt, um Vorteile für die private Lebensplanung zu erzielen. Man merkt, man muss es jetzt selber in die Hand nehmen, und fängt an, sich die neuen Spielregeln fernab der alten Pfade anzueignen.

Wenn man in der Geschichte der geistigen Bewegungen zurückgeht, ist dieser Funktionalismus bereits im Neoliberalismus angelegt. Dieser wiederum hat seine geistigen Grundlagen in der alten protestantischen Ethik, die als moderne Leistungsethik, flankiert von einer Leistungsmoral, bis heute das moderne Leben nachhaltig bestimmt. Nicht mehr so sehr der »Schweiß im Angesicht« nach getaner Arbeit entscheidet über die moralisch richtige Lebensweise, sondern der dabei erzielte Erfolg, Reichtum und materielle Güter anzuhäufen, also das sichtbare Ergebnis. Im Neoliberalismus spitzt sich diese Ethik zu. Alles, was zum Zweck des sichtbaren, erfolgreichen Lebens unternommen werden kann, nimmt in der individuellen Strategieplanung immer mehr Raum ein, Erfolgsorientierung dehnt sich aus, die Strategien werden omnipräsenter, sie werden raffinierter, kruder, allgegenwärtiger. Mit der Geschmeidigkeit ist der Neoliberalismus im Charakter der Menschen angekommen, er hat sich dort eingenistet, verfestigt und ist zu einer Handlungsdisposition geworden, die ständig abrufbar ist und dem sozialen Handeln die Richtung weist.

Übergreifen der kapitalistischen Geschmeidigkeit

Die Moderne, so hat Max Weber gesagt, charakterisiere das Vordringen von immer mehr geschäftsmäßigen, rein sachlichen Beziehungen zwischen den einzelnen Mitgliedern einer Gesellschaft. Weber hat schon in seinen Schriften zur »Protestantischen Ethik« beklagt, dass sich moderne Gesellschaftsbeziehungen in einem hohen Maße rationalisieren und dabei »an-ethisch« werden, also nicht mehr durchdrungen seien von ethischen Komponenten. Auch einst persönlich durchgeformte Beziehungen werden mehr und mehr zu reinen Geschäftsbeziehungen. Geschmeidigkeit, so kann man heute hinzufügen, ist, was solche rein sachlichen Beziehungsformen in immer stärkerem Maße regiert. Mit ihrer Hilfe gelingt es, auch eher unerfreuliche, aber unvermeidbare Kontakte sogar so elegant zu lösen, dass sie für die eigenen Interessen produktiv werden. Der Geschmeidige ist ein Mensch, der seine Geschmeidigkeit immer mehr nur denjenigen angedeihen lässt, die er für sein Fortkommen auch benötigt. Nicht, dass er zu all den anderen ablehnend eingestellt wäre, aber sie sind ihm gleichgültig.

Heute kommt hinzu, dass sich diese Tendenzen mit der Entwicklung eines globalen Neoliberalismus noch verschärfen. Dieser hat in den letzten Jahrzehnten immer stärker die Auffassung durchgesetzt, wonach gute Politik sein soll, allein was der Wirtschaft nutzt. Eine solche Idee führt aber nicht nur zu ökonomistisch verengten Politikkonzepten, die zur Aushöhlung, ja Gefährdung der sozialen und kulturellen Fundamente der Demokratie führen, sondern auch dazu, dass die neoliberale Ideologie immer gnadenloser auf Bereiche übertragen wird, die jenseits des Wirtschaftens liegen. Die Soziologin Eva Illouz hat in ihren Büchern davon gesprochen, dass heute selbst die einst noch romantische Welt der Liebesbeziehungen und Partnerschaften »kapitalisiert« und von ihren Anwärtern nach rein ökonomischen Gesichtspunkten organisiert wird. Ganz generell sind heute immer mehr Interaktionen »marktbasiert«, so drückt denselben Sachverhalt Christian Neuhäuser aus. Wenn man diese Annahme teilt, ist es nicht weit zur Erkenntnis, dass gerade im modernen Kapitalismus, der so sehr auf *Soft Skills* und Überzeugungskünste, auf Marketing und Public Relations setzt, die ökonomische Geschmeidigkeit immer weiter um sich greift. Sie wird zur Schlüsseltugend, um im kapitalistischen Wettbewerb zu reüssieren. Aber nicht nur, in der Gesellschaft der Gegenwart findet man immer mehr ursprünglich ökonomisch-funktionalistische Strategien auch dort vor, wo es gar nicht ums Geschäftemachen geht. Es scheint, die typisch kapitalistische Geschmeidigkeit hat alle Lebensbereiche der modernen Gesellschaft kolonialisiert und tritt nun vor allem dort zu Tage, wo es um das Verfolgen eines Zieles geht, das man ganz allgemein das erfolgreiche Leben nennen kann.

KAPITEL 4

DIE GESELLSCHAFT DER GESCHMEIDIGEN – FUNKTIONALISMUS UND INDIVIDUALISMUS

Was ist Individualismus?

Geschmeidigkeit entwickelt sich als sozialevolutionäres Phänomen nicht nur in der Sphäre des menschlichen Wirtschaftens. Sie wird seit ihren Anfängen auch aus einer nicht minder kräftigen Quelle gespeist, die mit der ökonomischen Entwicklung eng verbunden ist: der Entwicklung des Menschen als Individuum. Am Ende der Idee des abendländischen Individualismus, so lautet die These, steht nicht allein der selbstbestimmte, sondern der geschmeidige Mensch. Er verkörpert ein Konzept, in dem Selbstbestimmtheit und sozialer Erfolg vereint sein sollen.

Bis heute ist die Prozessgeschichte des Individualismus nirgendwo eindrucksvoller beschrieben worden als in den Schriften von Georg Simmel. Er war einer der ersten Soziologen, der die Entwicklung des Selbst systematisch aus der Geschichte der Moderne herausentwickelt hat. Als eine erste frühe Form des Individualismus, die noch sehr zeitnah an seiner Geburtsstunde in Renaissance und Humanismus liegt, erkannte er eine spezifisch individuelle Eigenart, die sich aus der Schnittmenge einzelner traditioneller Kreise und gesellschaftlicher Zugehörigkeiten ergab und so in ihrer einzigartigen Kombination eine frühe Form von Individualität konstituierte, die jedoch noch kein eigenes inneres Gesicht aufwies. Als »quantitativer Individualismus« ging diese frühe, ursprünglich Kant'sche Idee auch in Simmels Wissenschaft vom Menschen ein, wobei er ihn als nur »quantitativ« definierte, »weil er im Grunde genommen nur dasjenige an den realen Subjekten berücksichtigte und praktisch gelten ließ, was diese mit allen anderen Menschen verbindet und sie als vernunftbegabte Inkarnation des ›allgemeinen Menschen‹ als dem eigentlichen Subjekt der Weltgeschichte in aufklärerischer Absicht erscheinen lässt«, wie der Kultursoziologe Klaus Lichtblau in seiner Einführung zu Simmel schreibt (1997).

Dieser frühe Individualismus ist eine Vorstufe, er ist noch unvollendet. Bald aber wird er überwunden, angetrieben von der tiefen Sehnsucht nach einem persönlichen, ganz eigenen Lebensstil und genauso einem ganz persönlichen Suchen und Ausleben eines ebenso einzigartigen, unverwechselbaren Lebenssinns. Ein neues, umfassenderes Verständnis von Individualität setzte sich nun durch, das im Grund auch noch das heutige ist, indem es »sich auf die unverwechselbare Eigenart des einzelnen Menschen bezog und insofern nicht mehr ohne Weiteres zur Grundlage eines allgemeinen Sittengesetzes gemacht werden konnte.« Simmel nennt es nun den »qualitativen Individualismus«. Er prägt vor allem die Geistesgeschichte des 19. Jahrhunderts, und es ist schließlich Friedrich Nietzsche, der das neue Konzept vom »Individualismus als Differenz« entwirft und es als höchsten Lebenssinn verabsolutiert. In seinem Werk wird die Idee von einem Individualismus der Einzigartigkeit so weit überhöht, bis sie mit einem Ideal der »heldenhaften Vornehmheit« verschmilzt. Dieser Individualismus folgt nun einem Ideal, das »auf der aristokratischen Distanzierung des Einzelnen von der Masse beruht und jede Art des Vergleichs mit dem gemeinen Menschen kategorisch ablehnt.« Nietzsche fordert einen Individualismus, der auch noch die letzte Maske einer Rolle ablegen soll, ja sich im Bekenntnis zur Maskenlosigkeit erst erfüllt. »Die vollkommene Vornehmheit in sittlicher und in geistiger Hinsicht verschmäht jedes Verbergen, weil ihre innere Sicherheit sich gleichgültig dagegen macht, was andere von uns wissen oder nicht wissen, ob sie uns richtig oder falsch, hoch oder niedrig schätzen«, formuliert er und weiter: »Die Maske des wahrhaft Vornehmen ist, dass die vielen ihn doch nicht verstehen, ihn sozusagen überhaupt nicht sehen, auch wenn er sich hüllenlos zeigt.« Nietzsches Idee ist die Fantasie eines Philosophen, in der Realität entspricht ihr jedoch kaum einer. Am ehesten noch die Künstler, Exzentriker, Intellektuellen und ein paar, heute würde man sagen, »Abgehobene«. Für die breite Masse ist er ein Typus, der unerreicht bleibt, und wer sich ihm doch anzunähern versucht, wie Nietzsche selbst, zahlt den hohen Preis einer nur allzu bodenlosen und bitteren Einsamkeit.

Folgt man der Entwicklung des Individualismus bis in die Gegenwart weiter, fällt auf, dass sie nicht nur die Erfolgsgeschichte einer Befreiung beschreibt, sondern, ganz ambivalent, auch jene ganz und gar repressiven Kräfte, die ihm bald in seiner innersten Idee zusetzen. Der Individualismus tritt an, den Menschen zu befreien, und stößt ihn in neue Knechtschaft. Er befreit das Selbst, bringt es aber bald in neue Nöte, die dem Einzelnen nicht minder zusetzen als etwa die Gefangenschaft in alter Zeit. Denn aus einer Befreiung entsteht ein herrischer Selbstanspruch. Man *darf* sich nun endlich nicht nur verwirklichen, man *muss* es. Einzigartigkeit ist nicht nur die befreiende Konsequenz der Selbstentfaltung, sondern sie gerät zur Norm, die es zu erreichen gilt. Sie wird zur Pflichtaufgabe eines gelungenen Lebens in der Moderne.

Bei den vereinzelten Wenigen, die in sich eine große innere Fülle versammeln, bei denen etwas endlich ausbrechen dürfen soll, was da so schmerzhaft zurückgehalten werden musste, und die tatsächlich noch so sehr gelitten haben unter dem Joch der traditionellen Beschränkung, ist diese Bewegung ein Segen. Aber es gibt viel mehr von jenen, bei denen dies ganz und gar nicht so ist und die bald überfordert sind. Sie ziehen sich jedoch nicht mehr einfach zurück und überlassen den Tanz der Selbstentfaltung auf dem sozialen Parkett den wenigen Virtuosen, sondern als Gesellschaftsideal setzt diese Entwicklung auch sie alle unter Druck. Auch der normale Bürger spürt, einem Statement zu diesem Thema entgeht keiner mehr. Wenn da aber nicht viel ist, was man selber in seinem Repertoire der Individualität vorrätig hat, um es nach außen bringen zu können, dann bleibt nur noch, sich dorthin zu wenden, wo Modelle vorgefertigter Individualität angeboten werden. Man schaut nach links und nach rechts, wie es der Nachbar macht, oder begibt sich auf den Markt der Selbstentwürfe und sucht sich etwas Passendes aus. Die Option, sich ihr zu entziehen, gibt es im Zeitalter des Individualismus nicht mehr. Das individualistische Statement ist ein Erfordernis für jeden. Auch derjenige, der da wenig selbst zu entfalten hat, steht in diesem Wettbewerb, etwas aus sich zu machen. Und das betrifft dann auch all diejenigen, die mangels Fantasie zu standardisierten Formen greifen. Auch der einfache Mann ist heute dazu verdammt, seine Individualität zu inszenieren und nach außen zu kehren. Er ist es sich und den anderen schuldig.

Heute lassen sich individualistische Strategien in solche unterschieden, wonach es sozusagen am *High End* der Skala Entwürfe von Individualität gibt, die sich nach einem weitgehend selbstbestimmten Programm vollziehen und das Leben danach einrichten. Am anderen Ende gibt es aber sehr viele, die gängig und »angesagt« sind und denen vor allem die Funktion zukommt, die Mehrheit von diesem neuen Druck zu entlasten. Das betrifft all jene, die man die »konfektionierten Individualisten« nennen könnte. Unter diesen gilt es wiederum zu unterscheiden zwischen jenen, deren privilegierte Stellung in der Gesellschaft es ihnen erlaubt, raffiniertere statusträchtige Inszenierungsformen zu wählen, und solchen, die, mangels kultureller Erfahrung und Know-how, die prestigeträchtigen Symbole des angesagten individuellen Lebensstils verpassen.

Aber in beiden Fällen gilt, bei aller Befreiung des Ichs: Trotz aller praktischen Demokratisierung und Individualisierung der Gesellschaft macht sich am Ende nicht allein Selbstbestimmung, sondern eine neue Uniformierung breit, die zwar an der Oberfläche ganz anders, nämlich bunt und vielfältig erscheint, im Kern aber mit der alten überkommenen viel mehr gemein hat, als auf den ersten Blick ersichtlich ist. Bestimmte angesagte Formen, Individualität zu inszenieren, Formen, die bestimmt werden von den kulturprägenden dominanten Ideologien, ersetzen die alten. Die Gesellschaft ist nicht mehr grau, sondern gibt sich einen Anstrich von Farbigkeit, der aber so zwingend wird, dass darin kein wirklicher innerer Gewinn für das Individuum begründet liegt.

In aller Individualisierung scheint eine Falle eingebaut zu sein, der kaum einer entgeht. Je mehr er sich entfaltet, je mehr sich der Einzelne zu sich bekennt und sich befreit, desto mehr tendiert er dazu, sich zu verlieren. Auch Erich Fromm argumentiert in seinem Werk »Die Furcht vor der Freiheit« von 1941, dass der Prozess wachsender individueller Befreiung einen dialektischen Charakter habe. Zur wachsenden Autonomie komme wachsende Isolation. Je mehr sich die Individualisierung fortsetze, desto unheimlicher würde jedem Einzelnen diese eigene Freiheit, die er da gewonnen hat. Die Unsicherheit über den frei gewählten Weg würde größer, das Bedürfnis auch, die Gemeinschaft zu anderen und neue Konformität zu suchen. Am Ende nähert sich der Prozess einem Umschlagpunkt, an dem die Selbstbefreiten wieder einer neuen Form der Konformität in die Arme laufen. Der Weg in eine neue Form von Anpassung ist ja auch nicht weit und plötzlich wieder sehr verlockend. Denn die alte Konformität zeigt nun ihre verborgenen Qualitäten: Sie kompensiert die Schattenseiten von Freiheit, nämlich Unsicherheit, Haltlosigkeit und Einsamkeit.

Die Befreiung aus der restriktiven christlich-bürgerlichen Moral, die die Freiheitssphäre des Einzelnen stark beschneidet und letztlich umso lebensfeindlicher empfunden wird, je mehr sich in den einzelnen Individuen die Idee eines selbstbestimmten Lebens als praktischer Entwurf durchsetzt, verläuft schließlich ganz anders, als sich das viele überzeugte Individualisten gedacht haben. Auch in Friedrich Nietzsches Werk bleibt eine bittere Note zurück, auch seine Idee scheint unvollendet. Er, der einen radikalen Individualismus verficht, dem er sich auch selbst höchstpersönlich verpflichtet fühlte, hat es am eigenen Leib gespürt. Ich kann auch ohne Euch! Wirklich? Im Grunde regiert auch noch den höchsten aristokratischen Individualismus nietzscheanischer Ausprägung, also jenen vornehmen Charakter des Übermenschen aus der Welt des Zarathustra, eine überall vernehmbare Eingeschnapptheit, oder mehr noch, eine ausgewachsene Verzweiflung, die so lange anhält, bis einer endlich dafür bewundert wird, was er für ein toller Hecht ist. Dass da einer wirklich nur sich gehorcht, weit über der Herde trabt und nur seiner Individualität frönt, dabei vor lauter Selbsterfüllung nur von glücklichen und unbeschwerten Gefühlen umfangen ist, das kommt bei Nietzsche nicht vor. Die eigentümliche Leerstelle seiner Lehre ist da, wo dieses Wesen für seine aristokratische Gesinnung keinerlei Gratifikation erhält, wo die Belohnung ausbleibt, solch ein höheres Wesen zu sein, fast schon ein menschliches Kunstwerk. Nur einsam in den Engadiner Bergen vor sich hin zu stolzieren, das ist eine triste Angelegenheit. Ohne Applaus ein Trauerspiel.

Das Ende der Entwicklung ist ein fehlgeleiteter Individualismus. Denn von der Einsamkeit, in die diese Befreiung den Einzelnen gestürzt hat, will man erlöst sein. Der Notausgang ist schnell gefunden. Der individualistische Virtuose landet am Ende fast zwangsweise bei Formen von Individualität, die sozial gefallen wollen. Man orientiert sich in der eigenen Inszenierung nicht so sehr an einem wie auch immer für sich selbst gebotenen Selbstausdruck, sondern daran, wie gut oder schlecht der eigene Auftritt von Individualität bei anderen ankommt. Angepeilt wird nicht der exzentrische Auftritt, sondern maximale Wertschätzung. Wir wollen individualistisch sein, aber nur so lange, wie wir andere für uns einnehmen.

Etappen der Selbstentfaltung

Die tiefe Einsamkeit am Ende seiner Reise zum eigenen Selbst treibt den Individualisten zurück in die Konformität der Masse. Ängste und Überforderungen, wie sie in all den theoretischen Auslassungen zum Individualismus niedergelegt sind, verhindern letztlich echte Selbstbestimmung. Dazu kommt das tiefe Bedürfnis des individualistischen Menschen nach sozialer Anerkennung und Bestätigung seines Ichs, ein Bedürfnis, das noch fast jeden, auch noch den überzeugtesten Individualisten irgendwo korrumpiert hat. Der Individualismus als Idee der *Selbstbefreiung* ist mit dem großen Versprechen der Freiheit angetreten, stößt jedoch an mächtige Grenzen, er erweist sich als praktisch kaum umsetzbar.

Es kommt ihm in seiner Genese jedoch noch etwas Zweites in die Quere, was ihm nicht minder zu schaffen macht, was seine Durchsetzung als praktischen Lebensentwurf angeht. Eine Bewegung, deren Ursprung in der Eigendynamik der Individualisierung begründet liegt, und die ihn ebenfalls in die Irre führt. Gemeint ist der innere Prozess der *Selbstentfaltung* seit seinen Anfängen.

Das geschmeidige Ich steht am Ende einer Entwicklung, die mit der »Entdeckung des Ichs« ihren Anfang nahm. Die Entdeckung des *Ichs*, die Entdeckung subjektiver Eigenart, eines subjektiven, einzigartigen Willens und Strebens im Menschen, wird bald zur Entdeckung seines *Selbst*. Dieses Selbst wird in der Psychologie gemeinhin als das Wesen des Ichs bezeichnet, als das Innerste seiner Persönlichkeit. Die Geschichte der Entdeckung des Ichs ist die Geschichte von Entwicklungsphasen, in die der Mensch in Reflexion und Auseinandersetzung mit diesem innersten Selbst tritt – und sich immer wieder neu beobachtet und wahrnimmt. Die Verwandlung des Selbst von seiner Befreiung hin zu mehr Autonomie und Selbstbestimmtheit lässt sich rekonstruieren, wenn man nachvollzieht, welche Etappen die Selbstsuche durchlaufen hat, seit sich der Mensch auf den Weg gemacht hat, sein Inneres zu erforschen, zu finden und auszudrücken. In zarten Anfängen in der Antike, dann ganz vehement in Renaissance und Humanismus nimmt die Bewegung Fahrt auf.

Um diese gewaltige individualistische Revolution zu Beginn der Neuzeit zu begreifen, kann man sich etwa all jene berühmten Porträts von Hans Holbein, dem Jüngeren, vor Augen führen. Man versteht dann, wie aus Typen, Trägern von Würden, Ämtern und ständischen Merkmalen plötzlich lebendige Individuen mit unverwechselbarer Persönlichkeit werden. Mit dem Ich entdeckt der Mensch seine Eigenart, seinen ganz speziellen Charakter und seine spezifische Persönlichkeit, die es so nur einmal gibt. Der Entdeckung dieses Ichs folgt die Entdeckung des Selbst, also dessen, was ganz individuell am innersten Grund dieses Ichs liegt und seinen Kern ausmacht. Selbstentdeckung wiederum bedeutet, dieser Entdeckung vermehrte *Selbstaufmerksamkeit* (englisch *Self Awareness*) zu widmen, die immer wieder in erneute Selbstreflexion mündet. Die Suche nach diesem Selbst, seine ganze Vermessung und Erkundung kann man bis heute den Prozess der *Selbstfindung* nennen, ein Prozess, der gerade in einem Leben in moderner Zeit nie abgeschlossen ist und immer wieder neu einsetzt, wenn sich die Lebensumstände eines Menschen ändern. Heute fahren zu diesem Zweck junge Menschen nach dem Abitur ein Jahr lang nach Neuseeland oder nach Südamerika, oder sie nehmen eine andere Auszeit, ohne dass gesichert wäre, ob sie sich auch wirklich finden. Meint man aber, das Selbst gefunden zu haben, geht es sogleich darum, es zu verwirklichen. Dazu muss man erst einmal entscheiden, welchen Teil von sich es zu verwirklichen gilt, was erneute Selbstfindungsprozesse auslöst, bei denen nicht gesagt ist, dass diese immer in glückvollen Findungserlebnissen enden. Sicher ist, Verwirklichung braucht Beschäftigung mit sich selbst, Introspektion, Investition, und so geht Selbstfindung und -verwirklichung bald einher mit immer mehr *Selbstbezogenheit*.

Der Mensch will mehr von seinem Selbst erfahren, und was er dabei findet, will er nach außen tragen, sinnfällig machen, der Welt vorführen, denn nur das anerkannte Selbst ist ein zufriedenes, ein glückliches Selbst. So erklärt sich der gesteigerte Aufwand, den der moderne Mensch treibt, nicht nur zur Findung, sondern zur Entwicklung, Ausprägung, Vollendung dessen, was er da entdeckt. Aber Selbstäußerung bleibt nicht stehen, sondern ist ein dynamisches Geschehen, weil die gesellschaftlichen Normen und Ansprüche immer wieder zu mehr anspornen und verpflichten. Egal wie, aus der Möglichkeit zur Selbstäußerung entsteht bald ein intrinsisches Motiv, die eigene Einzigartigkeit herauszustellen, sie zu steigern und anderen immer wieder neu zu präsentieren. Diesen Prozess nennt man heute *Selbstoptimierung,* jene von einem immer höheren Anerkennungsbedürfnis angetriebene Arbeit am Selbst, die sowohl die Stärkung eigener Qualitäten umfasst wie auch den Versuch, jede auffindbare Schwäche zu beseitigen. Sie mündet bald darin, dass sich der Einzelne statt auf die Findung auf die Verbesserung, ja Veredelung dieses Selbst verlegt, um im Selbstausdruck immer größere Erfolgserlebnisse zu erzielen. Aber das ist ermüdend, oft frustrierend und führt nicht ohne Weiteres zu den ersehnten Resonanzerlebnissen, sondern immer öfter in persönliche Krisen und Depressionen, die der Soziologe Alain Ehrenberg in seinem Buch »Das erschöpfte Selbst« aus dem Jahr 1998 ausführlich beschrieben hat.

Selbstoptimierung wird dabei getriggert von zweierlei. Nicht nur von eigenen Ansprüchen, sondern von äußeren Kräften, die die moderne Gesellschaft entfesselt. Zum einen von einer wirkungsmächtigen Ethik der Leistungsgesellschaft, die noch immer, wenn auch nicht mehr im religiösen Gewand, wie einst im Protestantismus, dafür in einem modischeren säkularen Outfit auftritt, und den modernen Menschen auch in der entzauberten Welt fest im Griff hält. Zum anderen von einer hybriden Glückserwartung, die man an eine gelungene Selbstverwirklichung geknüpft hat. Glücklich zu sein, ist von einem einstmaligen Wunschtraum zum Pflichtprogramm des gelungenen Lebens in der Moderne geworden, das hat so drastisch der französische Essayist Pascal Bruckner in seinem Buch »L'euphorie perpétuelle. Essai sur le devoir de bonheur« (2000), auf Deutsch »Verdammt zum Glück. Der Fluch der Moderne«

beklagt. Von nichts aber mehr wird dieses Glück so sehr abhängig gemacht als vom Vermögen des Einzelnen, sich selbst zu sein, sich selbst zu verwirklichen und ein Leben zu führen, in dem man nur sich selbst entspricht. Das führt in einer Endlosschleife der Selbstoptimierung wieder und wieder zum Wunsch nach Perfektion und dieser zwangsweise zu einer strukturellen Überforderung. Überforderung führt bald zum Gefühl zu versagen, ungenügend zu sein, schließlich zu *Selbstablehnung*, diese wiederum zu erhöhtem Frust, dieser gleichwohl zu Ermüdung, aber zugleich zu neuer, gesteigerter Anstrengung, zu Verausgabung und diese zum erneuten Absturz: ein Teufelskreis.

Selbstverwirklichung war einmal eine Idee, die einen Selbstzweck bezeichnete. Heute scheint das Selbst zum Mittel geworden zu sein, das es stetig zu verbessern und zu optimieren gilt, um etwas außerhalb von ihm Liegendes zu erreichen. Es wird zu einem Mittel für ein gesellschaftlich definiertes gelingendes Leben, was aber nicht mehr viel mit dem eigentlichen Selbst zu tun haben muss, das da in einem schlummert, sondern eher mit gängigen Selbstbildern, die von der Gesellschaft entworfen und verpflichtend gemacht werden.

In der nächsten Stufe der Entwicklung, die nun schon sehr weit in die Gegenwart hineinragt, treten viele »Helfer des Selbsts« an, Ratgeber und Therapeuten, um das in Not geratene, erschöpfte oder auch verletzte Selbst wiederaufzurichten. Aber auch innere Kräfte gilt es, zur Selbstheilung zu aktivieren. Voraussetzung dafür ist, erst einmal ein gewisses Selbstmitgefühl in jedem Einzelnen zu wecken, denn es ist klar, auf Dauer können nicht nur externe Therapeuten das gebrochene Selbst aufrichten, der moderne Mensch muss lernen, dies selber in die Hand zu nehmen. Er muss lernen, sein immer wieder neu erschüttertes Selbst auszuhalten, es immer neu in Sicherheit zu bringen, es zu behüten und vor äußeren Angriffen zu beschützen. Er muss lernen, sich nicht zu vergeuden und zu erschöpfen, sondern sich aus dem Hamsterrad hinauszubewegen, seine Wunden zu lecken, sich selbst zu kurieren und zu pflegen. Diese Verinnerlichung der therapeutischen Hilfen für das angeschlagene Selbst mündet in eine Idee, die man heute *Selbstfürsorge* nennt, englisch *Self Care*. In der psychotherapeutischen Praxis ist sie in aller Munde, in einer florierenden Wellness-Industrie genauso.

»Self Care, als die zeitgenössische Idee von Selbstfürsorge ist zu einer bestimmenden Selbstreparaturtechnik unserer Zeit avanciert«, schreibt der Schriftsteller Daniel Schreiber. Sie »hat dabei weitgehend jene Vorstellungen von Selbstoptimierung ersetzt, die die populären psychologischen Diskurse lange bestimmt haben.« Self Care, das ist eine unklare Mischung aus vielerlei Elementen, Yoga, Techniken der Entschleunigung oder Meditationskurse zählen dazu, auf jeden Fall viele Praktiken, bei denen sich alles um die Heilung des Selbst dreht. Am Ende steht, wo so viel dem Selbst untergeordnet wird, schnell nicht nur immer mehr Selbstliebe, sondern bald auch eine Gefahr: die Neigung, sich in Selbstgefälligkeit zu verlieren, als überhöhte und verfehlte Form des Selbstbezugs. Wie sehr das eine ins andere gekippt ist, wie sehr Selbstbezug dysfunktional wird, das ist für viele Analysten längst zum Kulturproblem der Moderne geworden.

Resilienz als Notfallreserve der Selbstoptimierung

Selbstoptimierung ist ein Prozess, der vor nichts Halt zu machen scheint. Noch nicht einmal davor, sich selbst auszubeuten. Dies ist umso mehr dort erkennbar, wo alle Selbstverwirklichung an Grenzen stößt, äußere oder innere, ganz egal. Sie stößt an ihre Grenzen, wo zwei fundamentale Ideen der modernen Gesellschaft miteinander in Konflikt geraten. Das eine ist die Idee unbegrenzter individueller Machbarkeit, das andere jenes Ohnmachtsgefühl einer zusehends nachlassenden Selbstwirksamkeit in einem als krisenhaft empfundenen Umfeld.

In einer Zeit, in der jeder glaubt, das erfolgreiche Leben sei erreichbar, man müsse nur kräftig investieren und »daran arbeiten«, in solch einer Zeit wird die Idee des sozialen Erfolgs von einem Glückserlebnis zum Resultat einer erbrachten Leistung. »The pursuit of happiness« ist in der modernen Demokratie nicht nur eine Option, sondern ein Versprechen. Viele machen heute jedoch nur allzu schnell die Erfahrung, dass sich der Erfolg mit den üblichen Methoden nicht mehr ohne Weiteres einstellen will. Resignieren kommt jedoch nicht infrage, also fragen sie sich: Wie kann man noch mehr aus sich herausholen? Dies tut man am besten, indem man in sich noch mehr Ressourcen aktiviert und damit ausgleicht, was sich allein durch unermüdliche Leistung nicht einstellen will.

In diesem Zusammenhang gerät auf einmal ein Begriff ins Blickfeld, der heute mächtig Konjunktur hat und in aller Munde ist: die viel gepriesene »Resilienz«. Das Wort Resilienz, das übrigens wie die »Geschmeidigkeit« in ihrer ursprünglichen Bedeutung eine Materialeigenschaft beschreibt, ist heute überall anzutreffen. Sprach man anfänglich noch von resilienten Menschen, so inzwischen von resilienten Betrieben, Landschaften oder Versicherungspolicen. Ja, selbst für das Spielverhalten von Fußballmannschaften wird der Begriff inzwischen bemüht, etwa von Trainer Julian Nagelsmann, der der deutschen Fußballnationalmannschaft anlässlich der Europameisterschaft im Sommer 2024 »ein hohes Maß an Resilienz« attestierte.

Was man heute »resilient« nennt, ist längst nicht mehr allein, was es einmal bezeichnete, jene oft ungeahnte, aber in schweren Krisen mobilisierte innere Widerstandskraft von Menschen, nicht mehr die etwa von Viktor E. Frankl beschriebene Gabe mancher Menschen, die zum Beispiel den Holocaust überlebt, aber dennoch nicht ihre Lebensfreude verloren haben. Auch nicht mehr, pauschal gesprochen, die individuelle Fähigkeit, in sich mehr Widerstandskraft gegenüber schweren oder gar lebensbedrohenden gesundheitlichen Problemen zu entfesseln. Es geht nicht mehr um die inneren Kräfte der Gesundung, die man bei schwer traumatisierten Menschen beobachtet hat, die trotz großen Leids zurück ins Leben gefunden haben, die ihren Schmerz integrieren und gut weiterleben konnten – und die man erforscht, um herauszufinden, wie dieses tröstliche Vermögen nun auch auf andere von Lebenskrisen schwer gebeutelte Menschen übertragen werden kann.

Der Begriff hat eine Entwicklung genommen, die ihn aus seinem angestammten Gebiet der *Salutogenese* hinausgeführt hat und heute nur mehr eine Art Managerqualität bezeichnet, die sich durch ausdauerndes Training fast schon nach Belieben steigern lässt. So versteht man heute unter resilient eher das Vermögen, um des eigenen Erfolgs willens seine Grenzen zu verschieben und die eigene Leistungsfähigkeit immer größeren persönlichen Zielen anzupassen. Resilienz wird von einer psychischen Widerstandskraft zu einer physischen Notfallreserve für noch mehr Ausdauer umgedeutet, um im harten ökonomischen Wettbewerb mitzuhalten. Sie ist, so gesehen, zu einer Steigerungsform individueller Selbstausbeutung geworden, eine Form, die auch noch jene Bereiche für die Perfektionierung eigenen Verhaltens und Handelns erfasst, die aus Gründen gesundheitlicher Abträglichkeit einst noch tunlichst gemieden wurden. Das heute in aller Munde geführte Modewort von der Resilienz könnte man gut und gerne als die Fähigkeit definieren, sich auch dort noch geschmeidig zu erweisen, wo es wehtut.

Tatsächlich wird der Begriff in der Alltagspsychologie längst in diesem Sinn verwendet. Resilienz soll der Gegenbegriff zur Ausbeutung der Natur durch den Menschen werden. Dafür, so scheint es, wird nun der Mensch ausgebeutet, Resilienz wird als Quelle zusätzlicher Energie entdeckt, einsetzbar für die einzelnen Spieler im neoliberalen Überlebensmodus. Sie wird aktiviert, will man nicht nur in der täglichen Offensivperformance zu den Gewinnern zählen, sondern auch dann noch unversehrt bleiben, wenn der Wind des Lebens von vorne kommt. Sie ist die Fähigkeit, all die Rückschläge und Blessuren wegzustecken, die auf dem steinigen Weg zum großen Erfolg nicht ausbleiben. Im »Struggle of Life« geht es um wegschieben, weglächeln – und zwar auf doppelte Weise. Der so verstanden resiliente Aspirant im Spätkapitalismus überlebt nicht nur geschmeidig die bissigen Attacken seiner Konkurrenten, sondern trickst auch noch die eigenen Schutzmechanismen der Selbstausbeutung wie Burnout, Depression, Erschöpfung aus – und reüssiert. Resilienz wird von einer psychischen Widerstandskraft zur Kunst des Schmerzmanagements. Man kann auch sagen, sie ist Geschmeidigkeit, die auf dem Zahnfleisch daherkommt.

Von der Selbstfürsorge zum Selbstmitleid

Jedem Menschen, der ein schweres Trauma erlitten hat und auf einer Psychologen-Couch landet, wird man sagen: »Sie müssen in dieser schwierigen Situation mehr nach sich selber schauen, tun Sie sich etwas Gutes!« Der gute Umgang mit sich, wie die meisten psychologischen Methoden und Hilfestellungen, die einmal zur inneren Gesundung entwickelt wurden, sind zweifelsohne Errungenschaften. Wenn man etwa einer Landwirtin, die sechs Kinder großgezogen hat und deren Leben aus harter Arbeit bestand, nach einem schweren Bandscheibenvorfall, Depressionen und Selbstvorwürfen sagt, sie müsse jetzt besser für sich selber sorgen, dann drückt sich darin Empathie aus und in einer rentenfinanzierten Rehabilitationsmaßnahme ein angemessenes Angebot des Sozialstaates in der Leistungsgesellschaft, das ihren Belastungen Rechnung trägt. Wer würde einem solchen therapeutischen Weg zu Fürsorge und Gesundung widersprechen? Heute, so scheint es, im Zeitalter einer allgemeinen Hypersensibilisierung für allerlei gesundheitliche Probleme, erledigt sich die Aufforderung, man solle besser für sich selbst sorgen, von selbst. Denn viele Menschen, die weder überarbeitet sind, noch von schweren Krankheiten betroffen, therapieren längst ihre Leiden, vielleicht nicht so sehr an den Bandscheiben, dafür an der Seele, am Ich und am Selbst, Leiden, die ihnen allein durch die Härten des Lebens entstehen.

Dazu kommt, dass heute in der Gesellschaft alle möglichen Außenreize sehr schnell als toxisch empfunden werden, die man früher noch als normal akzeptierte: die Arbeitsstelle, der Chef, der Freundeskreis. In immer kürzeren Intervallen fühlen Menschen, dass sie sich von anderen Personen zurückziehen und erholen müssen, von Zeitgenossen, die die eigenen Grenzen verletzt haben oder einem sonst irgendwie zusetzen: zu Hause, in Retreats, Sabbaticals oder anderen Auszeiten. Fast jeder fühlt sich heute ausgebeutet, überarbeitet, am Rande des Burnouts. Die Aufforderung nach mehr *Self Care*, heute gerne auch *Selbstmanagement* genannt, brauchen viele gar nicht mehr. Der moderne Mensch hat gelernt, sie sich ausgiebig zu gönnen. Denn im Kielwasser der *Self Care* segelt stets eine neue emotionale Kompetenz, die sich das verletzte Selbst längst angeeignet hat, die US-amerikanische Psychologie nennt sie *Self Compassion*, das Selbstmitgefühl.

Viele haben längst ein starkes, mitleidendes Gefühl mit sich selbst entwickelt, ein Gefühl, von dem sie meinen, es sich schuldig zu sein – als angebrachte Reaktion für all die Leiden, in die sie ihr Leben gestoßen hat. Sie weigern sich, das, was ihnen da widerfährt, wie noch ihre Eltern oder Großeltern in die eigene Lebensgeschichte zu integrieren, sondern versuchen es loszuwerden und abzustoßen, indem viel Energie in Kompensation und Selbstreparatur investiert wird. Ja, man holt sich therapeutische Hilfe auch dann noch, wenn es eher um Akzeptanz geht, weil nicht sein darf, was nicht sein soll. *Self Care* wird zum Ausdruck eines Anspruchs und eines neuen Selbstbewusstseins: Das ist okay, ich habe das verdient. Aber das hohe Quantum an Selbstmitgefühl, das sich darin äußert, schlägt nicht selten um in *Selbstmitleid* und dieses in Formen der *Selbstentschuldigung*. Denn um das eigene Selbst unversehrt zu halten, lässt man sich immer häufiger guten Gewissens immer mehr durchgehen, meint, der so arg gebeutelten Seele erst wirklich gerecht zu werden.

Die Entwicklung des Selbst von einem sich befreienden, sich ausdrückenden und sich bestimmenden Wesen zu einem Langzeitpatienten der Geistesgeschichte hat auch mit einem veränderten Klima zu tun, in dem individuelles Befinden immer mehr aufgewertet wird. Immer mehr Menschen, soziale Gruppen oder Minderheiten entdecken in sich den schmerzerfüllten Umstand, Opfer bestimmter Verhältnisse zu sein, und finden andere Leidensgenossen, denen es ähnlich ergeht. Zumeist folgt das individuelle Bewusstsein hierbei Veränderungen der gesellschaftlichen Rahmenbedingungen und der allgemeinen Akzeptanz. Die eigene Reaktion ist dann auch eine Antwort auf ein gesteigertes Toleranz- und Empathie-Bewusstsein, das sich in der Gesellschaft herausgebildet hat. Gerade in den letzten Jahren rückten viele solcher Minderheiten aus einem Schattendasein in den Mittelpunkt der Aufmerksamkeit. Eine öffentliche Beschäftigung setzte ein, neue empathische Sichtweisen auf solche vernachlässigten Gruppen setzten sich durch, die Betroffenen erfuhren eine ungeahnte öffentliche Beachtung und Zuwendung. Eine neue Sensibilisierung für Opfergruppen aller Art griff um sich, breite Diskussionen über Rehabilitierung kamen in Gang, zum Beispiel für politisch Verfolgte, Frauen, für die Personengruppe, die man unter LGBTQs zusammenfasst, für soziale Benachteiligte oder allgemein traumatisierte oder gehandicapte Individuen.

Diese starke mediale Aufmerksamkeit führte jedoch, was die Frage ihrer Berechtigung anging, bald zu enormen gesellschaftlichen Konflikten. Nicht die Existenz des Problems, sondern das Austarieren seiner Größenordnung ist in den letzten Jahren und bis heute zum Streitpunkt innerhalb vieler oft unerbittlich geführter Debatten über die Identitätspolitik geworden. Die einen fordern uneingeschränkte Solidarität mit und

Rehabilitierung von allen möglichen Opfergruppen, den anderen geht das zu weit. Sie kritisieren, das Opferthema sei übermächtig, es überlagere vieles, mache sagen sogar alles, was eine Minderheit im Innern zusammenhält, sodass es am Ende andere, wichtigere Gruppenmerkmale verdrängt, die zu betonen vielleicht ungleich dringlicher wäre.

Dazu kommt aber auch eine Art Dominoeffekt der Nachempfindung. Plötzlich entdecken immer mehr sich selbst oder einen Teil in sich als ein Objekt, dem eine Opferstruktur eignet. Man hütet bald, was einen zum Opfer macht, ja, erkennt darin ein politisches Kapital, kultiviert es, kehrt es nach außen, wirbt um mehr Beachtung und Verständnis. Solche kollektiven Reflexe gibt es im Grunde seit den 1960er- und 1970er-Jahren, als sich die Gesellschaft allmählich »psychologisierte« und viele, die zuvor darüber gar nicht nachgedacht hätten, in sich das vernachlässigte, ungeliebte oder gar traumatisierte Kind entdeckten. Ein übersteigertes Opferbewusstsein ist am Ende Abkömmling eines wachsenden öffentlichen Mitgefühls, man könnte aber auch kritisieren: eines überzogenen Selbstbezugs, ja eines Missbrauchs eines gewachsenen öffentlichen Empathiegefühls bestimmten Minderheiten gegenüber.

Individualismus tendiert jedoch nicht nur zu übersteigertem Selbstmitleid, wenn nicht alle Blütenträume reifen, in ihm angelegt ist gleichermaßen überzogene Selbstliebe, Narzissmus, selbst noch, was man »Selbstvergottung« nennt und mit regelrechtem Größenwahn verbindet. Kein Wunder, dass die Idee eines »Stars« im Stammland wenn nicht der Erfindung, so doch der größten Ausprägung des Individualismus, in den USA, geboren wurde. Ein Star ist eine Figur, die von allen geliebt wird und nicht selten sich selbst am meisten liebt. Das Phänomen kann man an Donald Trump oder an Elon Musk, an Madonna oder Kim Kardashian studieren, Menschen, die so selbstbezogen sind, dass sie nicht haltmachen, die Welt mit ihrer ganzen Grandiosität überschütten zu wollen, die sich selbst gottgleich als Mittelpunkt der Welt empfinden und selber enorme Geltungsräume benötigen, um nachts halbwegs friedvoll einschlafen zu können. Grandiositätsempfinden, das haben Psychologen gezeigt, ist in allen Menschen angelegt, dem Selbst kann genug fast nie genügen. In der Individualisierung ist das schon angelegt, es ist ihr »heldenhafter« mythologischer Endpunkt gewissermaßen, auch wenn dieser in solcher Reinheit von Normalsterblichen kaum erreicht wird. Individualismus kann tatsächlich münden in die Vergottung des Selbst, das völlig uferlos geworden ist, sich an sich selbst berauscht und keine Grenzen mehr kennt.

Das sich ungenügende Selbst – der Kampf um Privilegien

Es scheint, die moderne Gesellschaft gewährt immer mehr solidarische Räume, in denen viele Menschen, die sich als Opfer empfinden, auch so behandelt werden. Sie hat ein Herz für die Leidenden, will das Elend lindern und legitimiert längst eine intensive Beschäftigung mit dem leidenden Selbst, was in der Konsequenz dazu führt, dass der Hang zu einer starken Selbstbezogenheit der Einzelnen eher verstärkt als abgemildert wird. Das führt aber auch zu einem neuen Verständnis dessen, wer überhaupt ein Opfer ist. Ein Opferbewusstsein kann dabei höchst verschiedene Ursachen haben. Es ist entweder Folge einer Realerfahrung konkreter Verletzung oder Benachteiligung, es kann aber auch eine weitgehend geistige Konstruktion sein, die Folge einer individuell unterschiedlich gelagerten Reaktionsweise auf allerlei Lebensprobleme, die aber in jedem Fall sozial kompensatorische Funktion hat. Egal wie, eine Erfahrung regiert in einer Gesellschaft, die viele offene Ohren für allerlei Leiden hat, es gibt eine neue Akzeptanz für sie, und es kann einem geholfen werden.

Das Wissen um ein neues einfühlsames Klima des Verständnisses für das eigene Leiden hat aber nicht nur zur Folge, dass Leid, wo es sich regt, behoben wird, sondern auch, dass viele anfangen, darüber nachzudenken, wo in diesem neuen Opferspektrum man sich eingruppieren könnte, wo man über das eine oder andere Alleinstellungsmerkmal verfügt, unter dem man leidet, oder auch ganz praktisch, wo einer noch »besonderer« ist als andere, zumal dann, wenn sich die sozialen Anerkennungserlebnisse in den üblichen Selbstäußerungsformen nicht ohne Weiteres einstellen. Man macht sich auf die Suche nach dem Exklusiven. Wo liegt meine Einzigartigkeit? Viele landen heute am Ende bei gleich zwei äußerst populären Persönlichkeitsmerkmalen, für die in dieser Zeit viel gekämpft und um die noch mehr gestritten wird: Hochbegabung und Hochsensibilität.

Dem Selbst mehr Recht, Geltung und Reichweite zu verschaffen, mehr Chancen und Perspektiven zu eröffnen, das ist der Motor, der den Individualismus seit seinen Anfängen am Laufen hält. Seit das Ich sich entdeckt, das Selbst sich entfaltet und verwirklicht, seit es seine Schönheit, seinen Stolz und seine Grandiosität pflegt und ganz selbstbewusst herauszustellen gelernt hat, will es mehr, will es alles, sogar auch noch das Genie in sich entdecken. Und wenn es für das eigene Selbst zu spät sein sollte, es bleibt ja noch der Nachwuchs. Als ein kleines Genie zu gelten oder wenigstens als hochbegabt oder hochsensibel, das scheint heute wie eine Erlösung von einem Leiden zu sein, das darin besteht, vielleicht ja doch nur grau und durchschnittlich durchs Leben zu gehen.

Hochbegabte und Hochsensible, sind dabei enge Geschwister. Die einen sind Kreativitätsweltmeister, die anderen Weltmeister im Vermögen aufzusaugen, wahrzunehmen, die ganze Welt in sich zu spüren. Die einen die Champions des sprudelnden Geistes, immer neu schöpfend und schaffend, die anderen Meister der Membran, Resonanzvirtuosen, die hören, was keiner hört, die fühlen, was keiner fühlt. Die einen Weltmeister im Gestalten und Hervorbringen, die anderen in der Sensualisierung, in der Rezeption; die einen Genies der geistigen Eruption, die anderen Genies der seismografischen Empfängnis – und zwar aller Eindrücke, die auf dieser Welt möglich sind. Menschen, die niederschwellige Eindrücke gefühlt haben oder sich die Ohren schon bei leisen Kakofonien zuhalten mussten, gab es immer schon. Allein, man machte kein weiteres Aufheben darum. Heute ist der Mut gewachsen, auch Mikrostörungen aufmerksam wahrzunehmen und sie zu beklagen. Dies ist ein Zeichen einer Zeit, in der der Mensch so sehr und so genau wie noch nie nach innen schaut und immer irgendwo fündig wird.

Die hochbegabte Masse

Dies gelingt etwa bei dem Versuch, sich oder seinem Nachwuchs eine herausragende Besonderheit, wie etwa eine Hochbegabung zu attestieren. Hochbegabung ist seit vielen Jahren ein großes Thema. Immer wieder wird sie in aller Ausführlichkeit auf den Bildungsseiten der Qualitätsblätter diskutiert, Arbeitsgruppen zerbrechen sich in den Kultusministerien den Kopf über richtige Förderung, es gibt Schwerpunktforschungen in den pädagogischen Instituten der Universitäten. Die Folge ist aber nicht nur, dass immer mehr ausgeklügelte Konzepte für »hochbegabte« Kinder ausgearbeitet würden, sondern inzwischen ein regelrechter Hype unter Eltern ausgebrochen ist, von denen immer mehr so gerne ein solches Kind ihr eigen nennen würden. Tatsächlich werden es immer mehr, die ihre Töchter oder Söhne heute in den »begabungspsychologischen Beratungsstellen« vorstellen und sie zum IQ-Text schicken, in der Hoffnung, das so begehrte Etikett »hochbegabt« zu ergattern.

Heute gelten laut der »Gesellschaft für das hochbegabte Kind« über 250.000 Kinder in Deutschland als »hochbegabt«. »Hochbegabt« soll sein, wer einen IQ-Test absolviert hat und dabei einen Intelligenzquotienten von mindestens 130 nachweist. Aber warum werden es immer mehr? Früher seien viele schlicht unentdeckt geblieben, hört man, heute jedoch würden immer mehr »identifiziert«. Auffällig ist, auch Hochbegabten-Organisationen, die sich an Erwachsene wenden, werden immer beliebter. Die weltweit größte unter ihnen »Mensa e. V.«, die als Eintrittsqualifikation für Neumitglieder den 130er-IQ vorschreibt, hat auch bei uns immer stärkeren Zulauf. Stand Juli 2024 hat der Verein knapp 17.500 Mitglieder, so viel wie noch nie. Seit seiner Gründung in Deutschland 1979 lagen die jährlichen Zuwachsraten jeweils bei fünf bis zehn Prozent.

Die Sensibilität für das Thema zeitigt längst auch politische Konsequenzen. »Hochbegabte« haben eine starke Lobby. Und so wird für diese Schüler heute enorm viel getan. An Gymnasien gibt es sogenannte »Hochbegabten-Kursstufen«, es gibt eigene Landesgymnasien für sie, dazu Kinderakademien. Dazu kommen länderübergreifend konkrete Programme, etwa seit 2018 die Bund-Länder-Initiative »Leistung macht Schule« zur Förderung leistungsstarker Schülerinnen und Schüler. Hochbegabung wird gepusht, politisch, pädagogisch, sozial.

Und die Kinder? Hier will man von Bestenauslese und Elitenbildung nichts hören. Stattdessen ist zu vernehmen, die betroffenen Kinder litten darunter, wenn sie nicht gefördert würden. Das Bild vom trockenen Schwamm macht immer wieder die Runde, Kinder, die geistig verdorren würden, weil ihre unermüdliche Wissbegierde nicht gestillt werde. Kritiker vermuten ein anderes Motiv, das hinter der vermeintlichen Opferrolle steckt. Vielleicht zieht man durch vorgebliches Leid weniger Neid auf sich, etwa von solchen Eltern, die nur ein normales Kind haben.

Bei aller Förderung bleibt jedoch das irritierende Phänomen, dass hochbegabte Kinder im Schulalltag nicht unbedingt die Top-Zensuren holen. Viele treten in Erscheinung, die ihre Hochbegabung, im Fußball würde man sagen: nicht auf den Platz bringen. Der Grund: Das Kind leide unter seiner nicht ausagierten Hochbegabung, was dann zu Versagen aus Unterforderung führe. Ob da ein Kind tatsächlich unter dem ungestillten Durst auf geistige Nahrung leidet oder einfach an individuelle Grenzen stößt, ist schwer nachzuweisen. Auf jeden Fall bietet der Befund »Underachiever« gerade ambitionierten Eltern die Chance, den Traum vom eignen Wunderkind weiterzuträumen, auch wenn es nicht die Topnoten nach Hause bringt. Und noch ein Spezifikum: Den Begriff »Underachiever« hört man eigentlich nur in den Elternwelten der Hochbegabten. Hunderttausende andere Kinder, die genauso wenig leisten, obwohl sie mehr könnten, weil sie in sozialen Härten aufwachsen und zu Hause kein Buch im Regal steht, dafür aber den ganzen Tag der Fernseher läuft, solche Kinder »Underachiever« zu nennen, darauf ist bisher keiner gekommen, obwohl es davon weit mehr geben dürfte.

Die Diskussion über Sinn und Unsinn der Hochbegabtenförderung verläuft recht eingleisig. Denn es scheint von vorneherein ausgemacht, dass es sich etwa bei Vierjährigen, die sich schon im Tausenderraum bewegen oder fließend Englisch sprechen, nicht nur um Opfergruppen handele, denen man dringend helfen müsse, sondern auch um solche, auf deren spezielle Bedürfnisse das Schulsystem mit gezielten Angeboten zu reagieren habe. Ob es jedoch überhaupt nötig ist, cleveren Kindern eine andere Behandlung angedeihen zu lassen als anderen, ist im Hochbegabten-Diskurs bereits entschieden, noch bevor man sich darüber unterhält, wie diese Förderung auszusehen habe. Eine Tatsache ist es, dass bis heute keine einzige Studie vorgelegt wurde, die zeigen würde, dass es auch nur einem »hochbegabten« Kind geschadet hätte, wenn es nicht gefördert wurde – und einfach nur den normalen Schulbetrieb durchläuft wie alle anderen auch.

Das hochbegabte Kind bewegt sich in einer Welt, in der es mehr denn je darauf ankommt, »Alleinstellungsmerkmale« auszubilden, »besonders zu sein«, um sich im großen Rennen des Lebens von den anderen erfolgreich abzusetzen. »Hochbegabung« ist heute oftmals keine Besonderheit eines Kindes, auf das Eltern und Pädagogen aus purer Menschlichkeit oder pädagogischer Verantwortung sensibel reagieren, sondern in vielen Fällen etwas ganz anderes: ein Status-Statement, als solches Teil einer Geschmeidigkeitsstrategie des nachhaltigen sozialen Aufstiegs, ein Baustein im Gesamtentwurf einer erfolgreichen Lebensplanung.

Prädikat »hochempfindlich«

Nicht anders verhält es sich beim Gegenstück zur Hochbegabung, der angeblichen Hochsensibilität oder *High Sensitivity*. Auch sie ist heute in aller Munde, in der Wissenschaft jedoch genauso umstritten. Wer ist objektiv als »hochsensibel« einzustufen und wer nicht? Wer ist empfindsam und wer nur ständig genervt? Wie will man dies zuverlässig messen? Aber unabhängig von einem geeigneten Testverfahren stellt sich immer auch die Frage: Gibt es nicht allein eine Persönlichkeitseigenschaft, die sich in einer hohen Empfindlichkeit ausdrückt, sondern immer auch die Neigung, bei völlig normal ausgeprägter Sensibilität jedem Erleben gegenüber mit einem Gefühlsüberschwang zu begegnen? Wer will das eine vom anderen unterscheiden?

Zumindest rein statistisch betrachtet gibt es auch in diesem Feld immer mehr Menschen, die für sich das Etikett »hochsensibel« reklamieren. Laut der US-amerikanischen Psychologin und Pionierin Elaine Aron sind etwa 15 Prozent der Menschen hochsensibel, glaubt man anderen Autoren zum Thema, soll es inzwischen sogar ein Fünftel der Gesamtbevölkerung sein. Es gibt unzählige Reportagen und Berichte über »Hochsensible« und darüber, wie schwer sie es in dieser Gesellschaft haben sollen, mit ihrer Befindlichkeit klarzukommen. Die Zeitschrift »Psychologie Heute« lädt zum Selbsttest ein, und selbst der SPIEGEL gibt dem Thema auf seinen Bildungsseiten Raum, Selbsthilfegruppen kann man finden (»zart besaitet e. V.«), jede Menge Ratgeberliteratur, so etwa Rolf Sellins Bestseller »Wenn die Haut zu dünn ist, Hochsensibilität – vom Manko zum Plus«, es gibt Netzwerke, in denen sich Betroffene organisieren und austauschen.

Betrachtet man das Phänomen als Ganzes, gibt es gute Gründe, nicht allein von einzelnen »Hochsensiblen«, sondern von einer ganzen hochsensiblen Gesellschaft zu sprechen. Verbale Entgleisungen, die umgehend mit Entschuldigungsforderungen beantwortet werden, oder die Klage über mangelnde Rücksichtnahme schon bei Minimalüberschreitungen sind zu einem medialen Dauerbrenner geworden, Diskriminierung oder Minderbeachtung ein täglicher Aufreger, Respekt und Wertschätzung schon im Kindergarten ein Thema. Der moderne Mensch ist ein empfindsames Wesen. Eine dumme Bemerkung oder eine unpassende Geste des Gegenübers, und man fühlt sich abgewertet, übergangen oder ungerecht behandelt. Zurückweisung und Respektlosigkeit hat jeder schon einmal erlebt. Doch viele, so scheint es, fühlen sich heute schneller und heftiger gekränkt als je zuvor.

Kränkungsgefühle sind jedoch immer sehr individuelle Gefühle. Was an dem einen abperlt, kann den anderen sehr verletzen. Und es ist ungemein schwer, allgemeine Regelhaftigkeiten oder Reaktionsmechanismen erkennen zu können. Nicht vergessen sollte man überdies: Der subjektive Eindruck, sich zurückgesetzt oder gar prinzipiell übergangen zu fühlen, gilt immer auch als ein konstitutives Kernelement des Narzissmus, den Forscher wie Jean Twenge im westlichen Kulturkreis auf dem Vormarsch sehen. Ein Team um die Sozialpsychologin berichtete in einer Metastudie von 2008 von einem deutlichen Anstieg der Ichbezogenheit unter US-Collegestudenten zwischen 1982 und 2006. Demnach stiegen die erzielten Werte in einem aus 40 ichbezogenen Statements bestehenden Narzissmus-Fragebogen seit Anfang der 1980er-Jahre um durchschnittlich 30 Prozent. Zwar ging der Trend zum Teil auf ein selbstbewussteres Auftreten vor allem junger Frauen zurück, doch er erwies sich auch unter Männern als robust. Sicher ist, die Bandbreite der Kränkungserfahrungen ist groß. Es gibt offenbar fast nichts, was nicht verletzen könnte, den einen mehr, den anderen weniger. *Was* Menschen jedoch alles kränken kann, ist subjektiv. Der gemeinsame Nenner ist freilich die gefühlte Abwertung durch andere, die am eigenen Körper, an der eigenen Persönlichkeit oder den eigenen Fähigkeiten etwas auszusetzen haben.

Hochsensibilität und Hochbegabung sind Wunscheigenschaften, die ideal ins Konzept der sozialen Geschmeidigkeit passen, weil sie zum einen nicht eindeutig nachzuweisen sind, dafür mehr oder weniger glaubhaft vorschützbar, zum anderen, weil sie den Betroffenen ganz augenfällige strategische Vorteile eintragen. Geschmeidig ist hier der Move, sich durch ein vorgeschütztes, sich aber nicht wirklich als Nachteil auswirkendes Problem einen Vorsprung zu verschaffen. Das gelingt vor allem durch einen wirkungsvollen Winkelzug. Der angebliche Befund eigener Hochbegabung oder Hochsensibilität wird zunächst einmal nicht als maximale Auszeichnung geistiger Spitzenklasse präsentiert, also nicht als ein Prädikat, sondern eher als eine Art Handicap, eine therapiebedürftige Verhaltensauffälligkeit oder gar leichte Form geistiger Behinderung, unter der da gelitten wird, das Thema wird behandelt wie ein schweres psychisches Problem, ein Trauma gar. Beratungsstellen, die man konsultiert, bestärken einen in dieser Sichtweise und auch darin, dass betroffene Kinder einer ganz besonderen Förderung bedürften, die außerhalb des normalen schulischen Regelbetriebs liegt.

In Wahrheit stellt man jedoch nur eine individuelle Stärke als eine verkappte Schwäche dar und punktet damit doppelt. Denn wer damit Erfolg hat, erwirkt erst einmal eine pädagogische Sonderbehandlung und dazu obendrein allerlei exklusive Sonderrechte, Verschonungsrechte zuallererst: Man errichtet eine Art unsichtbare Schutzmauer um sich, die dazu dienen soll, andere davon abzuhalten, den Betreffenden zu viel zuzumuten. Dazu kommt das Recht auf Abgrenzung oder jenes, geschützt zu werden vor Reizüberflutung und Überforderung. Am Ende setzt man sich nachhaltig ab vom Pulk der Konkurrenten und gewinnt für das eigene Kind einen satten Vorsprung im Bildungswettlauf. Aber nicht genug, man hat gute Aussichten, für diese selbst initiierte Wettbewerbsverzerrung auch noch wärmstes Mitgefühl im Schulumfeld zu ernten, von all jenen, die einem für dieses vermeintliche Unglück auch noch eine besonders hohe Dosis an Mitgefühl und Rücksichtnahme gewähren.

Entscheidend ist am Ende, dass aus den von »Experten« zertifizierten Eigenschaften einer freilich nur angeblichen Benachteiligung satte *Privilegien* entstehen, die zur Sonderbehandlung in eigenen Ausbildungsstätten berechtigen. Ein Netz von Institutionen wie Sonderförderungseinrichtungen garantiert, dass die Bevorzugung auch nachhaltig wird.

Bescheinigte Hochbegabung und Hochsensibilität sind am Ende Karrierebeschleuniger, mehr noch, im Grunde in Kauf genommene, klare Verstöße gegen das Gebot gleicher Bildungschancen, weil sie für manche eine ganz und gar unfaire Bevorzugung garantieren.

Die Komplexe »Hochbegabung« und »Hochsensibilität« eigenen sich beide auch sehr gut dafür zu illustrieren, wie heute Kinder generell in die Geschmeidigkeitsstrategien ihrer Eltern eingebunden werden. Denn in aller Regel geht es ja um Kinder bei diesem Thema, und es geht auch nicht um den Ehrgeiz der Kinder, als hochbegabt oder hochsensibel zu gelten, sondern meistens um den ihrer Eltern. Noch nie so sehr wie heute versuchen viele Eltern, dem eigenen Nachwuchs optimale Startpositionen zu verschaffen, sobald dieser in die schulische Laufbahn einbiegt. Sie investieren unheimlich viel, um schon die Kleinsten in die Spitze zu bringen. Auch außerhalb der Schule: Man schickt den Bub nicht mehr zum Fußball, sondern zum Kinder-Golfen, gliedert ihn in einen Hockey- oder Ruderklub ein, damit er beim Sport schon mal Elitenluft schnuppern kann. Mädchen wird zum gleichen Zweck gerne die Pferdedressur angedient oder das ewige Ballett. Man erzieht das Kleinkind im Klavierspiel, dazu schon mit zwei Jahren in drei Fremdsprachen. Das Kind erscheint mehr denn je als Multiplikator des Eltern-Egos, als eine soziale Kapitalsorte, als Statussymbol, wobei, wie immer in diesem Spiel, das Motiv, auf eigene Einflussmehrung abzuzielen, geflissentlich verborgen wird und in allem Tun nur wärmstes Einfühlungsvermögen gesehen wird, das der Individualität des Kindes erst vollauf gerecht wird.

Geschmeidige Gerechtigkeit und Identitätspolitik

Die Beispiele des heftig umkämpften Umgangs mit Hochbegabung und Hochsensibilität künden auch von einem neuen Verständnis von Gerechtigkeit in der Gesellschaft der Geschmeidigen. Gerechtigkeit bedeutete einmal den idealen Zustand, wenn in einer Gesellschaft eine Regel für alle gilt. Heute geht es scheinbar erst gerecht zu, wenn jeder die Sonderrechte erhält, die seiner individuellen Lage und Befindlichkeit entsprechen – also all das, was eine allgemeine Regel nicht leisten kann.

Die vermeintliche Sensibilität für partikulare Befindlichkeiten mündet dabei Schritt für Schritt in eine Gesellschaft der Privilegierten.

Doch Privilegien werden von denen, die sie beanspruchen, nicht als solche empfunden. Für sie sind sie nur angemessene Formen, legitim, weil sie einem individuellen Fall vermeintlich gerecht werden. Gerade bei Fragen der richtigen Förderung von Kindern in der Schule kollidiert dieses Gerechtigkeitsverständnis heute allerdings zunehmend mit dem alten integrativen, auf kollektiven und solidarischen Werten beruhenden Ansatz, dem man seitens der Privilegierten vorwirft, es ebne alle Unterschiede ein und werde dadurch dem Einzelnen nicht gerecht.

Die soziale Geschmeidigkeit, die sich in solchem strategischen Vorgehen ausdrückt, bedeutet nicht einfach, unmoralisch zu agieren, aber sehr häufig, Moral zu individualisieren oder zu subjektivieren. Man verficht eine Idee von Moral, die so konstruiert ist, dass man sie sich in erster Linie selbst schuldet, dass sie nur auf den individuellen Fall anwendbar ist, aber keine Maxime mehr für alle darstellt. Eine solche Geschmeidigkeit bedeutet aber auch, nicht nur Sonderrechte für sich zu beanspruchen oder geltend zu machen, sondern sie auch durchzusetzen – auf dem Feld der Bildungspolitik. Dann geht es jedoch nicht so sehr um Förderung einzelner Gruppen, sondern um einen Kampf um soziale Privilegien. Und dabei kam es immer schon darauf an, wer das Potenzial hat, seine Partikularrechte durchzusetzen, und wer nicht. Am Ende entsteht eine Gesellschaft, die von einer verschärften sozialen Ungleichheit geprägt ist, weil im Wettstreit der Partikularinteressen die sozial Schwachen immer den Kürzeren ziehen. Eine solche Gesellschaft der Privilegierten ist aber aufs Ganze gesehen nicht nur ungerecht, sondern für alle höchstgefährlich, weil sie in der Normalbevölkerung das Grundvertrauen in eine grundsätzliche Chancengleichheit aushöhlt und zu Verbitterung führt, die sich über kurz oder lang zum sozialen Sprengstoff auswachsen kann, der dann nicht weniger als den sozialen Frieden eines Gemeinwesens gefährdet.

Dieses Dilemma spiegelt sich auch in den zeitgemäßen Debatten zu Identitätspolitik wider. Es geht hier niemals allein um die Identifikation einer benachteiligten Gruppe, sondern um die Frage: Inwiefern liegt nur eine Besonderheit vor und inwiefern ist diese zugleich auch eine Benachteiligung? Wie groß ist die Benachteiligung tatsächlich? Ist sie gravierend oder eher vernachlässigenswert, also akzeptierbar? Und wenn man eine größere Benachteiligung feststellt, welche Maßnahmen sind die richtigen, um ihr zu begegnen? Ab welchem Punkt müssen Opfergruppen geschützt werden, und ab wann verwandelt sich »Schutz« in Absonderung, die erneut in eine Form der sozialen Ausgrenzung mündet? Muss alles auf den Kopf gestellt werden, braucht die Gesellschaft Sonderklassen, Sonderbehandlung, Exklusion, Inklusion, eigene Gesetze gar, die die Minderheit schützen? Oder reichen Schritte wie eine gesellschaftliche Aufklärung, eine öffentliche Debatte? Zwischen den Polen völliger Ignoranz und überzogener Betroffenheit findet heute die Debatte der Identitätspolitik in nahezu allen ihren Spielarten statt. Das Problem hierbei liegt nicht so sehr in der Identifikation von Opfergruppen und in der Diskussion, wie diesen benachteiligten Gruppen mehr Teilhabe und gerechtere Behandlung widerfährt, sondern in der Dosis, in der Dimension. Bestand das Dilemma in den Ursprüngen der *Political Correctness* in der Unterdrückung und Ausklammerung der Probleme, die sie ansprach, so inzwischen in der immer haltloseren Übertreibung von Forderungen, die aus der Identifikation einer Problemlage entstehen. Der Motor, der hier überdreht, wird gespeist durch eine immer stärkere Sensibilisierung für Probleme der Benachteiligung in der modernen Gesellschaft generell, paradoxerweise, je mehr sie in den Fokus rücken und je mehr Raum sie in der öffentlichen Diskussion einnehmen.

Das sieht auch der Soziologe Aladin El-Mafaalani so. Er schreibt in einem Aufsatz: »Je erfolgreicher das Problem bekämpft wird, desto stärker wird das verbliebene und zugleich kleiner gewordene Restproblem wahrgenommen und diskutiert.« Der Autor Alexander Grau beobachtet dieses Phänomen in einem Essay zur »Hypermoral« und bringt es auf den Punkt. Dort, »wo Egalität zunimmt, wird immer mehr Egalität eingeklagt«, schreibt er. Was hier beobachtet wird, hat jedoch schon Alexis de Tocqueville vor bald 200 Jahren als grundsätzliches Phänomen der modernen Demokratie erkannt, vor allem als einen Grundzug der demokratischen Gleichheit. Man nennt es das »Tocqueville-Parodox«. Es besagt, je mehr soziale Ungleichheit in einer Demokratie abgebaut wird, desto mehr steigt die Empfindlichkeit gegenüber den noch verbliebenen Ungleichheiten.

Die Folge ist, dass immer häufiger nur noch das Ich zählt – die individuelle Betroffenheit, das Wir, rückt aus dem Blickfeld. Im Zug einer allgemeinen Viktimisierung von sozialen Minderheiten tritt bald das Gemeinsame in den Hintergrund, weil sie zu mehr Abgrenzung führt, statt zu mehr Integration. Außerdem verschärft die Stigmatisierung von Opfergruppen oftmals das Problem, unter dem diese leiden, anstatt es zu beseitigen, auch wenn man einer Minderheit dadurch erst gerecht werden will, weil man eine solche Gruppe nur zu schnell auf ein Merkmal reduziert. Im Bemühen, dem Einzelnen gerecht zu werden, wird ausgeblendet, dass es bei den Betroffenen außer der speziellen Opfereigenschaft viele andere Identitäten gibt, aus denen sich die Persönlichkeit der Betreffenden zusammensetzt. Und die vielleicht viel wichtiger sind.

Geschmeidigkeit schlägt Emanzipation – Sugardaddies und Piepsmäuse

Wenn man von den zeitgemäßen Formen spricht, in denen sich heute Geschmeidigkeit als Form der Selbstdarstellung und sozialen Strategie ausdrückt, dann dürfen selbstverständlich auch die Rollen nicht fehlen, in denen sich heute die Geschlechter inszenieren. Auch hier lässt sich längst beobachten: Geschmeidigkeit schlägt Selbstbestimmung. Wie gerade Ausprägungen des modernen Individualismus im Zeitalter der Geschmeidigkeit Menschen dazu bringen, ihre grundlegenden Überzeugungen aufzugeben, ja sogar zu pervertieren, zeigt sich nirgendwo so sehr wie dort, wo etwa die Idee von weiblicher Befreiung und Selbstbestimmung einem Leben geopfert wird, das diesen Werten ganz unverkennbar zuwiderläuft – und freiwillig in einem goldenen Käfig stattfindet. Die Autorin Bascha Mika hat in ihrem Buch »Die Feigheit der Frauen« schon 2011 von einer neuartigen, selbst verschuldeten »Geiselmentalität« vieler Frauen gesprochen, womit sie die Verantwortung für eine rückschrittliche Entwicklung in Fragen der Frauenemanzipation nicht, wie sonst zumeist üblich, dem starken Geschlecht, sondern zu einem großen Teil auch ihren Geschlechtsgenossinnen zugewiesen hat.

Und tatsächlich, auch in der Gegenwart lässt sich zeigen, wie ungemein funktionalistisch ausgerichtet heutiges Geschmeidigkeitsgebaren ist. Man erkennt es nirgendwo so gut wie dort, wo ganze Prinzipien der eigenen Lebensführung aufgegeben und dem eigenen Vorwärtskommen untergeordnet werden.

Die Entdeckung des Selbst war über Jahrhunderte vornehmlich eine Entdeckung des männlichen Selbst. Frauen haben sich sehr viel später ihr Recht auf ein selbstbestimmtes Leben erkämpft, die Geschichte der »Entdeckung des weiblichen Ich« ist eine viel jüngere. Aber es schien lange Zeit doch eine unumkehrbare Entwicklung der Frauenemanzipation zu sein, dass sich über kurz oder lang all die alten Fragen nach Gleichberechtigung und Gleichbehandlung endlich auch konkreten politischen Lösungen näherten. Die Hoffnung war nicht unberechtigt, dass sich allmählich eine langsame, stete, wenn auch oft mühsame Angleichung der gesellschaftlichen Rollenbilder von Männern und Frauen durchsetzen werde, letztlich der Durchbruch der Idee einer nachholenden Realisierung umfassender weiblicher Selbstbestimmung kurz bevor stand.

Doch gerade in den letzten Jahren lassen sich viele zur Emanzipationsidee gänzlich gegenläufige Bewegungen erkennen, die einmal mehr die Idee der Aufklärung als ein Selbstläufer auf Zeit, was die unbegrenzte Lernfähigkeit des Menschen und stete Verbesserung seiner Lebensverhältnisse angeht, ad absurdum führen. Manche sprechen gar von einem Turnaround. Die klassische Frauenbewegung, die noch für alle Frauen gegen die letzten gesellschaftlichen Benachteiligungen gekämpft hat, büßt weltweit nicht nur an Durchschlagskraft ein, sondern ein regelrechter Retro-Trend greift um sich, ein Geschlechter-Biedermeier gewissermaßen, der seinerseits wieder viel mit dem neoliberalen Verständnis von Geschmeidigkeit zu tun hat. Die feministische Fachwelt ist längst zweigeteilt. Es gibt moderne, sexnegative oder sexpositive, aufgeklärte und kämpferische Frauen, aber immer mehr auch solche, die aufgehört haben, eigene Verhaltensweisen zu hinterfragen, und heute vollkommen damit zufrieden scheinen, wenn er das Geld heimbringt und für sie den SUV in die Parklücke steuert.

Feminismus ist für viele eine Haltung geworden, deren klar emanzipatorische und gesellschaftskritische Gesinnungsaspekte heute von vielen funktionalistischen Aspekten stark verwässert, wenn nicht gar überlagert werden. Plötzlich ist er nicht mehr Teil einer aufgeklärten Weltanschauung und Lebenseinstellung, sondern wird nur noch dort in Anspruch genommen, wo er den eigenen Interessen dient. Wo er aber für das eigene Geschlecht auch unbequeme Folgen haben könnte, etwa seinen Unterhalt durch eigene Erwerbsarbeit zu verdienen, das eigene Leben sinnhaft und eigenverantwortlich zu gestalten, lehnen ihn immer mehr, vor allem jüngere Frauen, ab und schlagen sich auf die Seite eines Lebens in weitgehender Windstille, auch zum Preis einer Selbstentmündigung, die manchmal schon vormoderne Züge trägt.

Ein Beispiel ist die Art und Weise, wie heute wieder viele Frauen zu der Idee stehen, sich einen wesentlich älteren Mann zum Gatten zu wählen, damit man die eigene Vorstellung eines standesgerechten Lebens in maximalem Wohlstand realisieren kann. Früher roch es fast schon nach Prostitution, wenn sich Frauen einen »Sponsor« zulegten, von dem sie sich aushalten ließen, heute ist das immer häufiger gesellschaftliche Praxis, zu der sich immer mehr auch unumwunden öffentlich bekennen. »Sugardating« nennt man die Praxis, sich für die Partnerschaft einen wohlhabenden Männertyp zu »angeln«, der in der Literatur noch immer gerne »Sugardaddy« genannt wird, ein Begriff, der eigentlich einer überkommenen Epoche angehört, den 1950er-Jahren. Als filmischer Stoff bearbeitet worden ist das Thema etwa 1953 in Billy Wilders Hollywoodfilm »How to Marry a Millionaire?« mit Marilyn Monroe in der Rolle der Pola Debevoise. Das Phänomen schien seither ausgestorben oder allenfalls noch in südamerikanischen patriarchalen Eheanbahnungspraktiken überlebt zu haben, jetzt hat es jedoch, glaubt man Untersuchungen zum Thema, wieder kräftig Konjunktur, und zwar mitten im westlich-aufgeklärten Kulturkreis. Das Interessante ist: Solche »Versorgungsehen« gab es eigentlich immer schon, neu dabei ist, dass die Haltung, die dahinter steht, von vielen Frauen jedoch auch tatsächlich »feministisch« genannt wird.

Es ist nicht so, dass viele Frauen heute von den klassischen Forderungen der Frauenemanzipation abrückten, weil sie sie als falsch oder unberechtigt erachteten, sondern zutreffender scheint die Beobachtung zu sein, dass der Wert der Emanzipation heute mehr und mehr dem des

Vorwärtskommens geopfert wird, materiellem Wohlstand, dem eigenen konkreten ökonomischen Vorteil, und sich alles an der Frage entscheidet: Wie kann ich dem Leben in der Welt, in der Kim Kardashian oder Melania Trump leben, möglichst schnell und effektiv näherkommen?

Der neue Tonfall der Geschmeidigkeit

Auch in einem anderen Feld lässt sich ein Vordringen von geschmeidigkeitsgesteuerten Verhaltensweisen erkennen, die heute immer öfter moderne Geschlechterverhältnisse dominieren. Die Rede ist von der Art, *wie* Männer und Frauen heute *miteinander sprechen*. Nicht *was*, sondern *wie* sie miteinander kommunizieren, sagt heute sehr viel darüber aus, wie man zueinandersteht und ob man dem Zweck des eigenen selbstbewussten sozialen Auftritts näherkommt oder ihn verpasst. Wie man spricht, jenseits allen Sprachinhalts, jenseits auch der Semantik, wie man moduliert, phrasiert, Tonhöhen variiert, flötet, singt oder brabbelt, spielte immer schon eine ganz entscheidende Rolle, nicht zuletzt in der Hinsicht, inwiefern man sich in der Gesellschaft durchsetzt oder auf der Strecke bleibt.

Heute lässt sich empirisch nachweisen, dass sich etwas verschoben hat. Der soziale Sprechstil alter Schule weicht heutzutage immer mehr neuen Formen, die für geschmeidig gehalten werden. Individualität im Sprachausdruck wird heute wieder recht stark zurückgedrängt zugunsten eines angesagten Sounds, von dem man sich mehr Erfolg verspricht als noch zu Zeiten, in denen man auch noch versuchte, die Art des Sprechens als Ausdruck eigener Individualität zu begreifen, und in denen die äußere immer auch der inneren Stimme folgte.

Ganz konkret: Weibliche Stimmen, die hochemotional oder erotisch klingen sollen und die man in den USA »squeaky« nennt, sind immer angesagter. Schauspielerinnen wie Mayke Dähn, die seit Jahren die TV-Werbung für den Lebensmittelkonzern *Lidl* spricht (»Lidl lohnt sich!«), beherrschen diese süßlich-quietschige Sprechweise in Perfektion. Das männliche Pendant dazu kommt dagegen möglichst tief und kernig daher, so wie etwa der ARD-Sprecher Jens Thelen, der bei der »Sportschau« im markigen Knödelsound das »Toooor des Monaaaats« präsentiert. Und je mehr die Männer kräftig drücken, umso mehr machen sich die Frauen klein und scheu.

Dem neuen Tonfall begegnet man heute etwa in deutschen Fassungen von US-amerikanischen Vorabendserien, man kennt ihn aus der Werbung, er findet sich im Entertain-Radio, in Spielfilmen genauso wieder, in deutschen wie in synchronisierten fremdsprachigen, auch in der Sportberichterstattung. Die Entwicklung zu mehr phonetischer Geschmeidigkeit verblüfft, denn zuletzt noch ermittelte die Forschung, dass Frauen und Männer eigentlich dabei waren, sich stimmlich anzunähern. Vor wenigen Jahren noch konnten Sprachforscher zeigen, dass Frauen heute durchschnittlich deutlich tiefer sprachen als noch vor einigen Jahrzehnten. Der Frequenz-Abstand zwischen den Geschlechtern hatte sich geradezu halbiert. An der körperlichen Anatomie liegt das nicht, wohl aber an gesellschaftlichen Normen, denn in Ländern, in denen die Emanzipation besonders weit vorangeschritten ist, zum Beispiel in Skandinavien, sprechen Frauen besonders tief. Das passte zu einem Trend, den Sozialforscher seit Langem beobachten. »Undoing Gender« nennt ihn der Mainzer Soziologe Stefan Hirschauer, und auch schon Niklas Luhmann hatte einst von einer weitgehenden Geschlechtsneutralität moderner Gesellschaften und einer abnehmenden Bedeutung der Geschlechterunterscheidung in der gesellschaftlichen Evolution gesprochen. Konkret festmachen kann man das bis heute an den Stimmen in der Politik oder im klassischen Fernsehjournalismus: Ob Claudia Roth oder Hubert Heil am Rednerpult stehen, ob Susanne Daubner oder Thorsten Schröder die Tagesschau moderieren – zwischen den weiblichen und den männlichen Vorträgen gibt es heute viel weniger stimmliche Unterschiede als noch vor fünfzig, sechzig Jahren.

Doch es zeigt sich inzwischen eine Gegentendenz. Die Linguistin Susanne Günthner von der Universität Münster beobachtet eine ganz neue Art des Sprechens. Diese zeige »die Sehnsucht nach der traditionellen binären Ordnung zwischen den Geschlechtern, dem starken, kraftvollen und auch stimmlich markanten Mannsbild und dem süßen, schutzbedürftigen Weibchen«. Diese neue Art ist für Günthner eng mit der Inszenierung einer bestimmten Art von Weiblichkeit verwoben: »Mit einem Frauenbild, das Frauen als Mädchen präsentiert, die süß, goldig und ungefährlich sind – und als Gegenpart einen Retter oder Helden brauchen.«

Unter Sprachwissenschaftlerinnen wird dieser Trend zu mehr rosa Piepsigkeit und männlichem Brummsprech in Nachmittagsserien, im Spielfilm, in Videospielen und in der Werbung seit Längerem gesehen. Die Sprachwissenschaftlerin Ulrike Kaunzner analysierte in zwei Studien aus den Jahren 2021 und 2023, wie sich weibliche und männliche Stimmen in der Radiowerbung seit den 1950er-Jahren verändert haben. Auch sie beobachtet einen Trend hin »in eine Richtung, in der Frauen wieder sexy-feminin rüberkommen wollen, während die klassische Virilität von den männlichen Sprechern wieder entdeckt wird.«

Was hat sich geändert? Früher waren die maßgeblichen Instanzen, wie man öffentlich zu sprechen habe, nicht irgendwelche Werbemanager und Marketingexperten, die Chefrhetoriker der Nation waren die Priester und Pastoren. Dann kamen die Massenmedien. In den 1960er-Jahren etablierte sich eine Gegenbewegung zur *High Culture*. Eine neue, oft launige Modulationsform setzte sich durch, auch in der Theaterwelt: eine Art zu sprechen, die weniger geschult daherkam, mehr die Persönlichkeit des Akteurs ausdrückte, eine Art neuer Realismus, politisch und, ganz wie die Zeit, irgendwie anti. Aber so wie die gesellschaftlichen Emanzipationsbewegungen allmählich abebbten, verschwand auch diese Art des selbstbewussten Sprechens wieder. Und heute?

Gerade im medialen Sprechen manifestiert sich gegenwärtig eine regelrechte Geschlechter-Restauration. Wie sich diese im Alltag zeigt, hat die Sprach- und Sprechwissenschaftlerin Elisa Franz festgestellt, als sie in einer Studie Frauen und Männer beim Speed-Dating beobachtete. Zwar zeigten sich während der reglementierten Dating-Gespräche kaum Unterschiede. Doch in den Pausen, in denen es den Teilnehmenden freistand, sich einer beliebigen Gesprächspartnerin oder einem Gesprächspartner zuzuwenden, griffen Männer und Frauen vermehrt auf traditionelle »Hofierungsstrategien« zurück, wie sie schon Erving Goffman beschrieben hat. Hierzu zählen bei Frauen eine höhere Tonlage, starke Schwankungen im Tonhöhenverlauf und eine Häufung akzentuierter Silben. Außerdem lautes Lachen, viel Kichern und vermehrte »*High Onsets*« – hochtönige Einstiege in Äußerungen. Männer pflegten eine tiefere Tonlage und lachten weniger. Den Grund vermutet die Forscherin in der verstärkten Konkurrenz während der regelfreien Pausen: Im Buhlen um die Aufmerksamkeit des anderen Geschlechts inszenierten die Teilnehmer vermehrt Weiblichkeit oder Männlichkeit.

Das narzisstische Selbst

Ist Eitelkeit nicht ein menschliches Laster, das es zu allen Zeiten gab? Oder ist sie immer auch eine gesellschaftliche Größe, Wandel unterworfen und Konjunkturen? Einem Wandel unterworfen ist vor allem der Referenzrahmen, in dem sie sich ausdrücken kann. Das individualistische Zeitalter ist in eine Epoche getreten, in der die Eitelkeit ihren Schrecken verloren hat. Parfums heißen »Chanel Egoiste«, Selbstliebe gilt nicht mehr als Arroganz oder Überheblichkeit, sondern als bewundernswerte Stärke, als erotische Zutat. Auf jeden Fall gilt sie schon lange nicht mehr als Laster oder gar Sünde im Sinn einer unmoralischen Gefallsucht, nicht einmal mehr als peinliche Charakterschwäche, sondern als definitive Coolness, eine durch und durch erstrebenswerte Wunscheigenschaft des individualistischen Charakters. Eitelkeit markiert den Endpunkt aller Selbstoptimierung. Als umfassendes individuelles Programm erreicht sie alle Bereiche der Persönlichkeit, durchaus auch das Innere, wo sie aber nicht sofort erkennbar ist, dafür umso mehr das Äußere, wo sie jeden, der ihr ansichtig wird, umgehend provoziert, herausfordert und ihm immerzu überlegen sein will.

Man könnte einwenden, dies sei keine spezifisch modern-individualistische Erscheinung, betrachtet man etwa die Moden alter Zeit – die niederländische etwa des gehobenen Bürgertums in der ersten Hälfte des 17. Jahrhunderts. Es hieß, manche Damen mussten beim Essen die Stiele der Löffel verlängern, um nicht zu verhungern, weil ihre Halskrausen, »Krösen« genannt, in der Hochphase dieser Mode Wagenradgröße annehmen konnten. Edelsteinbesetzte Wämser, pelzbesetzte Krägen, selbst Männer in Seidenstrumpfhose waren eine übliche Erscheinung. Betrachtet man zudem die Bildnisse und Porträts von all den Herausgeputzten der europäischen Höfe des 18. Jahrhunderts, gepuderte Gecken mit ihren Pomeranzen mit gelockten Perücken, Tüchern, Krägen und

Binden, Bändern, Schleifen und Gürteln, stark beduftet und geschminkt. Wurde nicht Reichtum, Macht, Autorität – von Würde ganz zu schweigen – damals nicht viel imposanter präsentiert als heute, wo man Jeff Bezos allenfalls im grauen Jackett und Sneakers begegnen kann?

Wenn man von einem Sozialcharakter spricht, geht es um Beobachtungen, die die breiten Schichten der Gesellschaft betreffen. Und hier tun sich große Unterschiede auf zwischen dem traditionellen und dem modernen Zeitalter. Im höfischen Absolutismus und genauso in all den früheren Herrschaftsformen der Neuzeit ist die Eitelkeit erst einmal eingereiht hinter der Repräsentation. Was wäre schon ein König, wenn er nicht das teuerste Gewand tragen würde, was ein Doge, wenn er sich in Sack und Asche zeigte? Und wenn einen dann doch die Eitelkeit anspringt, dann spricht man eigentlich nur von einer müßigen Kaste des Hofstaats, Eitelkeit ist ganz überwiegend verbreitet unter den Vornehmen. In der breiten Bevölkerung ist die Regel, unter der Woche unscheinbare Arbeitskluft zu tragen, nur am Sonn- und Festtag wird sich geschmückt, man legt ein Festtagsgewand an, sofern man darüber verfügt.

Heute, in der Gegenwartsgesellschaft, lassen sich eine massive Bedeutungsverlagerung des äußeren Auftritts, sowie eine erhebliche Zunahme des Aufwands feststellen, der dafür getrieben wird. Augenfällig wird die Entwicklung nicht so sehr bei Frauen, sondern gerade bei Männern, die einst das eher »unkosmetische Geschlecht« waren. Männer, etwa, bis hinein in die 1970er-Jahre, kannten keine tägliche Vollwäsche, keine tägliche Verwendung von Haarshampoo. Männer hatten auch keine »Frisur«. Man führte einen Plastikkamm in der Gesäßtasche mit sich und zog damit den Scheitel nach, wenn der mal verrutscht war. Heute sind immer mehr Männer unterwegs, die aufwendige Kopfteilrasuren mit längeren Passagen und Zöpfchen kombinieren. Der Mann mit Dutt ist kein Einzelschicksal mehr. Männer tragen Spängchen und Kopfbänder – und viele gehen, wie etwa unter Fußballprofis üblich, mindestens einmal in der Woche zum Friseur. Aber damit nicht genug, Männer zupfen Augenbrauen in Form, buchen zweimal im Monat das Waxing Studio zur Ganzkörperenthaarung. Man will definiert sein, nicht nur, was die Muskulatur angeht, sondern die gesamte Körperoberfläche. Nie zuvor in der

Kulturgeschichte haben ganz normale Männer so viel Cremes, Lotionen und Beduftungsessenzen aufgetragen. Der geschmeidige Mann hat manchmal mehr Kosmetikprodukte im Badezimmerschränkchen stehen als seine Frau, Männer, die noch in den 1970ern nach Schweiß und Ernte 23 rochen, duften heute wie ein Feigenbaum, sie benutzen Conditioner und Spülungen, machen Maniküre und *Face Yoga*, und es ist inzwischen keine Seltenheit mehr, wenn sie Nagellack auftragen.

Von Friedrich Nietzsche stammt die Beobachtung, dass Eitelkeit am Ende eine Kompensation von Selbstunsicherheit ist, man könnte auch sagen, dem Versuch gleichkommt, einem gefühlten Minderwertigkeitskomplex zu entgehen. »Die Eitelkeit ist die Furcht, original zu erscheinen«, schreibt er in einem Aphorismus, »also ein Mangel an Stolz, aber nicht notwendig ein Mangel an Originalität«. Da diese Verunsicherung heute überall mit Händen greifbar ist, weil die gesellschaftlich vermittelten Selbstanforderungen gerade an den eigenen Körper, denen sich die einzelnen Mitglieder der modernen Gesellschaft aussetzen, hoch sind und scheinbar immer unerreichbarer werden, und auf der anderen Seite ein sehr hoch entwickeltes Bedürfnis nach Selbstfürsorge herrscht, das Betroffene dazu bringt, sich um sich selbst so sehr zu kümmern wie um sonst wenig, ist das Abgleiten in Egozentrismus und Eitelkeit nur eine logische Folge, ja inzwischen zu einem eingebauten Programmierungsfehler des spätmodernen Individualismus geworden.

Fazit: Geschmeidigkeit im Individualismus ist alles, was dazu dient, die Wirkungsmacht des Individuums zu erhöhen, alles wird in die Waagschale geworfen, um an mehr Anerkennungserlebnisse zu kommen. Geschmeidigkeit umfasst dabei all die Strategien, das Maximum an sozialer Geltung zu erzielen, die eigene Einflusssphäre maximal auszudehnen – und gleichzeitig doch gefällig und sympathisch zu bleiben. Es scheint, je ungehörter sich das Selbst empfindet, je blasser und grauer, und je mehr traditionelle Strategien ihr Ziel verfehlen, für Distinktion und Resonanz zu sorgen, desto eher schlägt die Stunde der Geschmeidigkeit, sie hilft dort nach, wo sich die Wonnen des Individualismus nicht von selbst einstellen. Um das Selbst gebührend zum Ausdruck oder zur Geltung zu bringen, wird das Ich geschmeidig.

KAPITEL 5

OPPORTUNISMUS UND GEFÜHL IN DER MEDIENDEMOKRATIE

Politik und Geschmeidigkeit

Untersucht man Wirtschaft und Politik auf das Walten geschmeidigen Verhaltens hin, entdeckt man bald viele Ähnlichkeiten, aber auch große Unterschiede. Die größte Gemeinsamkeit ist, dass die Akteure beider Sphären bestrebt sind, ihren Kunden oder Wählern etwas zu verkaufen, wozu jede Menge Geschmeidigkeit vonnöten ist. Beim Mann der Wirtschaft tritt dieser Aspekt jedoch viel stärker zutage als bei einem Politiker, der im Idealfall auch noch ein paar anderen Werten verpflichtet ist als seinem persönlichen ökonomischen Erfolg. Das hat Folgen, was die soziale Kategorisierung beider Typen angeht: Die Geschmeidigkeit eines Gebrauchtwagenhändlers tritt für den Kunden meist viel ausrechenbarer zutage als die des Politikers für seine Wähler.

Der Händler hat ein ganz eindimensionales Interesse daran, etwas zu veräußern, und deswegen würde sich niemand wundern oder gar entrüsten, wenn er süßlich wird. Man weiß in der Regel, wie via Geschmeidigkeit etwas an den Mann gebracht werden soll, die Motivlage ist eindeutig und der Ablauf des Geschäfts in der Regel auch. Natürlich versucht der verkaufspsychologisch ausgebuffte Händler, seine Geschmeidigkeit halbwegs im Zaum zu halten und eher auf die Qualitäten seines Produkts zu verweisen. Allen Beteiligten ist jedoch völlig klar, dass es hier um eine kostenpflichtige Ware oder Dienstleistung geht und man nicht aus purer Nächstenliebe zusammengekommen ist. Reine Verkaufsgeschmeidigkeit ist leichter zu durchschauen, weil jeder nicht völlig naive Kunde aus Erfahrung weiß, hier möchte einer ein Geschäft machen, das ist der *Nervus Rerum*, der alles steuert, darum geht es und um sonst nichts.

In der Politik, zumal in der Demokratie, ist das etwas komplizierter. Mehrere Motive treten hier auf, ergänzen sich, können sich aber auch gegenseitig durchkreuzen. Politiker sind sowohl Verkäufer als auch Gesinnungstäter, im Unterschied zu einem Händler kennen sie, im Idealfall, auch noch andere Werte als den des eigenen ökonomischen Profits. Und trotzdem bleibt dem modernen demokratischen Politiker nichts anderes übrig, als all die merkantilen Gesetze zu beherrschen, will er politischen Erfolg haben. Tatsächlich erscheint die politische Welt in einer lebendigen Demokratie wie eine Veranstaltung, die große Ähnlichkeiten mit einem Marktgeschehen hat, wie schon der US-Politikwissenschaftler Anthony Downs ausgeführt hat, in dem Parteien als »Einzelunternehmer« politische Programme wie Waren anbieten und dafür um Käufer werben, die man in der Demokratie Wähler nennt. Hannah Arendt hat argumentiert, gerade beim Werben um Mehrheiten im politischen Handeln ist der Vergleich zum Schauspieler, der auf einer Bühne steht, sehr angemessen. Erinnert sei nur an die Fernsehduelle von Kandidaten um ein hohes politisches Amt und die anschließenden Umfragen und demoskopischen Untersuchungen, wer sich wie »verkauft« hat und wer wie beim Wahlvolk angekommen ist.

Ließ man in alter Zeit im Feld der politischen Macht Geschmeidigkeit gerade dann walten, wenn es galt, die Oberen eines Gemeinwesens für sich einzunehmen, geht es in demokratischen Zeiten für einen Politiker umgekehrt eher darum, das Wahlvolk auf seine Seite zu ziehen. Das Geschäft des Politikers ist es, den Wählern ein politisches Programm zu verkaufen, dazu das Personal, das in der Lage ist, es kompetent und glaubwürdig umzusetzen. Präsentations- und Vermittlungsformen politischer Inhalte in der Demokratie sind denen nicht unähnlich, mittels derer man auch auf dem freien Markt eine Ware anpreist. Politische Inhalte sind wie Produkte, es gibt ein Marketing, das in der Politik Wählerforschung heißt, es gibt Werbestrategien, den Wahlkampf, es gibt alle Abläufe ganz spiegelbildlich zu einem ökonomischen Verkaufsprozess.

Aber Politik ist mehr. Politiker, zumal Mandatsträger im demokratischen System, wollen nicht nur ein x-beliebiges Produkt verkaufen, sondern werben als Träger eines Mandats um Mehrheiten für ganz und gar gemeinnützige Interessen, die sie stellvertretend für ihr Wahlvolk äußern und durchzusetzen versuchen. Sie sind Sprachrohr ihrer Wähler, und sie wollen selber gestalten. Sie vertreten die Interessen ihrer Wähler, und sie kämpfen für Veränderungen, die ihren persönlich-politischen Themenschwerpunkten entspringen, den Werten, die sie einst in die Politik getrieben haben, ihrer Gesinnung. Diese orientiert sich genauso *am Gemeinwohl* und repräsentiert doch einen *ganz persönlichen* politischen Programmkatalog, der die politischen Überzeugungen desjenigen ausdrückt, der für sie als eine Lebensaufgabe antritt, die man auch seine politische Mission nennen könnte. Aber noch ein Drittes kommt hinzu. Um in der Politik praktisch zu gestalten, reicht Gesinnung allein nicht, Politiker brauchen Macht. Diese Macht wiederum hat zwei Gesichter. Es gibt die unverzichtbare Macht als notwendiges Vehikel gerechter und kluger Politik, und es gibt eine politische Macht, die eher persönlichen Ambitionen entspringt, wenn einer die Macht um der Macht willen anstrebt und nicht wegen eines außer ihr liegenden Zwecks. Das reine, auf puren Eigennutz ausgerichtete Interesse des Händlers gibt es also auch beim Politiker, ein Interesse, dem sich einer verpflichtet fühlt, das aber nichts mit dem Gemeinwohl zu tun haben muss. Hier geht es um den rein persönlichen Machterwerb und -erhalt, man will nach oben kommen, Karriere machen. Einen Machtpolitiker nennt man einen, bei dem dieses Motiv im Vordergrund steht und all sein politisches Handeln jenseits aller Inhalte dominiert.

Um alles unter einen Hut zu kriegen, muss der moderne Politiker ein gewisses opportunistisches Talent mitbringen, daran führt kein Weg vorbei. Politik bedeutet sich anzupassen, dem Wählerwillen und wechselnden Stimmungen. Dabei hat der Opportunismus keinen allzu guten Ruf. Zu viele Fälle, in denen er waltet, gibt es, in denen es nur um politisches Überleben geht, um Bereicherung und einseitige Vorteilsnahme. Dabei ist er im Kern ein ambivalentes Phänomen. Opportunismus ist zunächst einmal nur »die Bevorzugung der Zweckmäßigkeit gegenüber dem Prinzip«, eine Aussage, die Lord Granville Leveson-Gower, dem britischen Staatsmann und Außenminister in der zweiten Hälfte des 19. Jahrhunderts zugeschrieben wird. Will man ihm gerecht werden, gilt es immer, opportunistisches Verhalten auf seinen Zweck hin zu überprüfen. Es kommt darauf an, *wofür* Opportunismus angewandt wird. Um das Gute durchzusetzen und zu vermehren, ist er willkommen, um sich selber Vorteile zu verschaffen, nicht. Alphons Silbermann, der hier wertvolle Pionierarbeit geleistet hat, unterscheidet zwischen einem Opportunismus des gesunden Menschenverstandes und einer eher kriechenden Form. Immer gibt es daher einen Opportunismus, der Gutes für alle gewinnt, und einen, der nur die Macht eines Einzelnen stärkt.

Der Opportunismus der guten Tat ist das Vermögen eines Politikers, in einem Augenblick, in dem sich eine gute Möglichkeit bietet, zuzugreifen. Etwa eine wichtige politische Entscheidung in dem Moment anzuschieben und durchzusetzen, in dem die Umstände günstig sind und ein ganzes Volk davon profitiert. So etwa bei der deutschen Wiedervereinigung 1989, als deutsche Politiker die Gunst der Stunde und die Hand ergriffen, die ihnen der damalige sowjetische Staatschef Michail Gorbatschow ausgestreckt hatte. Machtpolitischer Opportunismus hingegen ist etwas ganz anderes. Hier geht es nur um den persönlichen Vorteil. Nahezu immer wird da etwas Unehrliches gepredigt, gezeigt oder vorgeführt, etwas, was nicht der Überzeugung desjenigen entspringt, der es nach außen vertritt, sondern seinem konkreten persönlichen Interesse. Die Politik des Opportunisten aus persönlichem Machtstreben ist nicht von einer Überzeugung getragen, wie eine politische Lösung eines Problems aussähe, die für alle gut und richtig wäre, sondern davon, welche politische Meinung für ihn gerade die günstigste ist, um sich selbst zu profilieren.

So oder so, der gesinnungsgeleitete wie der nur seinen persönlichen Machtgelüsten gehorchende Politiker, beide sind vom Wählerwillen abhängig und vom nächsten Parteitag, wo sie in ihren Ämtern bestätigt werden wollen. Das wirkt hinein bis in die Inhalte der Politik. Welche Politik gemacht wird, entscheiden daher nicht allein Sachzwänge oder wertebasierte Prioritäten, sondern immer auch solche Entscheidungen, die die bestmöglichen Aussichten für einen Mandatsträger versprechen, dafür vom Wahlvolk (wieder)gewählt zu werden. Es kommt also etwas hinzu, was spezifisch politisch ist. Das ist mehr als die kommerzielle Geschmeidigkeit des Händlers, sondern jetzt steht die Geschmeidigkeit eines Politikers im Vordergrund, seine Position zu festigen und gleichzeitig nicht sein Wahlvolk zu vergraulen, auf allen Hochzeiten zu tanzen und doch glaubwürdig, integer und anständig zu scheinen.

Und hier unterscheidet sich die Politik maximal von der Wirtschaft. In der Wirtschaft mag es ganz eigene Formen des Aufstiegs geben, etwa dass man, um es in die Führungsebene eines Konzerns zu schaffen, Hierarchien vom Abteilungsleiter bis zum CEO durchläuft, aber es gibt keine vergleichbaren Zwischenstufen wie einen Parteitag, eine Mitgliederversammlung oder eine Parlamentswahl, wo sich einer demokratisch vor großem Plenum bewähren und sich großen Mehrheiten aussetzen muss, von denen er abhängig ist. In der Wirtschaft kann man ohne das große Plebiszit die Karriereleiter emporklettern, als Politiker in der Demokratie muss man sich früher oder später großen Wählermassen stellen und diese für sich gewinnen.

Dabei ist dieses Wahlvolk, von dem man auf Gedeih und Verderb abhängig ist, ein schwer auszurechnendes Wesen, recht launisch, anfällig für rasche Stimmungsumschwünge und alles andere als »rational« agierend. Auch das hat der moderne Politiker zu gewärtigen. Der Sozialpsychologe und Mitbegründer der London School of Economics Graham Wallace (1858–1932) schrieb schon 1908 ein desillusionierendes Buch über die menschliche Natur in der Politik – zwischen Eigennutz und Gemeinwohl. Er räumte darin mit dem Glauben auf, dass die Aufklärung über kurz oder lang auch der Demokratie zugutekäme, indem sie mündige Staatsbürger hervorbringt. Erziehung und Bildung der Massen hätten wenig Zweck, argumentierte er darin, da Menschen nur ihren Emotionen folgten und glauben, was sie glauben wollen und was der eigenen Meinung entspreche, die jedoch vor dem politischen Abwägen längst entschieden sei. Schon sein erster Satz musste für jeden fortschrittsfrohen Geist ernüchternd klingen: »Wer sich die Aufgabe stellt«, schreibt er da, »sein politisches Denken auf einer neuerlichen Untersuchung der Funktionen der menschlichen Natur zu begründen, muss damit beginnen, dass er die Neigung überwindet, die Intellektualität der Menschen zu übertreiben.« Die meisten Tätigkeiten, so auch die politischen, bestünden demnach »aus halbbewusster, unter dem Einfluss der Gewohnheit geschehener Wiederholung«, nicht aus rationaler Erwägung. Sie seien auch nicht von der Grundidee motiviert, die dem Erreichen eines *Sum-*

mum Bonum für alle dient oder einen »Gesamtnutzen« hat, wie es die Utilitaristen Jeremy Bentham oder John Stuart Mills forderten. Politik, ob interessegeleitet oder wertebasiert, wird von Menschen gemacht, und der menschliche Faktor spielt immer die größte Rolle.

Die Motivationsstruktur in Politikerkarrieren dürfte wohl immer beides durchziehen: Wertebasierung, eine gewisse Bereitschaft, sich für die eigenen Überzeugungen zu engagieren, sodass man sagen kann, da hat sich einer für eine Sache aufgeopfert, die ihm und seiner politischen DNA entspricht, am anderen Ende der Skala Geltungsbedürfnis und Machtgelüste, die ihm Bekanntheit, Ansehen und Einfluss eintragen sollen. In einem demokratischen System ist es nie ganz klar, was überwiegt, ob einer Macht anstrebt, um gerechte und verantwortungsvolle Politik für seine Gemeinde oder sein Land zu machen, oder ob er Politik anstrebt, um an die Macht zu kommen. Beide Motivlagen ziehen jedoch unterschiedliche Formen von Geschmeidigkeit nach sich. Das eine wäre eine instrumentelle Geschmeidigkeit, die es im politischen Geschäft braucht, um politische Erfolge zu erzielen und umsetzen zu können, was man sich im Wahlprogramm vorgenommen hat. Sie besteht im Überzeugen, Debattieren, im Werben für die richtigen Argumente und dem Organisieren von Mehrheiten. Beim anderen, wenn es um den reinen Machterwerb geht, ist die alte individualstrategische Kunst der Durchsetzung, um Gegner aus dem Feld zu schlagen, den Mächtigen zu schmeicheln, elegant vorwärtszukommen und am Ende ganz oben zu stehen. Aber ganz egal, welches Ziel einen Politiker leitet, Programm oder Karriere, jede Menge Geschmeidigkeit braucht es, die einer an den Tag legen muss, der politisch erfolgreich sein will.

Einmütigkeit – ein Herz und eine Seele

Nordkorea ist keine Demokratie und ein CDU-Parteitag keine La-Ola-Welle, dennoch haben beide eine große Gemeinsamkeit: Demonstrierte Einmütigkeit steht ganz oben. Sie braucht es, um politischen Erfolg zu haben. Wie beim Synchronschwimmen geht es darum, dass alle eins werden, eins bleiben und sich wie ein Individuum bewegen: Alle machen genau dasselbe, alle fühlen genau dasselbe. Das Volk ist ein Körper, eine

Emotion, eine Masse und eine Macht. Aber hat der politische Mensch, der etwas erreichen will, überhaupt die Möglichkeit, sich dem zu entziehen?

Wenn man weiß, dass Nordkoreas Machthaber Kim Jong-un, der sich von seinem Volk »freundlicher Vater« nennen lässt, 2015 seinen Verteidigungsminister Hyun Yong Chol öffentlich hinrichten ließ, weil dieser dem Staatschef Widerworte gegeben hat und außerdem dabei ertappt worden sei, wie er bei einer offiziellen Militärveranstaltung eingeschlafen ist, dann wird klar, dass es für keinen der Koreaner, die da gejubelt haben, eine wirkliche Alternative zu ihrem Tun gab. Vorausgesetzt, man will weiterhin mit dabei sein im Klub der Männer mit den Tellermützen.

Beim CDU-Parteitag ist das nicht anders. Wer sich berechtigte Hoffnungen auf eine Wiederwahl in den Parteivorstand macht, kann es sich nicht leisten, bei der Kür zum Parteichef sitzen zu bleiben, weil er *Standing Ovations* für nicht angebracht hält und den neuen Anführer für eine Fehlbesetzung. Einmütigkeit ist in nahezu allen politischen Systemen der Welt, in Autokratien, aber auch in Demokratien, das wohl am häufigsten simulierte politische Gefühl. Die Begründung leuchtet sofort ein. Wo es keine geheime Wahl oder Akklamation gibt, gibt es keine Alternative zum offenen Applaus und Gefühlsausbruch, will man nicht in Ungnade fallen. In Nordkorea wäre schon ein minimales Ausscheren von der Choreografie gleichbedeutend mit dem eigenen Lebensende. Aber auch beim CDU-Parteitag könnte die Weigerung, sich für Friedrich Merz applaudierend zu erheben, einem politischen Todesurteil gleichkommen. Für den Claqueur bedeutet das, immer dann, wenn es zu einer Verhaltensweise keine Alternative gibt, lernen Kandidaten besonders schnell und nachhaltig, besonders glaubwürdig zu performen. Der Grund liegt auf der Hand. Die Motivation ist maximal, zumal das eigene Überleben von einem überzeugenden Gefühlsausbruch abhängt.

Es gibt doch einen Unterschied zwischen Nordkorea und einer demokratischen Partei. Selbst wenn das Bekenntnis zur Einmütigkeit nicht von Herzen kommt, sondern aus rationalem Kalkül erfolgt, gibt es gute Gründe dafür, dass der Einmütigkeitsschub samt Endorphinausschüttung beim Parteitagsdelegierten in unseren Breiten zu einem ungleich höherem Maß aus einer ethischen Haltung gespeist wird als jener von nordkoreanischen Spitzenpolitikern. Man dürfte nicht falsch liegen, wenn man annimmt, dass dort die nackte Angst vor dem freundlichen Vater regiert.

Opportunismus – die Kunst des Zu-spät-Kommens

Ein zentrales Merkmal politisch-strategischer Geschmeidigkeitskunst ist es, dass sie viele Schichten hat. Sie ist einmal geknüpft an das Vermögen, die Regeln der Selbstdarstellung und des Selbstmarketings zu beherrschen, darüber hinaus aber auch ganz wesentlich daran, inwiefern einer ein Gefühl für Menschen hat, vor allem ein Gefühl für die Dynamik der Gruppe, in deren Zentrum er steht. Dazu ein Gefühl für Stimmungen und auch für den richtigen Augenblick, wann es gilt, ein Statement zu platzieren, und wann es besser ist, darauf zu verzichten. »Opportunismus«, schreibt Silbermann, »ist eine Attitüde, die daraus besteht, sein Verhalten weniger nach moralischen Prinzipien oder einem organisierten Plan zu regeln, sondern nach den augenblicklichen Umständen, die man immer am besten zu gebrauchen sucht, um seinen Interessen am vorteilhaftesten zu dienen.« Karl Jaspers hat das Wesen des Opportunismus noch tiefer ausgelotet und in seiner »Philosophie der Weltanschauungen« von 1919 geschrieben: »Das Gewohnte und Überkommene soll gelten und das Zukünftige wird bejaht, sofern es zweckmäßig, opportun und für das Alte ist. Oder wenn etwas immer Abgelehntes verwirklicht ist, so wird es in typischer Inkonsequenz und Treulosigkeit nun nachträglich bejaht und als notwendig bezeichnet.« »Es werden Gehäuse anerkannt, es gibt Richtiges und Falsches; aber alles ist erweicht, unbestimmt und nachgiebig. Dem entschiedenen Auftreten und Formulieren entspricht nicht eine dazugehörige Nachhaltigkeit. Zur Rechtfertigung werden dann Lebenslehren herangezogen. Es herrscht in der Stellungnahme viel Affekt und wenig Tat, viel Gefühl und wenig Existenz. Über Bedenken und Erwägungen, die letztlich alles beim Alten lassen möchten, wird der Anschluss in der Existenz versäumt. Jede Handlung kommt zu spät, das Leben wird eine Serie verpasster Gelegenheiten.«

Der Erfolg einer opportunistischen Verhaltensweise hängt immer davon ab, inwiefern es einer versteht, eine Gelegenheit zu wittern, und so sie sich bietet, diese zu nutzen. Die situative Anpassung erfolgt jedoch immer zeitverzögert, was keineswegs bedeutet, dass der Opportunist jede Gelegenheit verpasst. Denn er kommt keineswegs aus Versehen zu spät, sondern mit voller Absicht. Wenn auch nur *knapp*. Denn kommt er *viel* zu spät, wird er vom Leben bestraft. Die Gelegenheit ist vorüber, das Fenster des Kairos, des günstigen Augenblicks, hat sich geschlossen. Hannah Arendt hat gemeint, politisches Handeln sei stets geknüpft an das Vermögen des »Anfangenkönnens« von etwas Neuem. Das sieht der Opportunist ganz anders. Seine politische Kunst ist eine rein reaktive. Der Opportunist pflegt sich einer Bewegung erst anzuschließen, wenn ein anderer und ein paar mehr die Initiative ergriffen haben und er absieht, dass das, was da einer ins Werk gesetzt hat, Früchte trägt. Man könnte zuspitzen: Seine Kunst besteht darin, sich vorne in der Schlange anzustellen.

Die Spielarten des Opportunismus zu beherrschen, das ist die Königsdisziplin des geschmeidigen Verhaltens, der Garant des Erfolgs jeder politischen Strategie. Heute mehr denn je ist er gefragt, heute mehr denn je in der schnelllebigen Stimmungsdemokratie, in der Politiker unter Dauerbeobachtung stehen, permanent auf die neuesten Umfragewerte der demoskopischen Institute starren und befürchten müssen, für die kleinste, auch nur stilistische Verfehlung maximal abgestraft zu werden. Wann ist der richtige Augenblick gekommen, um dem politischen Gegner einen Schlag beizubringen, wann ist welche Strategie einzusetzen und wann nicht? Wann kann ich mir eine Übertretung eines moralischen Standards leisten, weil sie mich in diesem Augenblick nicht zu Fall bringen würde, und wann wäre dafür der falsche Zeitpunkt? Viele, die ein feines Näschen haben, verfügen über dieses Geschick. Ganz ohne Risiko ist das aber nie. Da die Folgen solchen Handelns letztlich nie ganz auszurechnen sind, sind gerade einseitig instinktgeleitete Politiker immerzu Hasardeure, Spielernaturen, Draufgänger, die sich nur allzu oft auch einmal gründlich verzocken, was sie am Ende alles kosten kann.

Opportunisten sind Opportunisten, wollen es aber nicht sein. Sie machen nur Politik. Aber was ist gute Politik? Darüber gehen die Ansichten meilenweit auseinander. Noch jeder, der nur eigennützig gehandelt hat, würde empört den Vorwurf von sich weisen, nur nach seinem persönlichen opportunistischen Kalkül gehandelt zu haben, sondern stets und demütigst im Dienste seines Volkes zu stehen. Wenn der Opportunismus eine Spielart von Geschmeidigkeit im politischen Feld ist, und wenn es stimmt, dass der Machterhalt, den er bewirkt, immer zum Preis einer gewissen Charakterlosigkeit erfolgt, dann ist dies unter den Beteiligten keineswegs eingestanden. Der Opportunist sieht in seiner strukturellen Bereitschaft zum Sinneswandel nicht etwa eine persönliche Schwäche, sondern, im Gegenteil, eine Stärke, sich flexibel politischen Notwendigkeiten anzupassen. Für ihn ist das beharrliche Neuausrichten seiner politischen Haltung kein Merkmal mangelnder Seriosität, sondern höchste Professionalität, seine Beherrschung die Kardinaltugend seines Berufes, die der Natur der Politik erst wahrhaft gerecht wird.

Geschmeidigkeit als gewaltfreier Machiavellismus

Niccolo Machiavelli war unter den politischen Philosophen der erste Theoretiker eines praktischen Opportunismus. Dazu einer, der sich zu ihm als Herrscherqualität unumwunden bekannte und dabei keinerlei moralische Bedenken hegte. Auch mit den kruden Formen der Geschmeidigkeit hätte er wohl keine größeren Probleme gehabt haben dürfen. Er ist in die Geistesgeschichte eingegangen als ein kalter Techniker der Macht, als ein Philosoph, der über die Regierbarkeit in einem Staat nachgedacht hat und mit einer Theorie verblüffte, in der er bereit war, buchstäblich alles dem simplen Machterhalt in einem Staat unterzuordnen, zur Not auch das schlechte Gewissen.

Machiavellis Denken ist radikal: Man müsse sein Wort nicht halten, rät er dem Herrscher. Wenn es nützt, soll man seine Nachbarn betrügen, ja selbst der Bruch eines unter Eid geschlossenen Vertrags machte ihm keine Magenschmerzen. Alles sei dem Fürsten gestattet, auch zu lügen, um einen Vorteil zu erzielen. Gefürchtet zu sein, schreibt er, sei für einen Fürsten sowieso weitaus besser als geliebt. Überhaupt, einen moralischen Herrscher gebe es gar nicht, sondern der Staat ist die Moral. Die Macht als Selbstzweck ist das einzige Verständnis von Moral, das er kennt, und der Zweck heilige die Mittel, man ist geneigt zu ergänzen: jedes erdenkliche Mittel.

Die antiken Philosophen haben noch gelehrt, dass bei einem Fürsten gute persönliche Eigenschaften vorherrschen sollen, Machiavelli ist das völlig gleichgültig. Und doch spielt die Tugend eine große Rolle in seinem Werk. Er erkennt, dass sie eine wichtige befriedende Funktion hat. Aber dazu muss sie gar nicht praktisch durchgesetzt sein oder real vorherrschen. Für den Fürsten wichtig sei nur: »Er muss sich den Anschein geben, als ob er gute Eigenschaften besäße.« Tugend hat ihren Wert in einem Staatswesen nicht als Herrscherqualität, als Rezeptionseffekt bei den Beherrschten jedoch allemal.

Machiavelli markiert einen Paradigmenwechsel in der Geschichte des politischen Denkens. Das Thema von Politik und Herrschaft ist nicht länger ein durch einen Herrscher zum Ausdruck gebrachtes und verwirklichtes *Summum Bonum* eines Gemeinwesens und die anschließende Diskussion, wie dies praktisch zu realisieren wäre, sondern der reine Machterhalt des Fürsten. Politische Philosophie ist keine Form der praktischen Ethik, sondern der manipulativen Technik. Diese setzt auf alles, was der Macht dient. Auf die nackte Gewalt, aber auch darauf, wie es gelingt, das Volk, auch wenn es nach Kräften ausgebeutet wird, still und bei Laune zu halten. Dazu wird alles genutzt, was zu Gebote steht: Propaganda, Demagogie, Brot und Spiele – eine praktische Psychologie, im Volk einen bestimmten Eindruck zu erwecken, eine Stimmung zu entfachen. »Der Mensch ist für Machiavelli nicht wie für die antiken Schriftsteller das Zoon politikon, der Homo sapiens, das vernunftbegabte Wesen mit dem angeborenen Gerechtigkeitssinn, das nach geselliger Vereinigung strebt«, schreibt Herausgeber und Übersetzer Rudolf Zorn in seiner Einleitung des »Il Principe«, »sondern ein Wesen, von dem nur Schlechtes erwartet werden kann, wenn man es nicht zum Guten zwingt.« In der Tat, Machiavelli hält den Menschen für ein verlogenes Wesen, raffgierig, nur auf den eigenen Vorteil aus.

Zum ersten Mal in der Geistesgeschichte des politischen Denkens redet da einer dem falschen Schein das Wort. Alles *kommt* darauf *an*, wie einer *ankommt*. Ein Mensch muss nicht gut sein, es reicht, *dafür gehalten zu werden*. Er muss als tugendhaft *gelten*, es aber *nicht sein*. Denn dieses

Leben im Schein hat zwei Vorteile. Man kann seine eigennützigen Ziele ungestört weiter verfolgen, und, beherrscht man das Scheinen überzeugend, wird man auch noch in der Öffentlichkeit geachtet, steht in hohem Ansehen. Bei Machiavelli führt dieser Gedanken, anders als bei Rousseau, nicht dazu, den Schein zu verdammen, sondern ihn zu nutzen, um das Volk zu regieren. An der »Verbesserung des Menschengeschlechts« ist er nicht sonderlich interessiert.

Opportunismus Old School – Joseph Fouché

Sucht man nach realen Vorbildern in der politischen Praxis, an denen sich paradetypisch studieren lässt, wie man machtpolitische Geschmeidigkeit in Vollendung beherrscht, landet jede Recherche unweigerlich bei einem, der darin bis heute als unübertroffen gilt. Joseph Fouché (1759–1820), der mächtigste Politiker seiner Zeit, der nicht nur alle politischen Turbulenzen seiner Epoche auf wundersame Weise überlebte, sondern es immer wieder aufs Neue schaffte, an der Spitze des französischen Staates zu stehen, egal, ob als Revolutionär bei den Jakobinern in der ersten Reihe, später als Polizeiminister unter Napoleon oder nach der bourbonischen Restauration am Ende seines Lebens gar als »Herzog von Otranto«, als einer der ranghöchsten und reichsten Adeligen Frankreichs. Als Angehöriger und Repräsentant einer Kaste also, die er noch als junger Eiferer blutig bekämpft hatte. In nahezu unnachahmlicher Perfektion vereinte Fouché alles an machtpolitischer Geschmeidigkeit, was man nur vereinigen kann, um die Rolle des Politikers auszufüllen.

Dieser dürre und drahtige Mann war schon in seinen *formative years* lauernder, abwartender Typ, ein »klosterhafter Sparfuchs«, immer »ehrgeizig, aber nicht ruhmsüchtig, ambitioniert, aber ohne eitel zu sein«, schreibt Stefan Zweig in seiner scharfsichtigen Biografie von 1929. Ein fleißiger Schüler muss er zudem gewesen sein, der besonders eines akribisch studierte: die Psychologie der Macht. Schon früh soll er, folgt man seinem Biografen, »die Technik des Schweigenkönnens« beherrscht haben wie kein anderer, dazu »die magistrale Kunst des Selbstverbergens, die Meisterschaft der Seelenbeobachtung«. Die Lehrzeit trägt Früchte, und Fouché entpuppte sich früh in seiner politischen Karriere als »kluger Witterer jedes Windes«. Bis zu seinem politischen Aus im hohen Alter »kennt er nur eine Partei, der er treu war und treu bleibt bis ans Ende: die Majorität«. Wie kein anderer verstand er es, immer bei den Siegern, niemals bei den Besiegten zu sein. Dazu passt sein unfassbarer Instinkt, seine unschlagbare wie schlichte Strategie: »Immer erst, wenn eine Schlacht entschieden ist, sich endgültig zu entscheiden.« Zweig schreibt: »Ihm genügen vierundzwanzig Stunden, oft nur eine Stunde, oft nur eine Minute, um blank die Fahne seiner Überzeugung wegzuwerfen und eine andere rauchend zu entrollen.« Als seine höchste strategische Tugend nennt Zweig seine »Frechstirnigkeit«, die jedoch nur dann zum Tragen kommt, geht es ums politische Überleben: »Selbst Opportunist kennt er die unwiderstehliche Fallkraft der Feigheit; er weiß, dass in allen politischen Massenaugenblicken Kühnheit der entscheidende Nenner aller Berechnung ist.« Man kann ihn einen charakterlosen Menschen nennen – »und doch in dieser Charakterlosigkeit verlässlich«. Oder man nennt ihn ein »Charakterchamäleon«, das sich aber gerade auf die eigene Charakterfestigkeit so viel einbildet. Dazu passt, dass dieser Mann, »wenn er will, all seine Vergangenheiten auf eine verblüffende und unheimlich geschwinde Art vergessen« kann, »und von dieser besonderen Meisterschaft wird seine weitere Karriere immer erstaunlichere Proben abgeben«. Am Ende kommt Zweig nicht um eine Verbeugung der besonderen Art herum: »25 Jahre lang war dieser Geschmeidige, dieser Unfassbare immer wieder dem Schicksal entglitten, das so oft schon ihn drohend angefasst.«

Im Grunde ist Fouché nicht irgendein besonders waghalsiger Wendehals, der durch die Verwegenheit seiner Kriecherei Geschichte geschrieben hat, sondern der Politiker per se, ein nahezu idealtypischer politischer Oktopus. Er verkörpert einen frühen Idealtyp des Geschmeidigen, keiner ragt an ihn heran, und doch findet sich viel von ihm, diesem »vollkommensten Machiavellisten der Neuzeit«, diesem Amoralisten und wichtigsten Strippenzieher im Hintergrund seiner Zeit, in vielen Politikertypen wieder, die auf ihn folgten und »zäh wie Schleim« an der Macht klebten, »aber immer als dieser ewige Diener«.

Geschmeidigkeit und Sinneswandel

»Es ist nun mal kein Charaktertest«, schreibt der Politikwissenschaftler Joachim Behnke in einem Artikel über den CSU-Politiker und bayerischen Ministerpräsidenten Markus Söder, »wenn jemand etwas Gutes und Richtiges tut, wenn es ihm nützt, sondern nur dann, wenn er es auch dann noch tut, wenn ihm daraus Nachteile entstehen können.« Opportunistische Politik selbst hält auch Behnke nicht zwingend für ein Problem, sie entspricht »in gewisser Weise dem Idealtyp von Politik«, »wie sie unter realistischen Bedingungen gestaltet werden kann und auch gestaltet werden sollte«.

Opportunismus sorgt für die »notwendige Responsivität der Politik auf die Willensbildung des Souveräns, also des Volks«. Aber Behnke weiß sehr wohl zu unterscheiden zwischen einem liberalen, pragmatischen und einem rein populistischen Opportunismus, der einzig dazu taugt, die eigenen Beliebtheitswerte zu konsolidieren. Bei kaum einem Politiker sieht er ihn so sehr am Werk wie bei Söder. Er wirkt immer erst abwartend, verbringt viel Zeit mit dem Wittern des Windes, übernimmt politische Überzeugungen erst dann, wenn er das Gefühl hat, sie würden von Mehrheiten getragen, und wenn sie sich schon als publikumskonform erwiesen haben. Genauso schnell lässt er sie wieder fallen, wenn sich der Mehrheitswind dreht.

Dieser Mann war schon alles im Leben, überzeugter Atomkraft-Ausstiegsbefürworter, dann wieder überzeugter Atomkraft-Weiterbetreiber, sodass ihm sogar schon die FAZ das Prädikat »Geschmeidiger Kernkraftfan« verlieh. Idealtypisch auch seine politische Eleganz, wenn es um Befürwortung oder Ablehnung von Maßnahmen zur Bekämpfung der Corona-Pandemie ging. Stets wissend um die enorme Sprengkraft unpopulärer Schritte bei diesem gefährlichen politischen Thema, hielt sich Söder stets zurück, beobachtete zunächst die Wirkung politischer Strategien in den Nachbarländern, wägte ab, ob und wie sie sich erfolgreich erwiesen. Erst, als sich eine gewisse Akzeptanz für bestimmte Konzepte in der Bevölkerung abzeichnete, wie auch eine nachhaltige medizinische Wirkung, was die Bekämpfung des Virus anging, zog er mit, kopierte sie, freilich ohne zu vergessen, das Abgeschaute später auch noch als Eigenentwurf anzupreisen, den er dann anderen Amtskollegen zur Nachahmung empfahl.

Söder verkörpert als politischer Selbstdarsteller auch die höchste Wandlungsfähigkeit, die man sich auf dieser Bühne vorstellen kann, um alle anzusprechen, um nichts und niemanden auszulassen. Um einmal »Everbody's Darling« zu sein und dann wieder der Bürgerschreck, passt er sich allen Strömungen an, so gelungen, dass man nie ganz sicher sein kann, mit wem man es gerade zu tun hat. Wichtig ist ihm, den Eindruck zu erzielen, ja nicht als »abgehoben« zu gelten, eben als einer zum Anfassen. Dafür hat er ein Händchen, dafür hat er die Bühnen der sozialen Medien entdeckt und macht von ihnen Gebrauch wie vor ihm kein anderer in der politischen Landschaft der Bundesrepublik Deutschland. Er postet, manchmal täglich, jede Menge Fotos in die Community. Mal inszeniert er sich als lustiger Döner-Verkäufer in Aktion mit langem Messer am Drehspieß, dann wieder als kerniger Hard-Rocker im Fan-Shirt beim AC/DC-Konzert. Mal wirkt er jugendlich und kumpelhaft auf seinem *Instagram*-Account, egal ob im Weihnachtspulli mit Rentier-Motiv oder als Lenker einer Hundeschlittenfahrt in Schweden, dann wieder lustig und leutselig, macht den Shrek an Fasching oder eine Parodie des Fürsten von Bismarck. Es scheint, Söder ist einer, der nicht alles so tierisch ernst nimmt. Er beherrscht aber auch den staatstragenden Auftritt, etwa wenn er als bayerischer Außenpolitiker bei Wladimir Putin vorstellig wird. Und immer wieder macht er Ausflüge in die Folklore, gerne zünftig-bierselig in Raiffeisen-Smoking und Trachtenhut im Festzelt, den Maßkrug stemmend. Er kann Altötting, aber auch Las Vegas, ein Prosit der Gemütlichkeit, gibt dann aber wieder unverhofft, cool – und fast wie Frank Sinatra – den Conférencier, den Showman, etwa wenn er als Freddy-Quinn-Ersatz einspringt und den Schlagerklassiker »Sie hieß Mary-Ann« in der ARD-Sendung »Inas Nacht« zum Besten gibt, Markus Söder, ein absolutes Multitalent der politischen Selbstdarstellung.

Söder ist wahrscheinlich der geschmeidigste deutsche Gegenwartspolitiker und gleichzeitig der größte Populist, den es in dieser Zeit innerhalb der alten, etablierten Parteien gibt. Er ist ein Beispiel dafür, wie sehr nicht nur extreme Parteien wie die AfD, sondern auch ganz allgemein die demokratische Politik selbst immer mehr dazu neigt, einem reinen Stimmungsopportunismus zu verfallen, sich immer wieder neu auf wechselnde Stimmungen in der Bevölkerung zu stürzen, sich diese zu eigen zu machen, mit dem Schüren und dem Nehmen von Ängsten Mehrheiten zu organisieren und öffentliche Gefühle so zu orchestrieren, dass einem stets die Gunst der Mehrheit sicher ist.

Geschmeidigkeit ist dennoch stets eine instrumentelle und keine persönliche Charaktereigenschaft. Das merkt man daran, wie schnell es oft geht, bis sie komplett abgelegt wird. Bei Wirtschaftsbossen, besonders aber bei politischem Führungspersonal, lässt sich das trefflich studieren. Sobald einer oben angekommen ist, wird die alte Geschmeidigkeit ablegt wie ein alter Mantel, schlicht weil man sie nicht mehr braucht. Geschmeidigkeit ist eine Zutat, die den Aufsteiger begleitet, sobald aber einer erreicht hat, was er will, benötigt er dieses »Tool« nicht mehr. Man muss nun nichts mehr verbergen, braucht keine Rücksichten mehr zu nehmen. Mehr noch, in Spitzenämtern allzu geschmeidig zu bleiben, könnte einem auch als Führungsschwäche ausgelegt werden. Bestes Beispiel hierfür ist die gescheiterte Kanzlerkandidatur des CDU-Politikers Armin Laschet, der im Bundestagswahlkampf 2021 allzu geschmeidig wirkte und damit alle Chancen auf das Kanzleramt verspielte. Ganz anders Söder. Er kann beides. Als Chef von Staat und Partei raubeinig und ruppig, und dann wieder äußerst angepasst, wenn er den Volkstümlichen gibt.

Der geschmeidige Politiker dieser Zeit: ein Oktopus und ein Chamäleon zugleich. Was aber, wenn Opportunismus bedeutet, noch einen Schritt weiterzugehen und sich mit der Unwahrheit zu verbünden? Der Zweck heiligt die Mittel, das ist politische Logik, aber ab wann ist diese Maxime überreizt? Wenn es zur Lüge kommt, landet man in der Moral, und für sie gelten höchst strenge Maßstäbe. Dennoch ist Lügen immer schon eine bewährte Methode der politischen Geschmeidigkeit gewesen. Das wusste auch schon Hannah Arendt. »Gezielte Irreführung und blanke Lügen als legitime Mittel zur Erreichung politischer Zwecke kennen wir seit den Anfängen der überlieferten Geschichte«, schreibt sie 1971 in ihrem Essay »Die Lüge in der Politik«, den sie anlässlich der Veröffentlichung der »Pentagon Papers« durch die Presse verfasst hatte, womit die systematische Desinformation über den Vietnamkrieg durch die US-amerikanischen Regierung ans Tageslicht kam. »Niemand hat je bezweifelt«, heißt es darin weiter, »dass es um die Wahrheit in der Politik schlecht bestellt ist, niemand hat je die Wahrhaftigkeit zu den politischen Tugenden gerechnet. Lügen scheint zum Handwerk nicht nur des Demagogen, sondern auch des Politikers und sogar des Staatsmannes zu gehören.« Sie stellt die Frage: »Ist schließlich nicht Wahrheit ohne Macht ebenso verächtlich wie Macht, die nur durch Lügen sich behaupten kann?«

Wie legitim oder illegitim es ist, der Politik mithilfe der Lüge oder allerlei geschönten Fakten nachzuhelfen, ist eine moralische Frage. Man würde behaupten, die Antwort hinge von den Folgen des Handelns ab, das auf Lügen beruhe. Aber wer will solche Folgen eindeutig bewerten? Was ist der Maßstab, um die Folge einer politischen Handlung zu bewerten? Nahezu immer in der Geschichte treten moralische Bewertungsformen ab einem gewissen Punkt in unlösbaren Konflikt zueinander. Verantwortungsethik oder Gesinnungsethik sind solche unvereinbaren Systeme mit eigener Logik, sämtliche Ideologien haben ihre eigene Moral und bestimmen, welche Mittel zur Erfüllung ihrer Zwecke eingesetzt werden dürfen und welche nicht. Und doch ist nicht alles relativierbar. Denn es gibt ja auch übergreifende moralische Werte wie etwa das Einhalten der Menschenrechte, Werte wie Freiheit, Gleichheit, Brüderlichkeit, die nicht verhandelbar sind. Dennoch, die Lüge hat ihren Ort im politischen Feld. Dass ihr Schwert heute häufiger gezückt wird, hat dabei hauptsächlich mit der Personalisierung des Politischen zu tun. In der modernen Demokratie werden Wahlen nicht mehr aufgrund eines überzeugenden Wahlprogramms gewonnen, sondern wegen des Kandidaten, dem die meisten Sympathien zufliegen. Gelogen wird heute nicht allein, um sich als der Kompetentere zu profilieren, sondern um die eigenen Beliebtheitswerte in die Höhe zu treiben. Die Lüge wird vor allem zur Waffe im emotionalen Kampf um die Wählergunst.

Lügen ist menschlich

Auch wenn man beim Thema Lüge schnell mit der moralischen Bewertung bei der Hand ist, steht in einer soziologischen oder psychologischen Betrachtung erst einmal seine Funktion im Mittelpunkt. Zu lügen ist nahezu ausnahmslos Teil einer sozialen Strategie. Zu lügen, das bedeutet erst einmal nicht mehr, als absichtlich nicht die Wahrheit zu sagen. Eine Lüge will wissentlich die Wahrheit verschleiern oder verfälschen. Das muss jedoch gar nicht unbedingt besonders schlimm sein, ja, in den meisten Fällen ist es sogar ganz hilfreich. Gut lügen zu können, ist zunächst einmal Kernbestand jeder Geschmeidigkeit, nicht nur der politischen.

Begegnet man dem Phänomen ganz unbefangen, ist eine Lüge nichts anderes als ein recht wirksames Mittel, ein eigenes Interesse durchzusetzen. Es kommt zum Einsatz, wenn andere fehlgeschlagen sind, aber auch dann, wenn sich einer für diesen Weg einfach nur entscheidet, weil es bequemer ist oder zielführender. Wer lügt, kommt viel besser durch den schwierigen Alltag, und alle Menschen tun es, ununterbrochen. Psychologen haben ermittelt, dass Menschen Hunderte Male am Tage lügen. Der US-amerikanische Psychologe Kim Serota hat nachgewiesen, wie sehr sich Menschen täuschen, wenn es um die Häufigkeit des Lügens geht. »Sehr selten«, sagen die meisten, wenn man sie danach befragt, wie oft sie am Tag die Unwahrheit sagen. »Sehr häufig«, sagt dagegen die Wissenschaft. Menschen lügen im Alltag aus den verschiedensten Gründen: um ihre territoriale Integrität zu wahren, um unliebsame Störenfriede abzuwimmeln, um ihre Ruhe zu haben und unbeschadet durch den Alltag zu kommen, um andere Mitmenschen zu verschonen, etwa mit der Wahrheit, die in einer Antwort stecken könnte, und ihren negativen Konsequenzen, oder um sich schlicht Vorteile zu sichern und schließlich vor allem auch, um einer drohenden Strafe zu entgehen. Lügen ist nicht allein Teil der Geschmeidigkeit, sondern gelebte soziale Intelligenz. Es ist längst erwiesen, dass Unehrlichkeit per se einen großen Nutzen hat und ganze soziale Gefüge zusammenhalten kann. Mag sein, dass dies im Widerspruch zu klassischen religiös-ethischen Vorgaben steht, man denke zum Beispiel an die zehn

Gebote des Christentums oder das Verbot der Lüge im Islam. Dennoch argumentieren Soziologen und Philosophen oft gegen diese einseitige Verteufelung der Lüge und für deren großen sozialen Nutzen. Zu ähnlichen Urteilen kommen auch Verhaltensforscher und Psychologen, die sich mit dem Tierreich beschäftigen. Studien haben gezeigt, dass zum Beispiel Menschenaffen, die ein bestimmtes Verhalten vortäuschen können, über ein komplexeres und stabileres Sozialverhalten als andere tierischen Gemeinschaften verfügen und so besser in größeren Gruppen zusammenleben können.

Was passiert beim Lügen?

Wir alle lügen, ständig. Der eine mehr, der andere weniger, manches hängt auch von der Begabung zum Lügen ab. So hat man herausgefunden, dass die Gehirne von notorischen Lügnern besser vernetzt sind als die anderer Menschen. In einem Artikel des Psychologen und Wissenschaftsjournalisten Theodor Schaarschmidt zu neuronalen Prozessen des Lügens von 2018, der in der Zeitschrift »Gehirn&Geist« erschien, wurden Beispiele von Hirnschäden aufgeführt, die Lügen verhindern können. Insbesondere der präfrontale Kortex scheint hier eine zentrale Hirnregion zu sein, wobei Lügen stets als eine »aktivere beziehungsweise kognitiv herausfordernde« Leistung angesehen wird, als die Wahrheit zu sagen. Im selben Artikel wurde eine andere Studie zitiert, bei der eine magnetische Stimulation des präfrontalen Kortex die Fähigkeit zum Lügen von Versuchspersonen verbessern konnte.

Lügen ist oft ein prozessuales Geschehen. Die Studie eines Teams um den Psychologen Neil Garett vom University College London aus dem Jahr 2016 zeigte, dass Menschen in der Regel mit »kleinen« Lügen beginnen und diese dann wie in einem Schneeballeffekt steigern können, sobald sie hierdurch Erfolge bemerken. Der Befund wurde untermauert durch Messungen der funktionellen Magnetresonanztomografie, die zeigten, dass Lügen initial starke Aktivierungen in emotionsbezogenen Hirnregionen auslöst, etwa an der Amygdala, was aber mit der Wiederholung des Lügens nachlässt. So könne eine Art Kreislauf entstehen, bei dem Menschen immer weiter ins Lügen hineingeraten und es umso wichtiger ist, sie davor zu bewahren, indem man ihnen die negativen Gefühle beziehungsweise das schlechte Gewissen des anfänglichen Lügens spiegelt.

Warum lügen wir? Wir lügen aus tausend Gründen. Auch, um uns interessanter zu machen, um mehr Aufmerksamkeit zu bekommen. Und wir lügen in unterschiedlichen Schweregraden. Leichtes Übertreiben beim Erzählen ist eine normale Erscheinung, hin und wieder zu flunkern, das nimmt man keinem übel, es wird meist toleriert. Auch die Kriminalpsychologin Kristina Suchotzki von der Universität Marburg hat sich dem Lügen als Forschungsschwerpunkt gewidmet. Sie stellt fest, dem Hang zur Lüge kommt zugute, dass es für andere nicht einfach ist, Lügen zu erkennen. Kriminologen schaffen es trotzdem. Es gelingt ihnen heute aber nicht so sehr mit dem berühmten und nicht immer zuverlässigen Lügendetektor, sondern eher mit einem Verfahren, das man den »Tatwissens-Test« nennt. Entwickelt hat ihn der US-amerikanische Psychologe David T. Lykken. Zugrundeliegend ist die Beobachtung, dass Menschen stärker auf das reagieren, was sie kennen, als auf Unbekanntes. Wenn es etwa darum geht, einen Täter, der eine goldene Uhr gestohlen hat, zu überführen, sagt man ihm nicht *was genau*, sondern nur, *dass etwas* gestohlen wurde, und fragt ihn, ob er den Diebstahl begangen hätte. Er wird es wohl verneinen. Dann aber zeigt man ihm Bilder vieler verschiedener Objekte aus Diebstählen. Wird unter vielen anderen Gegenständen schließlich die Uhr erwähnt oder gezeigt, wird er voraussichtlich genauso »nein« sagen, aber dieses Mal schlagen die Erregungskurven höher aus, weil das Erkennen des Objekts eine neuronale Folgereaktion bewirkt, die eindeutig messbar ist.

Auch ganz ohne Messinstrumente ist gutes Lügen gar nicht so einfach. Es ist immer gekoppelt an die Fähigkeit, die Wahrheit zu unterdrücken, dazu gehören Kreativität und spezielle exekutive Fähigkeiten, sprich ein gewisses soziales Schauspieltalent. Gute Lügner sind in der Lage zu verbergen, dass zu lügen eigentlich ein ziemlich anstrengender Prozess ist, bei dem man sich viel merken und ständig auf der Hut sein muss, sich nicht in Widersprüche zu verstricken. Umgekehrt merken viele Menschen nicht, wenn sie angelogen werden. Studien von Charles F. Bond und Bella M. de Paulo haben gezeigt, dass Menschen nicht besonders gut darin sind, Lügen zu erkennen. Menschen, die lügen, müssen keineswegs nervös sein, wie man annehmen könnte, und Menschen, die nicht lügen, können genauso nervös sein. »Unser Talent, die Unwahrheit zu verbreiten, ist ebenso naturgegeben wie unser Bedürfnis, anderen Menschen zu vertrauen«, schreibt der Wissenschaftsjournalist Yudhijit Bhattacharjee in einem Artikel in der Zeitschrift »National Geographic« von 2017. Das ist der Grund, warum zu lügen so oft durchaus eine gangbare Option ist und die Chancen, damit durchzukommen, nicht die schlechtsten sind.

Der traditionelle Begriff des Lügens macht die implizite Annahme: Ich weiß, dass es nicht stimmt. Es ist aber, einmal mehr, viel komplizierter. In der Logik gibt es eine klare Unterscheidung zwischen wahren und falschen Aussagen, im praktischen Leben sind die Übergänge zwischen Wahrheit und Lüge jedoch fließend. Es gibt sehr viele Zwischenformen. Kaum einmal kann zweifelsfrei geklärt werden, ob ein Lügner die eigene Geschichte als unwahr erkennt oder wirklich willentlich betrügt. Vor allem notorische Lügner, bei denen eine pathologische Störung vorliegt, erkennen anfangs oft noch, dass sie die Unwahrheit sagen, mit der Zeit aber verschwimmen Fakten und Fiktionen. Das liegt vor allem daran, dass Menschen ihre Lügen oft selber glauben, und somit ist nicht immer klar, ob es eine klare Täuschungsabsicht oder einen Vorsatz gibt. Viele psychologische Verdrängungsmechanismen verhindern noch während einer eine Lüge ausspricht, dass er sich dessen bewusst wird. In vielen Fällen ist es auch sehr schwer zu unterscheiden, ob etwas wahr ist oder gelogen oder halbgelogen oder halbwahr. Man kann am Ende sogar selbst vergessen, dass man gerade lügt. Und wieder ist es so: Menschen, die dazu neigen, auch sich selbst etwas vorzumachen, können es besser. Oder es ist ihnen völlig egal, was die Wahrheit ist. Solche Menschen gibt es nicht wenige, ihr berühmtester Vertreter heißt Donald Trump. Er nennt es freilich nicht Lügen, sondern spricht freiweg von *Bullshiting*.

Die Geschmeidigkeit hat das Lügen rehabilitiert, ihm den Stachel des Bösen gezogen, es in eine Lässlichkeit verwandelt, eine verzeihliche Grenzverletzung, die man sich herausnimmt. Die anderen machen es ja auch.

Die hohe Kunst der Verstellung

Spricht man nun von einer regelrechten *Verstellung*, geht es eher um das Vorspielen unechter Gefühle. Die Lüge ist ein Sprechakt, Verstellung dagegen Schauspiel. Und wieder ist es so, auch sie ist ein ambivalentes Ding. Mag sein, dass man sofort an den Wolf denkt, der die Stimme lieblich-mütterlich verstellt und seine Pfote in Mehl getaucht hat, um die sieben Geißlein zu täuschen, die er in Wahrheit allesamt fressen will. Verstellung kann auch ganz und gar Gutes haben.

Sich zu verstellen und glaubwürdig zu spielen, selbst das Vortäuschen von Gefühlen oder inneren Haltungen, die man gar nicht hat, folgt keineswegs, wie man zunächst annehmen könnte, ausschließlich niederen Beweggründen. Manchmal »kriecht« einer vor dem, der ihm seine Unabhängigkeit garantiert, »schmeichelt« ihm, aber ohne ihm willfährig zu sein und nur um seine Ruhe zu haben. In einer anderen Biografie, jener über Erasmus von Rotterdam, beschreibt Stefan Zweig, wie dieser humanistische Freigeist eine Art der Geschmeidigkeit gegenüber seinen Gönnern und Sponsoren an den Tag legte, die jedoch allein den Sinn hatte, seine Autonomie zu verteidigen. Eine instrumentelle Geschmeidigkeit ist dies, die nicht den materiellen Erfolg, keine formidable Rente, mehr Wohlstand oder Teilhabe am gesellschaftlichen Leben oder an der Macht eines Herrn will, sondern nur zum Ziel hat, die eigene Freiheit zu bewahren. In seinem literarischen Porträt attestiert Zweig Erasmus keinen »Mangel an Charakterstolz«, sondern einen »entschlossenen, großartigen Willen zur Unabhängigkeit.« »Erasmus schmeichelt in Briefen, um in seinen Werken besser wahr sein zu können«, schreibt er, und weiter: »Er lässt sich fortwährend beschenken, aber von keinem einzigen kaufen, er weist alles zurück, was ihn dauernd an eine besondere Person binden könnte.« »Er durchschaut schon früh das Trugspiel der gesellschaftlichen Welt; weil nicht rebellischer Natur, nimmt er ihre geltenden Gesetze ohne Klage hin und setzt seine Mühe nur daran, sie auf geschickte Weise zu durchbrechen und zu umgehen.« Auch wenn einer einem Gewaltherrscher ewige Treue und Unterwürfigkeit geloben würde, insgeheim aber daran arbeitet, sein Volk eines Tages von diesem Tyrannen zu befreien, wer würde behaupten, eine solche Verstellung habe etwas Verwerfliches? Sich zu verstellen ist manchmal nur, ganz so wie eine Notlüge, eine legitime Methode praktischer Geschmeidigkeit, körperlich und geistig unversehrt zu bleiben.

So wie es gute Lügen gibt, auf Englisch *White Lies*, die in einem ethischen Sinn richtig und geboten sind, weil sie das Gute befördern, gibt es auch die legitime Verstellung. Eine, die allgemein als wünschenswert anerkannt wird, ist Höflichkeit und Freundlichkeit. Höflichkeit sei zwar stets eine Art Betrug, *eine Heuchelei im guten Sinne*, wie Arthur Schopenhauer sie genannt hat, denn sie gleiche einem Luftkissen, so der Philosoph, »in dem zwar nichts enthalten ist, das aber die Stöße dämpft.« Aber auch ganz und gar »aufgesetzt« kann sie durchaus ein Segen sein. Das weiß jeder Deutsche, der bei der Auslandsreise in die Vereinigten Staaten zunächst noch Anstoß an der »falschen« Freundlichkeit etwa von US-amerikanischem Servicepersonal im Restaurant nimmt, sie aber schon bald wertzuschätzen lernt, etwa dann, wenn er wieder zu Hause ist und im deutschen Hotel angeblafft wird: »Zimmernummer? Tee oder Kaffee?«

Freundlichkeit kann getrübt sein, was ihre Quellen angeht. Der Reinheitsgrad zwischen sich selbst äußerndem Gefühl und absichtsvoller Verstellung zu niederen Zwecken ist nie ganz klar zu erkennen. Wenn sie nur den Zweck hat, am Ende des Restaurantbesuchs ein ordentliches Trinkgeld zu erreichen, ist sie schon ziemlich kontaminiert. Allerdings kann man von den Formen, in denen es recht plump nur um einen Vorteil geht, solche unterscheiden, in denen sich immer auch ein Selbstzweck ausdrückt, weil der, der da freundlich ist, diese Freundlichkeit als Teil seiner persönlichen Identität als Verkäufer oder Dienstleister oder auch einfach als ein anständiger Mensch empfindet, der sich den Geboten von Fairness und Respekt verpflichtet fühlt. Auch wenn man jemanden zur Begrüßung anlächelt, ist dies, streng genommen, ein Akt der Verstellung. Nahezu immer eine Emotionsregung, die nicht allein durch Freude ausgelöst wird, sondern die man, erst recht an Tagen, an denen man nicht so gut gelaunt ist, »von innen anschieben« muss. Aber dennoch muss auch willentlicher Freundlichkeit keine Falschheit innewohnen, sondern vielleicht nur der Wunsch, seiner Umwelt ein gutes, positives und freudvolles Zeichen zu senden, sie ist Ausdruck einer ethischen Haltung. Ganz ähnlich ist es mit der Gastfreundschaft. Auch sie folgt im Grunde keiner authentischen Gefühlsregung, sondern einem Ethos, das der, der sie gewährt, verinnerlicht hat. Wer einem Fremden Obdach, Brot und einen Becher Wein gewährt, verstellt sich vielleicht. Aber »verstellt« ist nicht die innere Haltung, sondern vielleicht nur der Ausdruck von Freundlichkeit, den einer in diesem Moment aktiviert, weil er in seinem Leben gerade keinen sonderlichen Grund zur Freude hat. Man kann sogar noch weitergehen. Auch sich für jemanden persönlich zu interessieren, folgt manchmal weniger einem realen Interesse, sondern weitaus eher einem Ethos. Etwa, wenn man sich mit Gleichgesinnten in einer Bürgerinitiative trifft und sich mit ihnen austauscht. Dennoch würde keiner auf die Idee kommen, eine solche Annäherung deswegen als künstlich oder gar illegitim zu bezeichnen.

Ein schönes Beispiel für den Versuch, mittels gütiger Verstellung eine Situation zu retten, ist nicht zuletzt das Lachen bei einem schlechten Scherz. Jeder kennt die Situation, in der jemand in geselliger Runde einen Witz zum Besten gibt. Beim Witzeerzählen gibt es stets die Erwartungshaltung des Erzählers, der seinen Witz köstlich findet, dass dies der Zuhörer genauso empfinden möge und deswegen nach der Pointe in Lachen ausbrechen solle. Wenn Witzeerzähler und Zuhörer darüber hinaus ein freundschaftliches Verhältnis verbindet, vergrößert sich die Erwartungshaltung und das Empfinden einer Bringschuld des Zuhörers in Form eines herzlichen Lachanfalls. Wenn der Witz aber nicht zündet und man dennoch der Erwartungshaltung gerecht bleiben möchte, bleibt nur, das eigene Amüsement überzeugend zu spielen. Wer sich näher vor Augen führen möchte, wie eine Erwartungshaltung mangels vorherrschender echter Gefühlsäußerung durch eine Verstellung aufgelöst wird, kann es in einem Video auf *YouTube* tun, in dem der TV-Entertainer Frank Elstner den damaligen Ministerpräsidenten von Baden-Württemberg, Günther Oettinger, interviewte. Oettinger meinte, sich in diesem Interview als guter Witzteerzähler präsentieren zu müssen, und Elstner forderte ihn nach dieser Selbstauskunft umgehend auf, einen zum Besten zu geben. Er erwischte Oettinger jedoch auf dem falschen Fuß, sodass der Politiker sich verhaspelte, die Pointe verpatzte und allenfalls die Erbärmlichkeit der missratenen Darbietung Anlass zum Lachen gab, nicht aber der Witz selbst, der übrigens auch korrekt erzählt kaum einen Zuhörer vom Stuhl gerissen hätte. Um die Situation zu retten, aktivierte Elstner wenigstens eine, wenn auch nicht minder verunglückte Schrumpfform eines Lachanfalls, der ebenso wenig überzeugte wie zuvor die humoristische Darbietung, dafür aber wenigstens im Bemühen überzeugte, die verfahrene Situation irgendwie noch gut über die Bühne zu bringen.

Niedere Beweggründe – Heuchelei

Es gibt viele Formen der legitimen Verstellung, in der Politik und im gesellschaftlichen Leben. Aber erst, wenn einer einen ganz bestimmten Eindruck erwecken will, um einen nur und ausschließlich eigennützigen Vorteil zu erzielen, erst wenn definitiv niedere Beweggründe vorliegen, dann spricht man von *Heuchelei*. Heuchelei könnte man eine soziale Strategie nennen, die zwar keinen besonders guten Ruf genießt, nichtsdestotrotz so beliebt ist wie nie zuvor, denn sie hat tatsächlich ein paar schlagende Vorteile für sich. Sie erweist sich als höchst funktionalistisches Vorgehen, man geht, wenigstens in den meisten Fällen, straffrei aus, und wenn man es geschickt einfädelt, kriegt gar keiner mit, was man da anrichtet.

Dabei gibt es nichts, was sich nicht heucheln ließe: Interesse, Begeisterung, Empörung, Heiterkeit, einen Orgasmus. Frömmigkeit, Demut, Bescheidenheit, Ergriffenheit, Trauer, Verletzlichkeit, Kinderliebe, Tierliebe, Wohltätigkeit, Güte, Freude, Amüsement und alle Formen von Fröhlichkeit. Man kann heucheln, eine Ahnung von etwas zu haben, Professionalität, Wissen und jede Form von Kompetenz. Wenn es richtig ist, dass vor allem die höchsten Tugenden, die in einer Gesellschaft gelten, am meisten geheuchelt werden, dann muss man nur auf die spezifisch modernen Werteideale achten, um auch zu all ihren geheuchelten Formen zu gelangen. Tatsächlich ist Offenheit, Toleranz und Respekt gegenüber Andersdenkenden oder Minderheiten heute ein noch höherer Wert geworden, als er es in den Anfängen des aufgeklärten Denkens war, umso mehr, als er in Zeiten von Migration und grassierendem Fremdenhass erneut auf die Probe gestellt wird. Deswegen werden Offenheit, Toleranz und Respekt nahezu in jeder Sonntagspredigt geheuchelt, auch dort noch gerne, wo eigentlich das nackte Ressentiment herrscht.

Wenn man sich auf die Suche nach dem Wesen der Heuchelei macht, fällt ihr hoher Grad an Spielkunst auf. Sie ist so etwas wie eine gut inszenierte Lüge, dabei mehr szenischer Akt als nur faktische Falschaussage. In diesem Spiel geht es auch viel mehr noch als bei der Lüge um falsche Gefühle statt um falsche Worte. Im Heucheln verbreitet man ein Bild von sich, das nicht mit dem eigenen Selbst übereinstimmt. Man gibt ein Gefühl vor, das man nicht wirklich empfindet, um bei anderen eine bestimmte Reaktion auszulösen. Der Bestechungsversuch der Heuchelei ist immer ein emotionaler.

Wie das Lügen lässt sich Heuchelei in unterschiedliche Schweregrade einteilen. Wieder geht es einmal nur um einen bestmöglichen Eindruck, den da einer bei anderen erzielen will, oder aber einfach nur darum, eine soziale Strafaktion zu vermeiden. Die Motive sind in zweierlei zu unterscheiden. Entweder liegen Habgier, Missgunst, Neid oder Eifersucht vor. Der Heiratsschwindler oder der Erbschleicher sind hier die prominenten Rollendarsteller auf der Bühne der menschlichen Sozialwelt. Oder es geht darum, etwas zu verschleiern, wie man das in leichteren Fällen von Zeitgenossen kennt, die plötzlich anfangen, betont fröhlich vor sich hinzupfeifen, um von einem Regelverstoß oder Fehltritt abzulenken.

Gerade Unschuldsheucheln, das seit dem öffentlichen »Ehrenwort« des ehemaligen schleswig-holsteinischen Ministerpräsidenten Uwe Barschel im September 1987 wohl nie wieder besser performt worden ist, tritt immerzu in Konstellationen auf, in denen vor Autoritäten ein bestimmter Eindruck erweckt werden soll, um diese gnädig zu stimmen. Deswegen wird in hierarchischen Verhältnissen erfahrungsgemäß besonders viel geheuchelt. So zwischen Schülern und Lehrern, Angestellten und Chefs, aber auch nur situativ, etwa zwischen Falschparkern und Politessen, die dem Betreffenden gerade ein Knöllchen unter den Scheibenwischer stecken. Wenn man weiter Ordnung in die Phänomenologie des Heuchelns bringen will, kann man alle ihre Formen in Angriffsheucheln und Verteidigungsheucheln einteilen. Offensives Heucheln in Reinform liegt beim Trickbetrüger vor, der mittels gespielter Vertrauenswürdigkeit sein Opfer für sich einnimmt, aber nur, um es schonungslos auszunehmen. Defensives Heucheln ist dabei die abgeschwächte Strategie, die unter Vorspiegelung eines falschen Eindrucks versucht, einen Nachteil abzuwenden. Übeltäter, die erwischt werden, versuchen, sich herauszureden. Ein Fußballspieler schaut nach einem hässlichen Ellenbogencheck drein, als sei er nicht weniger als der Erzengel Gabriel, nur um die Rote Karte zu verhindern.

Eine der stärksten und bei Gelingen wirksamsten Formen der Heuchelei sind die viel beschworene Krokodilstränen, die da einer vergießt. Begabte Heuchler können sie fast auf Knopfdruck aktivieren, etwa auf dem Friedhof oder auf der Begräbnisfeier. Geweint wird nicht allein impulsiv oder um seiner Trauer Ausdruck zu verleihen, viel öfter ist eine Verschleierungsabsicht leitend, die eine tatsächlich vorherrschende Indifferenz gegenüber dem Verstorbenen überdecken soll. Geweint wird gerne auch aus eigennützigem Motiv, um etwa ein Erbinteresse vor anderen auch moralisch legitim erscheinen zu lassen. Es gibt wohl noch hundert andere Gründe für gespielte Ergriffenheit. Eine erwähnt La Rochefoucauld: Man weint, schreibt er, »weil es eine Schande wäre, nicht zu weinen«. Und weiter: »Der Kummer kennt verschiedene Arten der Heuchelei. Die eine besteht darin, dass wir unter dem Vorwand, den Verlust eines teuren Menschen zu beweinen, uns selber beweinen; wir trauern um die gute Meinung, die er von uns hatte, um die Verminderung unseres Besitzes, um unser Vergnügen, um unser Ansehen. So werden die Toten mit Tränen geehrt, die nur für Lebende fließen. Die zweite Art ist nicht so unschuldig, denn sie soll die Umwelt täuschen. Sie ist der Kummer jener Menschen, die nach dem Ruhm eines schönen und unsterblichen Schmerzes streben. (...) Sie spielen die Rolle des Schwermütigen und bemühen sich, uns durch ihr Benehmen zu überzeugen, dass ihr Schmerz erst mit ihrem Leben enden werde.« Allzu häufig, das ist die Quintessenz, ist Trauer oder Mitgefühl nichts anders als eine Übertragungsreaktion, in der der Schmerz eines Leidenden auf uns übertragen und nachsimuliert wird. Am Ende betrauern wir *uns im anderen* – und gar nicht den anderen. La Rochefoucauld geht so weit, ihn als Form der Eitelkeit zu nennen, die nur der Geltungssucht entspringt.

Wenn man es so neutral wie möglich erfassen will, dann ist Heuchelei als das Vortäuschen nicht vorhandener Gefühle oder Gesinnungen zu einem rein eigennützigen Zweck nur ein geeigneter hochfunktionaler Weg, die Erwartungen einer anderen Person zu erfüllen. Und zwar auf gespielte Weise, in der man sich verstellt, und als Reaktion, von der man annimmt, sie werde erwartet, einfach imitiert.

Das kleine persönliche Theaterstück, das dann folgt und unserem Ego auf unlautere Weise zum Durchbruch verhelfen soll, ist ein uraltes Phänomen der Menschheitsgeschichte. Als Mittel sozialer Ausscheidungskämpfe tritt es im Prozess der Zivilisation zutage und erweist sich mit der Zeit als immer tauglicher, um den von roher körperlicher Gewalt geprägten Existenzkampf besser zu überstehen. Heucheln wird zur sozialen Strategie im pazifizierten Ausscheidungskampf um Macht und Einfluss in einem Zeitalter, in dem sich langsam aber stetig ein staatliches Gewaltmonopol herausbildet. Dabei basiert sein Erfolg auf der Entdeckung, dass wir andere manipulieren und unseren Willen durchsetzen können, wenn wir ihnen unsere Gefühle offenbaren. Die andere, nicht minder wichtige Entdeckung: Es reicht mitunter aus, ein Gefühl nur zu simulieren. Zu heucheln kann überhaupt nur funktionieren, weil wir nicht zuverlässig zwischen wahren und simulierten Gefühlen unterscheiden können. Gerade die Entdeckung der Spiegelneuronen im menschlichen Gehirn in den letzten Jahrzehnten hat gezeigt, dass auch gespielte Gefühle beim anderen dieselben Resonanzreaktionen auslösen können wie tatsächliche Emotionsregungen. Aus der alltäglichen Lebenserfahrung wissen wir das längst. Man muss nur in ein Kino gehen, in dem ein Liebesdrama läuft. Die Schauspieler auf der Leinwand lösen echte Tränen im Publikum aus, obwohl ja alle wissen, dass das Gefühl vollkommen geheuchelt, sprich: gespielt ist.

Und heute? Obwohl es oft einfacher ist, ein Gefühl zu heucheln, als es zu verbergen, wenn es sich tatsächlich regt, ist überzeugend zu heucheln eine hohe Kunst geworden. Man hat sich an die allgemeine Heuchelei gewöhnt, weiß nur zu gut, wo zu viel oder zu schlecht geheuchelt wird. Das hat auch mit der gestiegenen Frequenz simulierter Gefühlsaktivitäten im öffentlichen Raum zu tun, proportional dazu ist unsere Entlarvungskompetenz gestiegen, auch wenn der Eindruck besteht, dass das Heucheln immer einen Schritt voraus ist. Egal, ob gespreizte Künstlichkeit oder die Imitation des Echten, Originalen, Authentischen, die heute besonders intensiv betrieben wird, Heucheln ist immer hohe Selbstdarstellungskunst und ein starkes Mittel ultimativer Geschmeidigkeit.

Scheinheiligkeit und Vortäuschen falscher Gefühle

Unter Heuchelei fasst man recht viele, auch scheinbar heterogene Verhaltensweisen zusammen. Immer wieder sind es gespielte Gefühlszustände, die von anderen in einer spezifischen Situation erwartet werden und die man gerne an den Tag legt, solange sich die Performance auszahlt. Ein Student, der bei seinem Professor mit aufgerissenen Augen und ständig nickend großes Interesse an dessen Vortrag, ja Bewunderung für all die Geistesblitze seines Ordinarius zeigt, tut dies nicht aus echter Überwältigung, sondern schlicht deswegen, um seine Chancen auf eine bessere Abschlussnote in der Seminararbeit zu erhöhen, die er eingereicht hat. Zur Heuchelei zählt man jedoch auch jene Art von Widersprüchlichkeit in einem Verhalten, bei dem einer einen moralischen Wert hochhält und anderen gegenüber für höchstverbindlich erklärt, im eigenen Handeln dagegen jedoch oft schon in krasser Weise verstößt. Diese Form verdichtet sich in dem berühmten Ausspruch, der Heinrich Heine zugeschrieben wird und der da lautet: »Heuchelei ist, öffentlich Wasser zu predigen und heimlich Wein zu trinken.« Ein schönes Beispiel hierfür sind allerlei Kleriker, Priester und Priesterhafte, und es ist in seltener Reinform der Fall bei dem republikanischen US-Abgeordneten und erklärten Abtreibungsgegners Tim Murphy, der 2017 von seinen Ämtern zurücktrat, als herauskam, dass er seine schwangere Geliebte, mit der er eine außereheliche Affäre hatte, zur Abtreibung drängte, wohl weil er seine Ehe retten wollte.

Ob nun gespielte Gefühlszustände oder aber die alte Scheinheiligkeit, so unterschiedlich beide Formen der Heuchelei auch erscheinen, sie haben doch eine Gemeinsamkeit. Beide Verhaltens- beziehungsweise Handlungsweisen sind Verstellungen mit einer bewussten Täuschungsabsicht. Sie verfolgen beide das Ziel, einen eigenen Nutzen zu erreichen oder wenigstens selbst gut dazustehen. Wer Geistes- und Gefühlszustände heuchelt, hat immer einen Zweck im Sinn, immer ein rein egoistisches, machtbezogenes Ziel, für das er zum Instrument einer emotionalen Aufführung greift. Und auch der Pfarrer oder Moralapostel, der Tugenden nur predigt, aber sich selber nicht daran hält, hat davon einen ganz handfesten, rein persönlichen Nutzen. Dieser besteht im Eindruck, den er erweckt und der zur Folge hat, dass die Leute ihn für seinen vorbildlichen Lebenswandel, der sich etwa im erklärten Weinverzicht oder sonst einer erstrebenswert erscheinenden Lebensweise ausdrückt, und genauso für die tugendhaften Werte, wie Bescheidenheit und Genügsamkeit, die sich darin widerspiegeln, überaus hoch achten und wertschätzen.

Innere Widersprüche aushalten – eine Form der Geschmeidigkeit

Die moralischen Instanzen, die einmal die Pfarrer und Pastoren in einer Gesellschaft waren, sind heute die Politiker, sie sollten es wenigstens sein. Gerade deswegen ist die Heuchelei in der Politik beheimatet wie sonst nirgendwo im öffentlichen Raum. Auch hier gilt: Wer heuchelt, handelt gegen die eigenen Prinzipien, und zwar ganz bewusst. Die Widersprüchlichkeit der Werte, die sich im Bekennen und im Handeln ausdrückt, berührt das Wesen der Heuchelei. Eigenes egoistisches Wesen und ein ganz anderes Selbstbild, das man von sich vermitteln will, kollidieren hier in eklatanter Art und Weise. Beispiele gibt es heute so viele wie nie zuvor. Politiker etwa, die es sich zur Hauptaufgabe gemacht haben, Korruption zu bekämpfen, die wichtigen Posten im eigenen Ministerium aber vor all mit persönlichen Günstlingen besetzen; Klimaschutz-Aktivisten, die den CO_2-Ausstoß von Normalverbrauchern anprangern, aber zweimal in der Woche den Kurzstreckenflieger nehmen; Journalisten, die im öffentlich-rechtlichen Rundfunk für die Werte wie Transparenz und kritische Berichterstattung angetreten sind, aber Bestechungsgeschenke annehmen und selbst nur über gute Beziehungen in die höheren Positionen im Funkhaus gekommen sind. Der Verstoß gegen ein Prinzip, in dessen Namen man offenbar freiwillig und überzeugt nach außen antritt und dennoch dagegen verstößt, erscheint noch absurder zu sein, als einen moralischen Wert nur einfach so zu verletzen, aber auch davor schreckt Heuchelei nicht zurück.

Bei aller Härte, manchmal ist Heuchelei auch Quell unverhoffter Heiterkeit. Der Slow-Food-Gastronom, der mit großer Geste den Verfall des »Dienens« in unserer Gesellschaft anprangert, seine Gäste aber bei der kleinsten Bestellung übellaunig anherrscht, sie sollen sich gefälligst noch etwas gedulden, er könne schließlich nicht hexen, ist kein Einzelfall. Genauso wenig die Krankenschwester mit dem Roten Kreuz der Nächstenliebe am Revers, die ihre Patienten im Krankenzimmer schlechter behandelt als eine Gefängniswärterin ihre Häftlinge. Nicht die Sünde, die Untugend ist das Schlimme, könnte man zusammenfassen, sondern die Sünde, die ausgerechnet im Namen der Tugend begangen wird.

Auch in der Sozialpsychologie ist das Thema »Hypokrisie« immer wieder in Studien präsent. In einer Doktorarbeit hat die Moralpsychologin Alexa Weiß von der Universität Bielefeld nachgewiesen, dass Menschen, die zu größerem Misstrauen anderen Menschen gegenüber tendieren, eher zu Heuchelei neigen als solche Menschen, die anderen mehr vertrauen. Bei der anderen Variante des Heuchelns, der Scheinheiligkeit oder Doppelmoral, fand Johannes Lamers, Sozialpsychologie an der Universität Bremen, heraus, dass es eine Verknüpfung von sozialhierarchischer Stellung und der Neigung zur Doppelmoral gibt. Menschen, die viel Macht haben, nehmen für sich moralische Übertretungen eher in Anspruch. Macht und Abgehobenheit vom normalen Leben fördern laut seinen Erkenntnissen die Bereitschaft zu heucheln. (Lamers, 2010) Der Spruch »Quod licet iovi, non licet bovi«, mit dem besonders selbstherrliche Menschen Vorrechte für sich beanspruchen, war schon den Römern geläufig, er nimmt die Ergebnisse von Lamers' Forschungen vorweg.

Auch wenn sich der moderne Mensch im Kapitalismus an die Heuchelei gewöhnt hat, wäre er verloren, wenn er nicht auch eine gesteigerte kognitive Kompetenz gerade gegenüber kommerzieller Heuchelei ausgeprägt hätte, die ihn täglich durch die Untiefen der Unmoral im Geschäftsgebaren navigiert und ihn davor bewahrt, ständig in die Werbefalle zu tappen. In der kapitalistischen Warenwelt, die uns permanent umgibt, ist nahezu alles inszeniert, und das nicht nur, weil Werbespots kleine Spielfilme sind. Sie sind geheuchelt, weil es ihr innerstes Stilprinzip ist, so zu tun, als seien ihre Sequenzen von heilen Familien, wunderschönen Frauen in Negligés oder formvollendeter Männerfreundschaft an idyllischen Lagerfeuern direkt der Realität entnommen. Dabei sind sie vollkommen artifizielle Konstrukte, die nur mit den Bedürfnissen und Sehnsüchten der Menschen spielen. Man kann getrost davon ausgehen, dass jeder, der einem etwas andrehen will, nicht seine wahren Gefühle offenbart.

Auch wenn die meisten Menschen ein untrügliches Gespür für eine glaubwürdige Freundlichkeit haben, es gibt kein Gefühl, das nicht überzeugend zu heucheln wäre. Auch die große Liebe macht da keine Ausnahme. Wirklich erfolgreich geheuchelte Liebe ist sehr selten, wohl weil sie das erste und tiefste Gefühl ist, das Menschen in ihrem Leben erfahren. Und doch ist auch hier keiner wirklich gefeit vor Täuschung. Erstaunlich oft gehen Menschen Pseudopartnern auf den Leim. Von unglaublichen Fällen erfolgreicher Heiratsschwindler wird immer wieder berichtet, die ihren finanzstarken Partnerinnen von ewiger Liebe säuseln, aber nur an ihr Geld wollen und damit auch noch Erfolg haben.

Wenn die Rechnung aufgeht – Heuchelfreuden

Schlecht performte Heuchelei, die erkannt wird, weil sie zu fadenscheinig und durchschaubar inszeniert wird, ist jedoch auch ein gern gewählter Stoff für das Boulevardtheater, und, gespielt auf der Bühne von guten Schauspielern, immer eine Garantin für Lachsalven und Beifallsstürme. Menschen empfinden Schadenfreude, wenn sie bezeugen, wie einer, der andere nur hereinlegen will, krachend scheitert. Es wirkt lächerlich, wenn alles auffliegt, weil einer sich nicht glaubwürdig genug verstellt. Die Rolle ist dann nicht so verinnerlicht, dass sie natürlich wirkt, sondern sie wirkt wie ein Fremdkörper. Gut geheuchelt dagegen unterscheidet sich nicht vom Original, ja, übertrifft es vielleicht sogar noch.

Auch Heuchelei, die wahrhaft glaubwürdig rüberkommt, sodass die Rechnung des Protagonisten aufgeht, ist immer wieder auch Stoff von allerlei Komödien. Das Publikum liebt es gerade zu, wenn der Gute im Stück erfolgreich heuchelt und der *Bad Guy* in die Falle tappt. Vorausgesetzt man identifiziert sich mit dem Heuchler. Das ist etwa in vielen Filmen mit Stan Laurel und Oliver Hardy der Fall. In ihren Geschichten hauen die beiden fast nie wirklich gute Menschen übers Ohr, sondern stets solche, die es verdient haben. Und deswegen fiebert man mit den beiden mit, auch wenn sie eine besonders perfide Heuchelei ausgeheckt haben. Der Zuschauer sympathisiert dann und freut sich mit ihnen, wenn ihr Spiel verfängt. Das Böse im Dienst des Guten, es findet immer die Zustimmung des Publikums.

Ein Höhepunkt dieser kleinen Schurkenstücke ist es stets, wenn die List am Ende aufgeht und alles wie am Schnürchen läuft. Dann herrscht große Genugtuung bei den beiden, und gerade bei Olli bahnt sich dann eine unnachahmliche Mimik den Weg nach außen. Es ist dies ein Lächeln aus Schadenfreude, das er aber mit vorgeschobener Güte zu maskieren versucht. Was ihm mal besser, mal schlechter zu gelingen scheint, weil die klammheimlich empfundene, händereibende Schadenfreude doch zu mächtig ist und sich kaum verbergen lässt. Der Zuschauer sieht also, dass da einer nicht gütig ist, sondern ein ziemlicher Schuft. Obwohl die beiden alles andere als moralisch korrekt handeln, identifiziert man sich dennoch mit den beiden ein ums andere Mal, denn fast immer sind ihre Listen, mit denen sie dem Leben ein Schnippchen schlagen, nicht von unmoralischen Motiven inspiriert, sondern von einem unstillbaren Freiheitsdrang, aus ihrer kleinbürgerlichen Welt wenigstens für ein paar Stunden ausbrechen zu dürfen. Nahezu durchweg versuchen sich Stan und Olli, mit solchen Auftritten das Recht zu erkämpfen, endlich einmal tun und lassen zu dürfen, was sie wollen, eine Freiheit, die ihnen diese Welt jedoch vorenthalten würde, würden sie sich an die Spielregeln halten.

Grauzone – unbewusste oder bewusste Heuchelei

Die wirksamste Heuchelei ist stets diejenige, von der der Heuchler glaubt, sein Auftritt sei vollkommen ehrlich. Man muss Realität verlieren, um gut zu heucheln. Vollendete Heuchler täuschen nicht nur andere, sondern auch sich selbst, indem sie ihre geheuchelte Rolle so sehr verinnerlichen, dass sie ihnen zu einer zweiten Natur wird. Das Elend der Heuchelei besteht also nicht allein darin, dass sie von Menschen, die sich täuschen lassen, gar nicht bemerkt wird und der Heuchler damit durchkommt, sondern mindestens ebenso sehr darin, dass der, der heuchelt, sich nicht immer unbedingt über die Tatsache im Klaren ist, dass er es tut.

Jeder dürfte die schockierende Empfindung kennen, die die Beobachtung eines talentierten Heuchlers auslöst. Etwa wenn man Wladimir Putin zuhört, wie er seine Kriegsverbrechen nicht nur relativiert, sondern rechtfertigt. Man hat dann oft den Eindruck: Der glaubt ja, was er sagt!

Ob Heuchler tatsächlich glauben, was sie sagen, und inwiefern dies zutrifft oder zutreffen kann, lässt sich nur schwer ermitteln. Fakt ist, dass Schauspieler oft davon berichten, dass sie mit zunehmender Zeit, in der sie eine bestimmte Rolle spielen, mehr und mehr von dieser Rolle beeinflusst werden und diese nicht mehr klar von ihrem eigenen Denken und Handeln trennen können. Dies deutet darauf hin, dass Personen, die chronisch lügen oder heucheln, irgendwann tatsächlich diese Annahmen verinnerlichen und tatsächlich glauben, was sie da zum Besten geben, selbst wenn sie das zu Beginn ihrer Heuchelei vielleicht nicht taten.

Eine Studie eines Teams um den Psychologen Steven Brown von der McMaster University im kanadischen Hamilton von 2019 hat gezeigt, dass das Schauspielen von bestimmten Gedanken in einer anderen Rolle zu anderen Hirnerregungsmustern führt als dieselben Gedanken in der eigenen Person. Insbesondere waren bei Schauspielern Hirnregionen, die mit dem Selbstbewusstsein und Ich-Gefühl zusammenhängen, weniger aktiv, wohingegen der sogenannte Precuneus, eine Region, die für Konzentration und nach innen gerichtete Aufmerksamkeit wichtig ist, stärker involviert war. In einer anderen Studie aus dem »Journal of Experimental Psychology«, durchgeführt 2019 von einem Team um die Psychologin Meghan L. Meyer, wurde untersucht, wie Versuchspersonen sich selbst beurteilen, bevor und nachdem sie die Rolle einer anderen Person eingenommen haben. Hier wurde beobachtet, dass Menschen sich selbst anders einschätzen, nachdem sie sich in eine andere Person hineinversetzt haben. Dies zeigt, dass Schauspielen die Annahmen einer Person relevant beeinflussen kann. So kann wahrscheinlich auch das Heucheln einer bestimmten Annahme das eigene Denken in dieselbe Richtung beeinflussen. Diese Beobachtungen fügen sich gut auch in die Theorie des Konstruktivismus, nach der sich jeder Mensch seine eigene Realität durch seine persönliche Gedanken- und Erfahrungswelt aufbaut. So kann anhaltende Propaganda, selbst wenn sie anfangs bewusst vorgeheuchelt wird, über einen langen Zeitraum das Denken von Personen so beeinflussen, dass sie die propagierten Aussagen selbst glauben, wodurch Propaganda schließlich zu Überzeugung wird.

Aber ganz egal wie, am Anfang jeder Heuchelei steht ein höchst prekärer Vorsatz, und Heuchelei bleibt, was sie ist: eine Form unmoralischen

Handelns. Christian Seidel, Professor für Philosophische Anthropologie am Karlsruher Institut für Technologie, unterscheidet bei Heuchlern zwei Kategorien: die, die genau wissen, dass es moralisch falsch ist, was sie tun, aber dennoch so handeln, vielleicht aus Willensschwäche, Verlockung, Gier. Das wäre etwa der Kaufhausdieb. Dann gibt es aber noch all diejenigen, die das Falsche für richtig halten, entweder pathologisch, weil sie schuldunfähig sind, oder weil sie die falschen Überzeugungen haben. Letztlich ist aber die Frage nach dem absichtsvollen Handeln entscheidend, nach dem Vorliegen von Arglist. Zum Heucheln gehört die Bewusstheit, sie ist eine Form bewusster Böswilligkeit. Für das Heucheln braucht es eine Täuschungsabsicht, oder zumindest eine innere Stimme, die sagt, das ist nicht so schlimm, was ich da mache.

Ob ein Mensch bewusst heuchelt, um einen Vorteil zu erzielen, oder ob er dabei glaubt, was er sagt, weiß am Ende nur er selbst. Es ist davon auszugehen, dass sich in jedem Menschen eine Art schlechtes Gewissen regt, wenn er unmoralisch handelt, und das ihn eigentlich abhalten sollte, schädliche Handlungen ins Werk zu setzen. Es sei denn, er leidet an einer psychischen Erkrankung oder schweren Verhaltensauffälligkeit. Das Problem ist wohl ein graduelles. Das Moralorgan regt sich. Bei jedem normalen Menschen. Aber nicht immer so sehr, dass es böse Handlungen auch verhindert. Oder es regt sich nicht, weil der, bei dem es sich regen sollte, entweder kein Empfinden für das eigene unmoralische Handeln hat oder aber solche Mechanismen aktiviert, die es zur Ruhe bringen. Man könnte es eine Form von Selbstüberlistung nennen. Tatsächlich kennt man in der Forschung vielfältige Formen, wie Menschen böses Handeln zumindest so neutralisieren, dass sie damit nicht nur irgendwie leben können, sondern damit vor sich selbst sogar als gute Menschen dastehen.

Die Kriminalpsychologin Lydia Benecke hat erforscht, wie Menschen, insbesondere Straftäter, zu »bösen Taten« kommen und wie sie selbst mit ihren Taten umgehen. Das Böse als eine extreme Form des Unmoralischen definierte sie in einem Interview so: »Wenn ein Mensch sich entscheidet, etwas zu tun, was einem anderen schadet, weil dieser Mensch sein eigenes Bedürfnis befriedigen will, dann könnte ich diese Entscheidung und die Folgen der Handlung als böse definieren.« Gerade bei Straftätern sieht sie jedoch ebenfalls Unterschiede. »Es gibt schuldfähige Täter, die wissen, was sie zum Zeitpunkt der Tat tun«, führt sie aus, »das sind Täter, die sich auch anders hätten entscheiden können. Die tragen die Verantwortung für ihr Handeln. Es gibt einige, die eine funktionierende Gewissensinstanz haben, die also in der Lage sind, Schuldgefühle zu empfinden, die allerdings durch kognitive Verzerrungen, also Gedankenkonstrukte, ihre Schuld relativieren. Sie finden Rechtfertigungen, um mit sich leben zu können. Und es gibt andere, bei denen eine Verminderung von Mitgefühl und Schuldgefühl vorliegt, die haben da ein Defizit und empfinden das nicht.«

Gedankenkonstrukte zur Selbstentschuldigung

Im Normalfall umgibt also noch die erfolgreichste Heuchelei ein gewisses *Schuldgefühl*. Der da heuchelt, fühlt sich fast immer schäbig dafür, dass er zu einem unerlaubten Mittel gegriffen hat. Aber auch das scheint ein lösbares Problem zu sein. Menschen haben gelernt, ihre innere Stimme zum Verstummen zu bringen. Selbst wenn sich bei einem übertretenen Verbot das schlechte Gewissen regt, eilen ihm nur allzu oft allerlei Verdrängungshelfer zur Seite, die den Verstoß oder irgendein fragwürdiges Verhalten moralisch neutralisieren und das jeweilige Handeln legitimieren. Verdrängungsmechanismen werden ausgelöst, die dem Ego einen sicheren Weg weisen, wie es sich unversehrt am schlechten Gewissen vorbeimogeln kann.

Um effektiv zu heucheln, braucht es zwangsläufig die Fähigkeit zur Verdrängung, ja zum Selbstbetrug. Sonst müssten Menschen vor lauter Gewissensbissen so schlimme innere Qualen aushalten, dass sich der Aufwand der Heuchelei nicht wirklich lohnen würde. Über diese Fähigkeiten verfügen jedoch alle Menschen.

Eine der bekanntesten Formen, wie Menschen es schaffen, mit sich widersprechenden oder sich gar gegenseitig ausschließenden Erkenntnissen umzugehen, ist es, sogenannte *kognitive Dissonanzen* zu reduzieren. Der Begriff geht auf den US-amerikanischen Psychologen Leon Festinger zurück, der ihn im Schlussbericht zu einer Studie von 1957 einführte. Für diese Studie war er Ende der 1950er-Jahre zum Schein in eine

Sekte eingetreten und hatte vor Ort inkognito ganz konkrete Manifestationen von massiven kognitiven Dissonanzen sowie die weitreichenden Reduktionsbemühungen unter den Sektenmitgliedern studiert. Der Anlass war kein geringer. Für 1954 wurde von der Sektenführerin der Weltuntergang prophezeit. Die Anhänger der Sekte waren sicher, am 21. Dezember dieses Jahres würde eine tödliche Sintflut alles Leben auf der Erde auslöschen, sie selbst würden jedoch von Außerirdischen per Raumschiff gerettet werden. Der Tag kam, und es passierte gar nichts. Kein Weltuntergang, keine Außerirdischen. Die Sektenmitglieder waren dadurch aber keineswegs ein für alle Mal von ihrem Glauben kuriert, sondern fühlten sich bestätigt. Jetzt argumentierten sie, Gott habe nur ihren Glauben prüfen wollen. Genauso wie sie schaffen es Menschen aber auch, solche kognitive Dissonanzen zu reduzieren, die sich auf moralische Werte beziehen, denen sie sich verpflichtet fühlen, die sie jedoch durch ihr Handeln verletzen.

Ein zweiter Bereich, wie sich Menschen gegen aufkommende Gewissensnöte immunisieren, ist die Wahl des *moralischen Referenzrahmens*, in dem sie sich bewegen. Der Historiker und Leiter des Berliner Museums zur deutschen Geschichte, Raphael Gross, argumentierte etwa in seiner Arbeit zur nationalsozialistischen Moral, Titel: »Anständig geblieben« (2010), dass es ein Trugschluss sei anzunehmen, mordende Nationalsozialisten seien Menschen ohne Moral gewesen. Es ist ein Irrtum zu denken, die Guten seien die mit Moral und die Bösen hätten gar keine. »Even gangsters have morals«, meinte einmal der Schauspieler Robert De Niro in einer Talkshow, in der er nach seiner Einschätzung von Donald Trump und seinen Unterstützern befragt wurde. Wer Böses tut, nimmt nahezu immer eine Moral für sich in Anspruch. Jedes Handeln in der Welt, so kann man sagen, braucht eine Moral, die es begleitet, auch noch die schändlichste Tat. Ja, die vielleicht sogar noch mehr. Menschen drängt es oft, gerade eine besonders schlimme Tat mit irgendeiner Moral zu versehen, die sie legitimiert, um damit leben zu können. Deswegen ist es folgerichtig, dass noch alle Täter etwa von schweren Kriegsverbrechen diese stets mit einer Weltanschauung, einer Überzeugung und Ideologie legitimiert und moralisch für sich abgesichert haben.

Wie gelingt aber dieser innere Prozess? Wie gelingt es, Unschuldige zu töten und doch für sich eine Moral zu beanspruchen, die das irgendwie gut und richtig findet? Forschungen haben gezeigt, Menschen richten sich auch moralisch nach der Meinungsgruppe, der sie angehören. Die Arbeiten des Soziologen Harald Welzer zu Motiven von mordenden NS-Tätern haben überzeugend dargelegt, dass sich Moral stets relativ zum jeweiligen Referenzrahmen bewegt, innerhalb dessen sie abgerufen wird. Moral ist demnach immer abhängig vom jeweiligen »Framing«, das vorgenommen wird. Folgerichtig muss ein Mensch, der sich etwa dem christlichen Menschenbild verpflichtet fühlt, die christliche Moral, die er über die Familie, in der er aufwuchs, verinnerlicht hat und sie in der Familie, die er selbst gegründet hat, praktiziert, keinesfalls notgedrungen anwenden, wenn er etwa in einer Kriegssituation agiert, in der er als Angehöriger eines Polizeibataillons an Massenerschießungen von unschuldigen Zivilisten teilnimmt. Mit Eintritt in eine andere Gruppe verschiebt sich der Referenzrahmen, eine andere Moral wird aufgerufen, der neue Rahmen ermöglicht plötzlich ein anderes moralisches Empfinden und Handeln, das im Alltag ansonsten vollkommen unmöglich und undenkbar wäre.

Zum Dritten sind es oft Überzeugungen und Ideologien, die tief verwurzelt in der Persönlichkeit eines Menschen sind und ihm das scheinbare Recht zum moralischen Übertritt geben. Ideologien kann man als den größtmöglichen Referenzrahmen bezeichnen, innerhalb dessen Menschen agieren. Ideologien interpretieren die Totalität, geben die Kategorien von »wahr« und »falsch« vor, innerhalb derer Menschen denken und handeln. Sie kennen keinen Zweifel, fungieren als geistige Orientierungs- und Handlungsrahmen und determinieren in einem gewissen Maß auch die moralischen Systeme, die aus ihnen abgeleitet werden. Als Sichtweise auf die Totalität der Gesellschaft, die sich als einzig mögliche Wahrheit ausgibt, hat jede Ideologie viel mit Religion zu tun. Selbst irrationale Überzeugungen werden erfolgreich als Wahrheit umgedeutet und ihr rein relativer Charakter unkenntlich gemacht. Moralsysteme sind dennoch immer auch dominante Ideologien, die der Herrschaftsausübung dienen. Sie legitimieren eine Herrschaft der wenigen, indem sie das Bewusstsein der vielen steuern. Sie entstehen aus der Erfahrung, wonach sich Menschen weit besser durch innere Zwänge beherrschen lassen als durch äußere Gewalt.

Zu guter Letzt gibt es nicht wenige Fälle, in denen Menschen sich über die eigene Heuchelei nicht im Klaren sind, weil sie über einen blinden Fleck in der Selbstwahrnehmung verfügen. Nicht jeder Verstoß gegen einen Wert, in dessen Namen einer antritt, ist eine Heuchelei. Manchmal ist es nur mangelnde Selbsterkenntnis, die zur kognitiven Dissonanz führt, aber auch verhindert, dass diese überhaupt erkannt wird. In der Bibel bei Matthäus wird von dieser allzu menschlichen Schwäche gesprochen. »Was siehst du aber den Splitter im Auge deines Bruders, doch den Balken in deinem Auge nimmst du nicht wahr?«, heißt es da und wenig später: »Heuchler, nimm zuerst den Balken aus deinem Auge. Dann magst du sehen, wie du den Splitter aus deines Bruders Auge wegnimmst.« Es gibt also sehr viele psychische Mechanismen und Reaktionsweisen, die Menschen, die heucheln, innerlich absichern und ihnen damit die eklatanten Folgen ihres Handelns nicht in aller Dramatik vor Augen führen, sondern sie mit sich selbst versöhnen und die Konsequenzen eigenen Tuns in der Selbstbeurteilung so abfedern, dass der Platz frei wird für die nächste Heuchelei.

KAPITEL 6

GESCHMEIDIGE MORAL – OPFERLUST UND SKANDALUMKEHR

Unmoralische Moral

Nicht eine göttliche Erkenntnis, sondern menschliche Laster wie Neid und Eifersucht sind fast immer die wahren Quellen von allerlei Belehrungen und Ermahnungen selbst ernannter Moralapostel. Schon der Priester alter Schule hält die Askese nur in den seltensten Fällen aus. Die Ausschweifung der anderen und auch schon jene kleinen Genüsse, die ihm verboten sind, machen ihn bitter. Auch sind alle Verzichtenden dieser Welt schnell geneigt zu hassen. Die, die sich die Entsagung selbst auferlegt haben, empfinden oft nicht anders als jene, die verzichten müssen, etwa weil sie zu einer Lebensweise gedrängt wurden, für die sie sich nicht freiwillig entschieden haben. Den höchsten Neid zieht seit jeher der Verzicht auf die geschlechtliche Lust nach sich, weshalb die priesterliche Sexualmoral schon immer jene war, die den Gläubigen in der Sonntagspredigt mit der größten Wucht entgegengeschleudert wurde.

Generell wird im Menschen das Neidorgan aktiv, wenn etwas sein Ego kränkt, weil er selber erkennen muss, dass da einer besser, schöner, beliebter, vollkommener ist als er selbst, er aber gerne genauso wäre. Schnell ist man dabei, wenn man schon die überlegene Eigenschaft des anderen nicht leugnen kann, die betreffende Person wenigstens als anderweitig unnütz oder minderwertig abzutun. Am Ende bleibt oft nur die Moral: schöner, aber böse, klüger aber hintertrieben, schlauer aber verschlagen. Die Moral erweist sich oft als ein willfähriger Helfer, wenn es darum geht, im sozialen Vergleich wenigstens auf einem Feld eine

Überlegenheit zu fühlen, die sich im direkten Vergleich der Tatsachen des Lebens nicht offenbart.

Die Urmotive der Moral sind zumeist individuelle Kompensationsstrategien eigener Unzufriedenheit, eigenen Unglücks, eigenen Mangels, die nicht selten in eine Art »Moralsadismus« münden. Der wird von einer Urerfahrung motiviert. Die eigene Frustration lässt sich weitaus leichter aushalten, wenn die anderen auch nichts zu lachen haben. Der gern vorgebrachte Appell zu mehr Bescheidenheit kommt daher auch fast immer aus den Mündern von Menschen, die schlicht nur neidisch sind, dass da einer ein volleres Leben führt als man selbst. Man gibt vor, hohen inneren Werten zu folgen, und reagiert nur seine eigene Frustration ab. Andere sollen es auch nicht besser haben. Erst wenn der Betreffende gebrochen ist, lässt man ihn in Frieden, erst jetzt erntet er Akzeptanz und Wohlgefallen, man breitet die volle Güte über ihn aus. Denn erst, wenn einer kleingemacht ist, hört er auf, Spiegel des eigenen Scheiterns zu sein.

Die meisten Morallehren oder -predigten, die man ihm Leben über sich ergehen lassen muss, sind Indoktrinationen, die davon motiviert sind, Menschen auf Linie zu bringen. Zur tauglichen Waffe wird die Moral aber nicht dadurch, dass man Grundsätze des richtigen Verhaltens erfolgreich als Gebote verbreitet und meint, mit ihnen Menschen manipulieren zu können, sondern weitaus eher, wenn es gelingt, anderen erfolgreich unterzujubeln, dass sie gar nicht im Sinn einer Moral handelten. Vorwürfe der Unmoral richten sich kaum einmal an einzelne falsche Verhaltensweisen, sondern in der Regel an die Verwerflichkeit einer ganzen Person, an ihren verdorbenen Charakter. Präventiv wird Moral dort eingesetzt, wo es darum geht, in Menschen ein dauerhaft wirkendes intrinsisches Motiv einzupflanzen, das zuverlässig dafür sorgt, dass sie sich einer bestimmten Form von Herrschaft fügen sollen, zu der eine klar reglementierte Lebensführung gehört, auch wenn sich vieles in einem dagegen sträubt.

Moral ist stets die wichtigste und wirkungsvolle Stütze der Macht. Jeder, der mit der Moral hantiert, spürt es rasch. Angeblich vorherrschende Tugend im eigenen Lager eignet sich vorzüglich zum sozialen Kampfmittel, das man seinen Gegnern zu jeder Zeit drohend unter die

Nase halten kann, selbst dann oder erst recht noch, wenn in der inhaltlichen Auseinandersetzung alle sachlichen Argumente aufgebraucht sind. Friedrich Nietzsche hat diesen Reflex ausführlich in seiner »Genealogie der Moral« beschrieben. Für ihn folgt jede Moral, die einer aktiviert und versucht, sie für andere verbindlich zu machen, einem Nützlichkeitsdenken. Moral ist sehr oft nur eine instrumentelle Größe, dadurch letztlich paradoxerweise in so vielen Fällen vollkommen unmoralisch.

Politik und die moralische Waffe – der Zeigefinger als Nothammer

Moral in der Politik hat zu allen Zeiten ihren Ort gehabt. In Zeiten jedoch, in denen sich die großen ideologischen Gegensätze zwischen den Parteien abgeschliffen haben, in denen sich selbst die CDU »sozialdemokratisiert« und dann »ökologisiert« hat und sich alle Parteien in ihren Programmen mehr oder weniger stark einander angeglichen haben, kann der Moral eine ganz neue Rolle zukommen, wenn es darum geht, die politische Welt in richtig und falsch, gut und böse einzuteilen. Tatsächlich, in Politik und Öffentlichkeit findet heute ein ganz neuer Kampf um die moralische Deutungshoheit statt. Die Frage, wer die Macht hat, moralische Urteile zu verhängen, entscheidet heute so sehr wie nie zuvor darüber, wer das Rennen macht und wer das politische Personal in den Führungspositionen der Demokratie stellt.

Politik ist Kampf. Mann gegen Mann, Frau gegen Frau, Partei gegen Partei. Immer geht es nicht nur darum, Probleme zu lösen, sondern ums nackte Überleben in der politischen Manege. Dies tut man von jeher, indem man politische Zweckbündnisse und Freundschaften schmiedet, sich profiliert und Mehrheiten organisiert und indem man die Konkurrenz im politischen Geschäft bekämpft. Aber der politische Kampf ist nur an der Oberfläche ein Austragen von Debatten und Diskussionen um die besten Argumente. Keineswegs zwangsläufig setzt sich am Ende einer Debatte das beste oder rationale Argument durch. Erfolg hat im politischen Geschäft weitaus eher derjenige, dem es gelingt, die eigene Position immer auch als die moralisch überlegene darzustellen.

Dieser Kampf wird in der politischen Arena heute durch zweierlei geführt: Zum einen versucht man die eigene Position als die rational bessere, die »handwerklich« bessere Lösung zu präsentieren, zum anderen bemüht man eine wertebasierte Schützenhilfe, um den Erfolg der eigenen Politik zu untermauern. Dazu gehört immer auch eine moralische Absicherung des Sachpunktes, den Politiker vertreten, und es gehört ebenfalls dazu, sich selbst als anständig abzubilden, indem man die eigene Person als moralisch einwandfreie Instanz präsentiert. Dies tut man, indem man der Öffentlichkeit offen und ehrlich Einblicke in sein Privatleben gibt, indem man sein Saubermann-Image aufpoliert, indem man sich empfiehlt als aufrechter Mensch mit vorbildlichem Lebenslauf, korrekten, integren An- und Absichten und sich durch allerlei öffentliche Handlungen qualifiziert, die in hohem moralischen Ansehen stehen. Das eigene Gebaren muss dabei jedem Moralcheck, etwa durch Journalisten und öffentliche Diskutanten, standhalten. Gelingt dies, dann hat man beste Chancen, glaubwürdig zu erscheinen, obendrein als jemand, der in der Öffentlichkeit auch so ankommt, als wäre seine Politik nur moralisch einwandfrei, also am Gemeinwohl orientiert, ganz ohne dass eigene persönliche Interessen eine Rolle spielten. Die eigene Aktivität des unaufhörlichen Herauskehrens der eigenen sauberen Weste wird aber kaum ausreichen. Es geht daher immer auch darum, beim politischen Gegner moralische Defizite, eine grundsätzliche charakterliche Unlauterkeit festzustellen und anzuprangern. In der Praxis sieht das so aus, den politischen Gegner als unmoralisch zu diskreditieren, seine Partei als eine Institution vorzuführen, in der nicht nur die schlechteren politischen Konzepte versammelt sind, sondern auch die schlechteren Menschen. Es geht darum, sie als dubios, unseriös oder maximal unanständig abzubilden, um so auch ohne eine eigene überlegene inhaltliche Position das Duell schon dadurch für sich zu entscheiden, dass der andere gar nicht satisfaktionsfähig ist.

Nicht wenn sich einer als moralischer Virtuose inszeniert, sondern wenn es gelingt, anderen eine moralisch fundierte Politik abzusprechen, wird sichtbar, welche ungeheure Zerstörungskraft die Waffe der angewandten Moral hat. In alten Zeiten war die Kirche die höchste Moralinstanz. Schon immer wussten ihre Oberen, dass es zu ihren schärfsten

Herrschaftsmitteln zählte, Andersdenkende und Andersglaubende auszuschalten, indem sie ihnen unterstellten, sie handelten unmoralisch. Missliebige Gegner, ideologische Widersacher, die man mundtot machen will, brachte man am wirkungsvollsten zur Strecke, indem man sie der Heuchelei bezichtigte. Die Ketzer wurden so erledigt, die Hexen, liberale Denker. Heute ist der Weg über die Moral wieder ein idealer Geschmeidigkeitsmove.

Nun ist es aber keineswegs so, dass moralisches Argumentieren in der Politik in jedem Fall ein unlauterer Katalysator eigener Positionen ist, ein billiger Trick, mithin ein No-Go in der politischen Kultur. Moral hat immer ihren Ort in der Politik, wie in allen gesellschaftlichen Bereichen. Und es kann nicht darum gehen, Moral ganz aus der Politik herauszuhalten. Die Schwierigkeit liegt heute mehr denn je in der Unterscheidung von legitimen und illegitimen Moralisierungen.

Der geschmeidige Angriff: Skandalisierungskunst

Egal, wie legitim oder nicht, es lässt sich heute in der politischen Arena beobachten, dass immer häufiger und intensiver versucht wird, den moralischen Angriff zu lancieren. Skandalisieren nennt man den Vorgang, wenn es gelingt, die eigentliche Schwere eines Vorfalls so zu übersteigern, dass eine Welle der öffentlichen Empörung ausgelöst wird. Die verbreitete Methode von Politikern ist dabei die medienwirksame Inszenierung ihrer Entrüstung. Beliebt sind große symbolische Gesten, wie etwa das Verlassen des Plenarsaals »unter Protest«, Zwischenrufe, wie »Ich empfinde Ekel und Abscheu«, »Schämen Sie sich!«. Betroffenheit wird mit zutiefst bekümmerter Miene geäußert. Dazu zählt auch, sich auf die eigene innere Stimme zu berufen, wie einst Martin Luther selbst: »Ich kann nicht anders!« Nichts wird heute unter Politikern so oft missbraucht wie das eigene Gewissen als höchste moralische Instanz. Das hat jedoch einen guten Grund: Wer sich in politischen Fragen auf sein Gewissen beruft, empfiehlt sich nicht nur als absolut tugendhaft, ihm gelingt noch etwas viel Wirkungsvolleres. Er spricht indirekt dem anderen ein Gewissen ab. Die Macht der Medien besteht darin, Politiker wahlweise in einem günstigen oder in einem ungünstigen Licht erscheinen zu lassen. Am Ende entscheiden sie es, welcher Fehltritt verzeihlich, welcher unverzeihlich ist. Wenn genug zusammenkommt, wird ein Skandal losgetreten.

Ein Skandal war einmal ein reinigendes Gewitter in der Demokratie. Die Geschichte des politischen Skandals in der Bundesrepublik Deutschland war am Anfang die Geschichte einer wachsenden öffentlichen Sensibilität gegenüber unmoralischem Verhalten von Politikern. Im Verlauf dieser Geschichte lässt sich jedoch zeigen, dass politische Skandale nicht nur immer schärfer verurteilt und gleichermaßen immer professioneller verfolgt wurden, sondern dass immer häufiger und immer schneller zu diesem politischen Instrument gegriffen wurde, auch wenn es ganz und gar inopportun war.

Ein Skandal ist längst nicht mehr nur ein Skandal. Heute ist für viele nicht mehr erkennbar, was ein echter Skandal ist und was nur ein Pseudo-Skandal, weil letzterer teilweise genauso gut oder gar noch besser inszeniert wird als ein wirkliches öffentliches Ärgernis von erheblicher Tragweite. Der Effekt ist fatal. In der öffentlichen Wahrnehmung verschwimmen die Bewertungsmaßstäbe. Inzwischen auch bei eindeutigen Fällen. Was ist der Skandal? Jene unsägliche »Remigrationskonferenz« einer rechtsradikalen Gruppe einflussreicher Geschäftsmänner und Politiker, deren Zusammentreffen das Recherche-Netzwerk »Correctiv« im November 2023 enthüllt hat? Oder vielleicht doch eher die angeblichen Stasi-Methoden, mit denen die Journalisten an ihre Informationen gelangt seien? Selbst darüber wird heute im öffentlichen Diskurs allen Ernstes gestritten.

Der Soziologe Karl Otto Hondrich erfasst in seiner Schrift »Enthüllung und Entrüstung« (2002) die Entstehung und Abwicklung eines modernen Skandals nüchtern wissenschaftlich vor allem als ein funktionales Geschehen mit kathartischer Wirkung auf moderne demokratische Gesellschaften. Aus Skandalen lerne die moderne Gesellschaft. Skandale in der modernen Mediendemokratie sorgten dafür, dass die sich stets in Bewegung befindlichen Grenzen des Zulässigen immer neu justiert werden. Unter Skandalen versteht Hondrich moralische Verfehlungen von hochgestellten Personen oder Institutionen, verbunden mit einer Enthüllung dieser Verfehlungen und weiter mit dem Auslösen öffentlicher Erregung. In seiner »Phänomenologie des politischen Skandals« beschreibt er die Rolle von Skandalen in einem Gemeinwesen. Für ihn sind sie Strukturmerkmale vor allem der modernen Demokratie, deren politische Funktionsweisen stets gespiegelt werden von einer pluralistischen Medienöffentlichkeit. Man könnte Skandale als Krisenphänomene bezeichnen, durchaus aber haben sie einen stabilisierenden Sinn, weil durch sie Werte neu in Erinnerung gerufen, neu verankert und positioniert, weil abgeschwächte ethische Normen im politischen Prozess wieder gestärkt werden. Nach einem durchgestandenen Skandal vergewissert sich die Demokratie ihrer Werte und Fundamente. Sie reift oder lernt daran, auch wenn der Preis dieses Lernprozesses stets jener ist, dass das Vertrauen in die Institutionen erst einmal gründlich erschüttert wird. Skandale sind also, alles in allem, wenn sie enthüllt werden, dennoch etwas Förderliches. Mehrfach hebt Hondrich hierbei auf den französischen Soziologen Émile Durkheim ab, der in seinen makrosoziologischen Arbeiten zu dem viel zitierten Schluss kam, nur in der Konfrontation mit der Unmoral gelinge es einer Gesellschaft, ihre Grenzen zu bestimmen, nur im Negativen entsteht Moralität, und so sei der Skandal nichts anderes als ein Vortasten ins Verbotene, wodurch das richtige Verhalten immer wieder neu definiert und normiert würde.

Und heute? Skandale scheinen sich veralltäglicht zu haben, es gibt eine Flut an Skandalen und Skandälchen, aber der Empörungsmarkt scheint vom Overload gesättigt, die Empfänger abgestumpft. Der Skandal hat seine Wirkung verloren. Was noch zum Skandal wird, ist mehr und mehr die Folge von Kampagnenkunst, der Kunst, für Aufsehen zu sorgen.

Die gut geölte Empörungsmaschinerie

In der Politik gibt es also zweierlei Skandale. Der eine ist die handfeste echte Ungehörigkeit, ein Affront, ein Walten höchster Un- oder Doppelmoral, etwa wenn ans Tageslicht kommt, dass sich Politiker bestechen lassen oder öffentliche Gelder veruntreut haben. Beispiele gibt es zahllose, etwa wenn sich CDU- und CSU-Politiker ausgerechnet bei der Beschaffung von Atemschutzmasken zur Bekämpfung der Covid-19-Pandemie an den Ausgaben des Bundes durch Vermittlungsprovisionen persönlich bereichert haben, wie dies in der »Maskenaffäre« 2020/21 der Fall war. Dazu kommen heute aber in wachsender Zahl solche Inszenierungen künstlicher Aufregung, die gar keine Skandale sind, sondern nur über Kampagnen aufgebauschte Auffälligkeiten. Dazu kommen Gerüchte, Verdächtigungen oder Annahmen, die sich als nicht stichhaltig erweisen, Ereignisse, die vielleicht von den Gepflogenheiten abweichen und geschickt emotional aufgeladen werden, sodass sie zum Skandal taugen und am Ende einen Politiker nicht weniger zu Fall bringen können als ein ganz und gar echter Sündenfall.

Der Fokus verlegt sich nun vom Skandal zur Technik der Skandalisierung. Erfolg oder Misserfolg einer Skandalisierungskampagne hängen dabei von vielerlei ab. Am Anfang steht die Autorität. Wer hat die Lufthoheit des Verdammens? Wer darf ächten? Und auch, wer hat die Macht des Verzeihens? Wer ist legitimer Interpret und Sprachrohr der öffentlichen Moral und wer nicht? Es bleibt, zumal in Wahlkampfzeiten, das wichtigste Geschäft in den Wahlkampfzentralen des modernen Politikbetriebs, die Empörungsmaschinerie zu ölen und am Laufen zu halten. Es gilt, nicht nur die eigenen Sachthemen nach vorne zu bringen, sondern die politische Konkurrenz unaufhörlich unter einer Fragestellung zu observieren: Wo lässt sich »Empörung« festmachen? Entscheidend wird es, eine Schwachstelle zu finden, an der sich der Entrüstungshebel ansetzen lässt. Mittels geheuchelter Empörung attackiert man zuerst den politischen Gegner, füttert willfährige Journalisten, die ihrerseits die Möglichkeit wittern, Auflagen oder Quote zu machen, oder auch nur die Chance sehen, sich ihren politischen Gewährsmännern durch einen besonders moralinsauren Kommentar wärmstens zu empfehlen. Medienvertreter beteiligen sich bald schon an der Treibjagd, bedienen das Bild des schrankenlosen, egoistischen oder korrupten Politikers und verstärken den Effekt. Und schon bald werden alle »aufrechten« Politiker indirekt dazu aufgerufen, sich mit den Empörten zu solidarisieren. Tun sie es nicht, geraten sie selbst in den Verdacht, skrupellos zu sein. Am Ende lässt sich so eine Schlussoffensive gegen den politischen Gegner organisieren, deren Schlagkraft allein durch die inhaltliche Auseinandersetzung um politische Sachpunkte nie und nimmer zu erreichen gewesen wäre.

Ist Wokeness eine künstliche Form der Empörung, die nur einen instrumentellen Sinn verfolgt, mithin eine Form von Geschmeidigkeit? Wenn sie eine wachsende Sorge vieler Menschen um ausgegrenzte Menschen und diskriminierte Minderheiten ist, dann wohl kaum, dann gehört sie zu dem Komplex, den man gesellschaftliche Verantwortung und Solidarität nennt. Steht sie jedoch für eine hybrid gewordene Form der Überempfindlichkeit, die um den Preis jeder Harmonie kleinste Ungerechtigkeiten in der Behandlung von Minderheiten ahndet, unaufhörlich meint, die vermeintlich richtige Seite der Moral zu vertreten, ist sie eine selbstreferenzielle Form des Moralisierens. Denn dann bezeichnet sie eher eine politische Haltung, die einen Anspruch ausdrückt: nämlich auf der Seite der besseren Menschen zu stehen.

Wokeness ist nicht problematisch, weil sie sich sensibel zeigt für den alltäglichen Rassismus und Sexismus, die in der Gesellschaft herrschen, sondern weil immer mehr ihrer Vertreter dazu neigen, das Maß zu verlieren und weil sie blind geworden sind für das soziale Ganze, die jeweiligen Minderheiten, denen sie sich verpflichtet fühlt. Durch eine solche Einseitigkeit wird Wokeness heute ihrem ursprünglich aufklärerischen Impuls kaum mehr gerecht und ist zu einem Begriff geworden, der nur mehr für einen Anspruch kultureller Überlegenheit steht. Wokeness bezeichnet keine Haltung mehr, sondern eine Strategie, sich moralisch als überlegen zu erweisen. Insofern eignet sie sich hervorragend dafür, auch ohne echte Argumente unmittelbar zu überzeugen. Sie ist die Allzweckwaffe des Moralismus und mittlerweile ein Instrument im politischen wie auch im ganz und gar persönlichen Kampf ums Vorwärtskommen geworden, das sich derart gewandelt hat, dass es seinen verdienstvollen Anfängen inzwischen immer mehr spottet.

Wokeness hat jedoch sowohl im konservativen als auch im fortschrittlichen Bereich Gegner. Für Konservative ist sie ein Schimpfwort, aber auch vielen Linken ist sie längst nicht mehr geheuer, weil sie nicht universalistisch ist, sondern alte Grenzziehungen in neuen Formen fortsetzt, auch wenn sie die Vorzeichen umkehrt. Geschmeidig zu sein ist heute der Balanceakt, sich zwischen einer berechtigten und überzogenen Identitätspolitik zu positionieren, sich für die Berücksichtigung von Minderheiten einzusetzen, ihr aber andererseits auch nicht alles unterzuordnen, nicht zu sehr woke zu sein, nicht zu sehr zu moralisieren. Diese Gratwanderung ist vor allem im politischen Diskurs zur Königsdisziplin an Geschmeidigkeit geworden, auf die es ankommt, will man sich nicht einen Skandal einhandeln, der einen gut und gerne die Karriere kosten könnte. In der Praxis heißt das: Es ist sehr wichtig, bei Bedarf Empörung über moralisches Fehlverhalten des politischen Gegners zu mobilisieren, um einen Vorteil zu erlangen, und gleichzeitig gilt es, die gegnerische Empörung und Entrüstung maximal abgeklärt an sich abprallen zu lassen, wenn man selber ins Fadenkreuz gerät. Der Umgang mit beiden Moralen, der aktiven und der passiven, ist das erste Handwerk des geschmeidigen Politikers, ja, jedes geschmeidigen Menschen, der sich heute an einer öffentlichen Debatte beteiligt.

Geschmeidiges Abwehrverhalten

In seiner Analyse spricht Karl Otto Hondrich durchweg von real nachvollziehbaren Skandalen. Die heutige politische Welt ist jedoch geprägt von immer mehr Pseudoskandalen, von nur angeblichen moralischen Verfehlungen, die bestimmten Personen, mehrheitlich Politikern, unterstellt werden, sich aber nicht als stichhaltig erweisen. Wenn man noch genauer hinsieht, geht es heute aber nicht mehr allein um das Setzen von Empörungsimpulsen im richtigen Augenblick, sondern auch um die Kunst, sich medienwirksam über die losgetretene Empörung, die einem selber gilt, zu echauffieren, gewissermaßen Empörung über die Empörung zu aktivieren. AfD-Politiker etwa versuchen bei eindeutigen Verstößen in den eigenen Reihen immer wieder mit erstaunlichem Erfolg, den Spieß umzudrehen, indem sie die Enthüller eines Skandals selbst in die Rolle von unmoralischen Akteuren rücken, solche obendrein, die sich »lächerlich« oder »unverschämt« verhielten. Im eigenen Vorgehen dagegen wollen sie nur völlig normales demokratisches Verhalten erkennen, an dem beim besten Willen nichts auszusetzen ist. Gerät die Partei in den Sog der Empörung, geht man regelmäßig in den Gegenangriff über und bezeichnet alles, was da an öffentlicher Kritik über einen hereinbricht, als »beispiellose Schmutzkampagne« der »Lügenpresse« oder als »Frechheit«. Auch wenn es um einen in diesen Zeiten viel zitierten *Shit*

Storm geht, versteht man es längst, nicht das, was man da selbst an Unflätigkeiten losgetreten hat, einen solchen zu nennen, sondern viel mehr die ganz und gar verständlichen Reaktionen von Betroffenen, die sich nur gegen Beleidigungen und Beschimpfungen zur Wehr setzen.

Weil immer häufiger moralische Vorwürfe als Kampfmittel des Politischen gewählt werden, herrscht in der modernen Demokratie zusehends ein Chaos an legitimen und illegitimen Zuschreibungen moralischer Unaufrichtigkeit. Eine neue Unübersichtlichkeit ist entstanden, sodass viele Wähler nicht mehr genau erkennen können, wo das moralische Argument berechtigt und wo es nur ein billiges und effektheischendes Instrument ist. In der Folge verlieren immer mehr das Urteilsvermögen darüber, welches politische Verhalten überhaupt noch als unmoralisch oder skandalös zu werten ist und welches nicht. Das durch einseitige Mediennutzung und allerlei Filterblasen eh schon stark in Mitleidenschaft gezogene Organ der Urteilskraft bekommt immer öfter die Welt nicht mehr in den Griff und sucht im politischen Wettbewerb nach einfachen Antworten, auf die man sich verlassen kann.

Was jedoch den Wähler verwirrt, kann für den geschmeidigen Politiker ein Vorteil sein. Die neue Unübersichtlichkeit führt dazu, dass im Allgemeinen Dickicht der öffentlichen Meinung eigene klar unmoralische Positionen immer besser verborgen und nicht mehr umgehend erkannt, geschweige denn entlarvt werden können. Umgekehrt ist mit dem Vorwurf eines Skandals, wo er ganz zweifelsfrei vorliegt, automatisch nicht mehr viel auszurichten. Erschwerend kommt hinzu, dass es immer weniger Skandale gibt, die eine wirkliche Aufarbeitung nach sich ziehen. Der Kampf darum, was überhaupt noch ein Skandal ist, lodert so heftig, dass darunter die Aufdeckung wirklicher Skandale leidet. Am Ende winken viele schon ab, wenn überhaupt noch moralisch argumentiert wird. Die Folge: Der Skandal büßt immer mehr seine regulative Funktion ein, er kann so die reinigende Kraft für die Demokratie, die Hondrich in ihm sieht, gar nicht mehr ausüben. Der Demokratie selbst wird damit ein wichtiges Mittel der Selbststabilisierung genommen. Am Ende regiert ein Paradox: Ein echtes moralisches Regulativ der Politik tritt immer mehr zurück, und doch ist der politische Diskurs so moralisiert wie nie zuvor.

Geschmeidigkeit im politischen Geschäft ist es, entweder jemand anderen erfolgreich zu skandalisieren, ungeachtet der Schwere dessen, was da vorliegt, oder eben die Kunst, es als vollkommen absurd und unbegründet an sich abprallen zu lassen, wenn man selbst einen Fehltritt zu verantworten hat. Es gibt Meister der moralischen Geschmeidigkeit, die mit schlafwandlerischer Sicherheit durch allerlei Skandale wie ein Oktopus durch das zackige Korallenriff hindurchschlüpfen, ohne irgendwelchen Schaden zu nehmen. Andere bringt schon eine kleine Unachtsamkeit aus dem Tritt oder vollends zu Fall. Auch sich aus der Schusslinie zu nehmen, indem man moralische Verfehlungen beim anderen aufzeigt, ist ein geschmeidiges Manöver, nicht nur in der Politik. Man muss die Moralattacke aber gar nicht mit gleicher Münze heimzahlen, generell kann Geschmeidigkeit jeden erfolgreichen Versuch bezeichnen, beim Erwischtwerden ein Ablenkungsmanöver einzuleiten, das alle Aufmerksamkeit auf sich zieht. Auch in dieser Disziplin gibt es in dieser Zeit wahre Virtuosen.

Rhetorische Ablenkungsmanöver

Wer heute politisch erfolgreich sein will, muss selbst sicher sein, das Gute und Richtige zu tun, die richtigen Worte und Taten zu wählen, die falschen zu unterlassen, und man muss bei seinem Gegner moralische Verfehlungen schnell erkennen. Die Zeit der Geschmeidigkeit hat eine neue Kapitalsorte in Umlauf gebracht: das moralische Kapital, eine Währung, die direkt in mehr Geschmeidigkeit umgerechnet werden kann.

Es scheint heute im Zeitalter der moralischen Flexibilität keine Unmoralität zu geben, kein Foulspiel, das man begeht und das nicht durch Geschmeidigkeit ins Gegenteil zu kehren wäre. Selbst wenn alle Zeichen auf ein eindeutiges eigenes Fehlverhalten deuten, ja, dieses sogar justiziabel wurde, selbst wenn einer aufgrund der schlimmen Dinge, die er begangen hat, eigentlich in Reue zerfließen müsste. Er kann die Geschmeidigkeitskarte einsetzen und die eigene Niederlage in einen Sieg ummünzen. Damit dies gelingt, ist man gut beraten, sein Abwehrverhalten zu optimieren, seine defensiven Fähigkeiten. Es gibt eine Geschmeidigkeit im Rückwärtsgang, die heute immer wichtiger wird. Und man ist auf sie angewiesen wie nie zuvor, denn wo schonungslos geplündert wird, muss immer auch mit heftigen Gegenreaktionen gerechnet werden, und für die gilt es, gut gewappnet zu sein.

Wenn sich heute ein Politiker in einer Sachdebatte, in der es um ungebührliches Verhalten seiner Partei geht oder gar um einen Skandal, erklären muss und nicht mehr weiter weiß, hat sich in unserer geschmeidigen Debattenkultur ein bewährter Reflex etabliert. Anstatt Reue und Bußfertigkeit an den Tag zu legen, wird sofort erwidert, was hier als Vorwurf im Raum stünde, das gebe es ganz genauso auf der Gegenseite. Das Problem scheint damit rhetorisch erledigt zu sein.

Anstatt dann aufzuarbeiten, was nötig wäre, ergeht man sich in purer Selbstbehauptung und eine grundsätzliche Verweigerungshaltung, indem man einfach auf die andere Seite deutet. Wer im Glashaus sitzt, sollte nicht mit Steinen werfen, ist einer der Lieblingssätze der AfD-Vorsitzenden Alice Weidel. Zuletzt entfuhr ihr der Spruch, als der AfD-Spendenskandal ans Tageslicht kam, die CDU habe ja weiland auch Spendengelder verheimlicht. So what? Auch der CDU-Kulturpolitiker Andreas Rödder greift gerne auf diesen rhetorischen Trick zurück. Wenn es etwa um eine verrohte Debattenkultur geht, um *Hate Speech* und Einschüchterung im öffentlichen Diskurs, dann weist er darauf hin, dass es Entgleisungen, Beschimpfungen oder Shit Storms nicht nur von rechts, sondern ganz genauso auf der linken Seite gebe. Oder Hubert Aiwanger, der Vorsitzende der bayerischen *Freien Wähler* und Wirtschaftsminister des Freistaats. Angesprochen auf mitgeführte Transparente bei Bauernprotesten, auf denen Galgen abgebildet waren, an deren Schlinge die Ampelfarben der Bundesregierung hingen, distanziert er sich nicht in aller Schärfe von solch hässlichen Symbolen, sondern erinnert lediglich daran, dass die Grünen früher ja auch nicht sonderlich zimperlich mit der Polizei und Andersdenkenden umgegangen seien. Man bezieht keine verurteilende Stellung mehr, sondern relativiert, indem man irgendeinen Vorfall aus der Vergangenheit des politischen Gegners hervorzieht, freilich ohne sich mit der vorliegenden Entgleisung zu befassen, und legitimiert so ein Verhalten, das gar nicht zu legitimieren ist. Das macht Schule, auch bei den ganz schweren Themen. Etwa auf die Gräuel im Ukrainekrieg angesprochen, hört man Sahra Wagenknecht oft nur lapidar anmerken, dies sei schließlich nicht der einzige militärische Konflikt auf der Welt, gemordet und vergewaltigt werde in jedem Krieg. Warum sich also ausgerechnet hier engagieren, wenn anderswo doch genauso weggeschaut wird? Macht der Verweis auf andere Fälle ein Verbrechen, einen Rechtsbruch auch nur ein bisschen besser? Richtig wäre es, Verfehlungen einzuräumen, mit der Aufarbeitung einverstanden zu sein, wo es zu handfesten Verstößen gegen demokratische Grundrechte gekommen ist, ganz ungeachtet irgendwelcher Vorgeschichten und Vergleichsfälle in ferner Vergangenheit, die immer irgendwie hinken. So aber legitimiert man eigene völlig unmoralische Vorgehensweisen.

Zum Komplex einer rhetorischen Geschmeidigkeit zählt im Spektrum des öffentlichen Diskurses auch eine andere Angewohnheit vornehmlich konservativer Politiker, auf die als Schablone des politischen Taktierens immer häufiger zurückgegriffen wird. Man macht ein politisches Problem größer, als es ist, um sich so darüber erst richtig empören und Stimmungen schüren zu können. Nichts eignet sich dazu besser, als das ewige Thema der »irregulären« Migration oder der angeblich massenhafte Missbrauch von staatlichen Bürgergeldzahlungen an Zuwanderer, die offenbar nicht arbeiten wollen. Das Problem existiert, keine Frage. Wissenschaftliche Erhebungen haben jedoch gezeigt, dass ein solcher Missbrauch öffentlicher Gelder jedoch nur in wenigen Prozentpunkten der Fälle, also sehr selten und in einem nicht sonderlich relevanten Umfang, zutrifft. Das stört Politiker, die von aufgeheizten Stimmungen im Wahlvolk profitieren wollen, jedoch nicht, gerade solche zweitrangigen Probleme immer wieder in wahren Überbietungswettbewerben mächtig aufzublasen und Zerrbilder eines Heeres von kriminellen Zuwandern und »Sozialschmarotzern« einerseits, von einer fahrlässig wie inkompetent handelnden Regierung andererseits zu zeichnen, die die Kontrolle verloren habe, Zerrbilder, die mit der Realität jedoch so gut wie nichts zu tun haben – mit denen man aber gut ausgerüstet auf Stimmenfang gehen kann. So macht man Politik in der Stimmungsdemokratie.

Wenn gar nichts mehr geht, lässt man auch mal Gefühle zu. Und bricht vor lauter Unmoral, Unanständigkeit und Unrecht, das einem in dieser Welt tagtäglich angetan wird, einfach einmal in Tränen aus. Gefühlsausbrüche dieser Art gehören inzwischen zum Geschmeidigkeitsrepertoire des gewieften Zeitgenossen, zumal wenn man sich eine Person des öffentlichen Lebens nennen darf.

Aber Tränen sind nicht gleich Tränen. Der chilenische Grubenarbeiter, der weint, als er nach hundert Tagen eingeschlossen unter Tage gerettet wird und wieder das Tageslicht sieht, dessen Tränen etwa sind Tränen der Erlösung. Wer würde es bezweifeln? Er ist unverschuldet in ein großes Unglück geraten, und das Schicksal hat es am Ende noch einmal gut mit ihm gemeint. Andere weinen Tränen tiefen Schmerzens. Auf öffentlichen Bildern erscheinen Weinende oft als Menschen voller Trauer, denen schweres Unrecht angetan wurde. Julia Nawalnaja nach dem Tod ihres Mannes oder Stella Assange, die Frau von Julian Assange, nach dessen Freilassung, in Tränen aufgelöst, die Bilder gingen um die Welt. Auch wem angesichts solchen Schmerzes selber die Tränen kommen, wird glauben, seine Rührung stamme aus einem tiefen, aufrichtigen Mitgefühl heraus. Das kann sein, muss es aber nicht. Denn mit dem Mitgefühl ist es so eine Sache. Man weiß nie ganz genau, was sich da regt, wenn es sich regt. Und deswegen haben schon viele Philosophen über die Frage spekuliert, was Mitgefühl eigentlich ist. Mitleid ist eine Quelle, sagt Arthur Schopenhauer, wie wir fremde Emotionen zu unseren eigenen machen. Ähnlich wie La Rochefoucauld argumentiert er, dass sich im Grunde alle Formen des Mitleids auf projektives Selbstmitleid zurückführen lassen. »Wann wir nicht durch eigene, sondern durch fremde Leiden zum Weinen bewegt werden«, schreibt er in seinem Hauptwerk »Die Welt als Wille und Vorstellung«, »so geschieht dies dadurch, dass wir uns in der Fantasie lebhaft an die Stelle des Leidenden versetzen oder auch in seinem Schicksal das Los der ganzen Menschheit und folglich vor allem unser eigenes erblicken und also durch einen weiteren Umweg immer doch wieder über uns selbst weinen, Mitleid mit uns selbst empfinden.«

Wenn normale Menschen danach forschen, was es nun ist, was sie da genau zu Tränen rührt, sind sie oft ratlos. Weil es jedoch so viele Geschichten und Bilder von Menschen gibt, die weinen, weil ihnen großes Unrecht angetan wurde, meinen viele gerade in ausweglosen Situationen nur allzu oft, es müsse wohl, wenn auch vielleicht nur stellvertretend, zugefügtes Unrecht sein, was sie da bewegt. Das muss es aber gar nicht sein. Man kann auch so in Distanz zu sich treten, dass eigenes Leid zur Quelle des Mitgefühls wird – und zwar mit sich selbst.

Ein prominentes Beispiel für einen solchen irregeleiteten Reflex lieferte vor ein paar Jahren der ehemalige Fußballnationalspieler und heutige Ehrenpräsident des FC Bayern München Uli Hoeneß, der 2014 wegen der Steuerhinterziehung – die er selbst meist nur »Steuersache« nennt – von knapp dreißig Millionen Euro zu einer Haftstrafe verurteilt wurde. Nach seiner Entlassung 2016 hielt er eine Rede auf der Vollversammlung seines Klubs, in der er von seiner Zeit in der Zelle berichtete: »Ich habe in dieser Zeit 5.500 Briefe bekommen. Viele aus dem Bereich der Mitglieder, der Fans des FC Bayern. Und immer dann, wenn ich gar nicht mehr weiterwusste, meistens am Sonntag, denn am Wochenende ist man bis zu vierzig Stunden eingeschlossen, habe ich diese Briefe gelesen. Ich habe manchmal in meinem Bett gelegen oder gesessen und geweint wie ein Schlosshund. Weil ich nicht verstehen konnte, dass Menschen, die mich zum großen Teil nicht gekannt haben, mir seitenlange, handgeschriebene Briefe geschrieben haben, um mich aufzumuntern, um mir die Kraft zu geben, es wieder zu packen. Ich glaube, das hat in erster Linie dazu beigetragen, dass ich diese schwierige Zeit so gut überstanden habe.« Etwas irritiert an dieser Geschichte. Wenn einer ein Verbrechen begeht, würde man erwarten, dass die Tränen, die er vergießt, aus Scham oder Verzweiflung geflossen wären, weil er solch ein Unheil angerichtet hat, und vielleicht auch aus Reue darüber. Geweint »wie ein Schlosshund« hat da einer aber offenbar nicht deswegen, sondern, wie es scheint, weil es ihn gerührt hat, so viel unverhofftes Mitgefühl zu ernten. Da weint also einer, der eine schwere Straftat begangen hat, deswegen, dass er so vielen anderen leidtut. Man kann ein solches Motiv auch ganz einfach *Selbstmitleid* nennen.

Selbstmitleid ist heute eine überaus verbreitete Reaktionsweise unter Straffälligen, besonders unter prominenten. In Talkshows oder Exklusiv-Interviews erzählen sie immer wieder von den eigenen Tränen, von schlaflosen Nächten im Knast, von der ganzen unerbittlichen Härte, die ihnen da angetan wurde. Man spricht nicht von Schuld, auch all jene, die man geschädigt hat, kommen in diesen »Beichten« so gut wie gar nicht vor. Man spricht dagegen gerne von *Fehlern*, die man gemacht habe, und erklärt dann bald, jeder Mensch mache Fehler, und man sei eben auch nur ein Mensch. Man vergisst dabei, dass es kein Fehler ist, dreißig Millionen Euro am Staat vorbeizulotsen, sondern eine Handlung mit hoher krimineller Energie. Ein Fehler ist etwas, was man unabsichtlich macht, bei einem Schreib- oder Rechenfehler kann man das ganz unmittelbar nachvollziehen. Wenn ein Täter Millionen illegal auf einem Schweizer Konto bunkert, macht er das nicht unabsichtlich, sondern in vollem Bewusstsein. Dasselbe Problem gibt es beim Sich-Entschuldigen. Es fällt meistens nicht auf, wenn gerade prominente Sünder sich dazu entschließen, es in der Öffentlichkeit zu tun. Aber streng genommen kann man sich gar nicht selbst entschuldigen. Man kann den, den man geschädigt oder dem man Schlimmeres angetan hat, um Entschuldigung *bitten*, und dieser kann sie einem gewähren oder nicht, aber selbst kann man diesen Akt des Hinwegnehmens begangener Schuld gar nicht vollziehen. Es braucht den anderen, den Geschädigten, in dessen alleiniger Macht es steht, eine Entschuldigung, so sie denn gewünscht wird, auszusprechen.

Die Tränen, die da so oft vergossen sind, mögen solche der Rührung sein. Aber diese Rührung entsteht fast nie im Angesicht eigener Schuld, einen solchen Schaden angerichtet zu haben, sondern man weint darüber, wie schlecht es einem damit geht, über das Unglück, in das man da wie von fremder Hand gestürzt wurde. Man badet im Opferstatus. Und wie oft und wie tief man das tut, hat damit zu tun, wie Geschmeidigkeit in unserer Gesellschaft längst auch das Terrain der individuellen Moral erreicht und zu einer Haltung geführt hat, die immer mehr um sich greift: den Hang, sich selbst am meisten leidzutun.

Selbstmitleid – die Kunst, sich selbst zu verzeihen

Selbstmitleid, auch nachdem man ein Verbrechen begangen hat, ist eine gewöhnungsbedürftige und doch übliche Reaktion von Straftätern. Eine innere Bewältigungsreaktion, um der schweren Last zu entgehen, die das Eingeständnis mit sich brächte, nun zu den Kriminellen zu zählen. Deswegen ist es verständlich, dass alles in Bewegung gesetzt wird, dieses schreckliche Eingeständnis abzuschwächen, Erklärungen zu suchen und zu finden, wie es so weit kommen konnte, die Unschuld in der Schuld aufzuspüren, Selbstmitleid ist eine Form des Eigenschutzes.

Die Umkehr von Schuld in Selbstmitleid ist aber nicht allein ein überzeitliches Verdrängungsphänomen, sondern hat durchaus mit der typischen Art und Weise zu tun, in der sich die individualistische Gesellschaft entwickelt hat. Individualismus heißt heute, das Selbst nicht nur zu entdecken, seine Entfaltung zu fördern, sondern eben für sich maximal gut zu sorgen, sich alles »Toxische« vom Leib zu halten, auch jenes, das man selbst zu verantworten hat. Der Endpunkt dieser Selbstüberhöhung liegt in neuen Formen des *Sich-selbst-Verzeihens*. Man kann diesen Hang zur Selbst-Entschuldung des modernen Individuums auch als ein Folgeproblem des hybriden Individualismus sehen, der immer mehr das Selbst in Schutz nimmt, anstatt es einmal auch zur Selbstkritik zu drängen oder auch einmal all diejenigen in Schutz zu nehmen, die unter diesem Selbst gelitten haben. Ein solcher Individualismus hat heute immer häufiger die Tendenz, eine das eigene Selbst entlastende, ja sich selbst entschuldigende Funktion anzunehmen. Wer sich liebt und gefunden hat, so könnte man es kurzfassen, nimmt sich bald auch immer und überall aus der Schussbahn, egal, ob die Klage von außen kommt oder vom eigenen schlechten Gewissen diktiert wird.

Jeder Mensch, jedes Leben hat eine persönliche Wahrheit und eine faktische Wahrheit. Die eigene Auslegung der Welt sieht immer anders aus als diejenige der anderen oder wie sie tatsächlich ist. Man verzeiht sich selbst immer mehr als den anderen, oft genug sich selber alles – und anderen nichts. Der Narzissmus, dem sich das Selbst heute immer mehr verpflichtet fühlt, ermutigt dazu so sehr wie nie zuvor. So viel Großzügigkeit im Umgang mit eigenem Fehlverhalten war nie, so viel *Selbst-*

nachsicht auch nicht. Das neue Selbstmitleid ist aber nicht vom Himmel gefallen, sondern hat sich historisch angebahnt. Es ist einer Entwicklung geschuldet, die irgendwann einmal mit einem Heilsversprechen angetreten ist und heute scheinbar alle erreicht hat: die Psychologisierung der Gesellschaft.

Das innere Kind

Soziale Psychologisierung als eine Bewegung mit Breitendimension ist eine Erscheinung, die aus den USA kommend in allen westlichen Gesellschaften etwa seit den 1960er-Jahren einsetzte. Immer mehr Menschen begannen damals, sich einen Zugang zu einem Organ zu schaffen, das ihnen immer wieder heftig zusetzte, ihnen bislang aber ein Rätsel war: ihre Psyche. Auf einmal besuchten nicht mehr nur New Yorker Performance-Künstler einen Psychotherapeuten, sondern auch Normalbürger, vor allem jene der sogenannten *Silent Generation*, also Angehörige der Jahrgänge von 1928 bis 1945. Sie legten mehr und mehr die Scheu ab, sozial abgewertet oder gar stigmatisiert zu werden, wenn sie einen Psychologen konsultierten. 1967 ist die Psychotherapie in Deutschland eine normale Kassenleistung geworden, ein Verfahren, das seelische Leiden behandeln soll und über das man unter Freunden und Kollegen ganz offen spricht. Heute gehört es in vielen Kreisen längst zum guten Ton, nicht nur eine Putzfrau oder Nanny für sich zu beschäftigen, sondern auch einen Therapeuten zu buchen, den man wöchentlich aufsucht.

Am Anfang der Entwicklung stand eine ganz neue Haltung, die Menschen zu sich einnahmen. Sich Empathie mit sich selbst zu gewähren und gleichzeitig bereit zu sein, sich helfen zu lassen, war ohne Zweifel ein großer Fortschritt hin zu einer menschlicheren Gesellschaft, eine Errungenschaft. Auf einmal gab es einen Raum, wo Menschen, die schlimme Kindheiten erlebt hatten, sexuellem Missbrauch ausgesetzt oder auch von Gewalterfahrungen in den Weltkriegen verletzt waren, sich öffnen und ihre Traumata aufarbeiten konnten. Nun wurde es möglich, die Wurzeln des eigenen Leids zu erkennen und darüber zu sprechen. Viele Menschen, die in großer Strenge und hauptsächlich zur Pflichterfüllung anderen gegenüber erzogen wurden, lernten auf einmal, sich selbst anzunehmen. Es war ein Segen, dass sie in der Psychotherapie eine Möglichkeit bekamen, sich als liebenswerte Geschöpfe kennenzulernen und sich selbst gegenüber mehr Selbstliebe aufzubringen.

Aber wie so oft in nachholenden Bewegungen wurde die Suche nach mehr Selbstgeborgenheit in vielen Fällen umfassend und ausufernd. Irgendwann fing fast jeder an, nach dem Trauma in sich zu suchen, nach den Narben aus einer vergifteten Kindheit. In den 1970er- und 1980er-Jahren wurde die psychologische Selbsterforschung, das Fahnden nach eigenen Traumata, seelischen Verletzungen und vor allem nach einer Kindheit, die für das ganze weitere Leben belastend war, zu einer verbreiteten Beschäftigung, vor allem akademischer Milieus, denn diese Form der Selbsterkenntnis erforderte eine gewisse Bildung. Eine, die am steigenden Wert der Innenschau zweifelte, war die Psychologin Ursula Nuber, die 1995 ein aufrüttelndes, zum damaligen Trend ganz antizyklisches Buch mit dem Titel »Der Mythos vom frühen Trauma« schrieb und damit heftige Kontroversen auslöste. Der Siegeszug des Mitleids mit sich selbst – und vor allem mit dem Kind in sich – war jedoch nicht aufzuhalten. Selbst in den Jahren seit der Jahrtausendwende, die Wohlstand und Lebensqualität für viele brachten wie kaum eine Epoche zuvor, hatte diese Gefühlsregung Konjunktur – und noch heute finden Publikationen dazu eine enorme Resonanz. »Das innere Kind in Dir muss Heimat finden« von Stefanie Stahl etwa schaffte es, bis heute über 400 Wochen auf Platz 1 der SPIEGEL-Bestsellerliste zu stehen.

Heute leben wir in einer Epoche, in der jeder darum wirbt, bei allem, was er unternimmt oder anstellt, wenn nicht als Kind, so doch immerzu als Mensch wahrgenommen zu werden. Das fordern aber nicht nur vom Leben schwer Gebeutelte ein, sondern zunehmend auch noch solche, die sich ganz und gar schuldhafte Übertritte geleistet haben. Auch der normale Betrüger oder Steuersünder will heute als Mensch wahrgenommen werden, der nicht weniger als warmes Verständnis verdient.

In den Niederungen der Zivilgesellschaft ist der Appell an die Umgebung, auch einmal nur Mensch sein zu dürfen, längst durchgedrungen. »Hier bin ich Mensch, hier darf ich's sein«, lässt schon Goethe seinen Faust sagen, und meint damit, hier kann ich sein, wie ich wirklich bin, hier werde ich ernst genommen, respektiert, geliebt, ganz ohne jeden Erwartungsdruck von außen, ganz ohne Stress. Die Drogeriemarktkette »dm« hat diesen Spruch einst abgewandelt in »Hier bin ich Mensch, hier kauf ich ein« und wollte damit dem Menschen auch im Einzelhandel Refugium, Ruhestätte, ja Heimat schaffen. Einfach Mensch zu sein, ist heute so attraktiv geworden, dass auch verdiente Zeitgenossen diese Bezeichnung jedem Ehrentitel vorziehen würden.

Kein Wunder, dass gerade auch Zeitgenossen, die in dieser Zeit die Bühne der Arbeitswelt verlassen, heute den anderen als Mensch in Erinnerung bleiben möchten, nicht als General, als Büroleiter oder Landgerichtspräsident. Was vorher nicht sonderlich viel wog, zählt nun fast alles. So auch im Fall von Axel Haverich, der bis zu seiner Verabschiedung von der renommierten »Medizinischen Hochschule Hannover« ein bedeutender Herzchirurg war, den das Magazin *Focus* sogar einen »Star-Mediziner« nannte. Seine Lebensleistung lag in der medizinischen Forschung und in seiner international geachteten chirurgischen Operateurskunst, für allzu große Ausbrüche an Güte und Herzlichkeit seinen zahlreichen klinischen Mitarbeitern gegenüber war er dagegen nicht bekannt. Er galt vielmehr als ein harter Hund, ein Mann, der mit eisernem Besen kehrte, ein Typ ohne Skrupel oder falsche Sentimentalitäten. Das hinderte ihn aber nicht daran, 2022 im Quadriga-Verlag seinen Lebensbericht zu veröffentlichen, Titel: »Der menschliche Faktor. Ein Chirurg über die verlorene Kunst des Heilens«.

Wie in der Hochleistungsmedizin, so auch im Hochleistungssport: Auch der Profi-Fußball ist ein Geschäft, ein knallhartes obendrein, und doch will man Mensch sein. Früher waren alle elf Freunde – oder auch nicht. Heute spielen sie hier, morgen dort. Die Marktwirtschaft hat auch vor dem Fußball nicht Halt gemacht. Warum sollte er auch? Wie oft hat man schon beklagt, dass Spieler nur wegen des Geldes kommen und gehen? Fans einer Mannschaft wissen heute, man kann keinen Pfifferling darauf geben, wenn heute einer verkündet, er sei ein echter Borusse, ein echter »VfBler« oder ein »05er«. Zu oft hat man es erlebt: Wer sich heute zum Verein bekennt, ist schon morgen beim anderen, Identität und Kapitalismus – das ist eine Rechnung, die nie wirklich aufgeht.

Fußballer wissen aber auch, dass man in diesem Geschäft schnell vergisst und viele Fans bereit sind, schon nach kürzester Zeit dem nächsten Fußballgott zu huldigen. Das schafft Spielräume der Geschmeidigkeit, die es zu nutzen gilt. Vor ein paar Jahren wechselte der eingefleischte Borusse und vielfache Nationalspieler Mats Hummels vom BVB Dortmund zum FC Bayern München. Ausgerechnet als Kapitän der Mannschaft, und dann auch noch zum Erzrivalen um die Deutsche Meisterschaft! Ausgerechnet nach dem Pokalsieg über die Bayern, den alle nach langen titellosen Jahren in Westfalen wie eine Erlösung gefeiert hatten, verkündete er seinen unfassbaren Entschluss. »Das kann nicht sein!«, sagten viele, »der Mats macht das doch nicht!«. Er machte es doch. Die Wellen der Entrüstung wogten ein paar Tage hoch, und viele Fans nahmen es dem einstigen Publikumsliebling übel, dass er übergelaufen war. Hummels selbst erklärte seinen krassen Schritt auch damit, dass viele seiner Familienangehörigen und Freunde in München lebten, die Stadt seine Heimat sei und er deswegen zurückwolle. Ein befremdliches Argument für jemanden, der sich bislang beim BVB allem Anschein nach zu Hause gefühlt hatte, noch bei jedem Heimspiel den eingefleischten BVB-Spieler mimte, der nicht nur wegen des Geldes dort, sondern mit dem Herzen dabei war. Mats Hummels verließ die Stadt und den Verein, die Fans nahmen es ihm übel, aber so richtig bald nicht mehr. Hummels hatte sich aber maximal geschmeidig gezeigt, denn er gab sich menschlich. Und als er nach ein paar Jahren in München nicht mehr regelmäßig in der Startelf stand, schaffte er das nicht für möglich Gehaltene. Er wechselte tatsächlich wieder zurück zum BVB. Auch diesmal begleiteten den Wechsel Auskünfte menschlicher Art. Es war ein wenig so, als käme da ein verlorener Sohn zurück, den die Dortmunder nun wieder in die ausgebreiteten Arme nahmen. Dass der BVB wieder nur zweite Wahl war, das wollte sich niemand eingestehen.

Als Mensch wahrgenommen werden zu wollen, dieses tiefe Bedürfnis durchpulst den Akteur dieser Zeit. Mensch zu sein, äußert sich auch darin, zu seinen Eigenarten zu stehen und vor allem: zu seinen Schwächen. Auf die Karte des Menschlichen setzt auch einer immer wieder, der von seiner alten Geschmeidigkeit nichts verlernt hat, der ehemalige Bundesverteidigungsminister Karl Theodor zu Guttenberg. Wenn er heute in den Medien auftritt, dann nicht mehr so sehr, um Einschätzungen zur weltpolitischen Lage abzugeben, sondern um für mehr Menschlichkeit im Umgang mit dem Fehlbaren zu werben. »Wenn man manche Fehler geschickt zeigt, wirken sie glänzender als Vorzüge«, diesen Satz von La Rochefoucauld scheint sich keiner mehr zu Herzen genommen zu haben als er.

Die Erfahrung zeigt, das Publikum dankt es einem. Und so spricht er längst ganz offen über Dinge, die man zuvor nie von ihm gehört hat. Auch der schwere Gewissenskonflikt, der dem Auftritt im Fernsehstudio vorausging, wird dem Publikum nicht vorenthalten. »Mir ist es nicht leicht gefallen, damit an die Öffentlichkeit zu gehen.« Aber zu Guttenberg hat seinen ganzen Mut zusammengenommen und spricht heute über seine Depressionen. Aber es bleibt nicht bei Depressionen, in einem NDR-Podcast bekannte er unumwunden, nach seinem Rücktritt vom Amt des Verteidigungsministers 2011 hätten Ärzte bei ihm gar eine »posttraumatische Belastungsstörung« festgestellt. Das verwundert, weil diese Diagnose eigentlich Menschen vorbehalten ist, die lebensbedrohliche Katastrophen überstanden haben, Soldaten, die im Kriegseinsatz schwer verletzt wurden, Menschen, die bei Flugunglücken und Seekatastrophen ihre Angehörigen verloren haben.

Warum er damit an die Öffentlichkeit ginge, wird er von der Moderatorin gefragt. Man erfährt, es sind einmal mehr selbstlose Motive. Viele Menschen, meint er, hätten eine Scham, über so etwas zu reden, er aber wolle für andere Millionen leidende Patienten einen kleinen Beitrag dazu leisten, damit offener umzugehen. Also ein Leidender, der nicht nur um Mitgefühl buhlt, sondern als Gebender dastehen will, als Anführer aller Leidenden, als ihr Sprachrohr. Man freut sich, am Ende zu hören, dass er die Krankheit überwunden hat und wieder seiner geregelten Arbeit als Lobbyist, Vortragsredner und FOCUS-Kolumnist nachgehen kann. Er sei, meint er am Ende noch augenzwinkernd, von vorneherein nicht für das »harte, bissige, nicht immer liebevolle, aber trotzdem sehr benötigte Geschäft« geschaffen gewesen, zu weich, der Mann, schiebt er nach, zu sehr Mensch.

Wenn einer so geschmeidig war, warum ist er eigentlich gescheitert? Vielleicht könnte man im Fall Guttenberg argumentieren, er hat es ein wenig übertrieben mit der Geschmeidigkeit. Der Grünen-Politiker Jürgen Trittin war es, der die einzige, aber entscheidende Ungeschmeidigkeit in zu Guttenbergs Schadensabwicklung nach seiner Plagiatsaffäre 2011 in aller Schärfe erkannt und sie in einer Aussprache im Bundestag in den Stunden vor der Entlassung zu Guttenbergs auf die kurze Formel gebracht hat, er habe bei allem Schuldeingeständnis eines an den Tag gelegt, was man ihm dann doch nicht hätte verzeihen können, nämlich: »Arroganz noch in der Geste der Demut«. Geschmeidigkeit, wenn sie aufgeht, ist, glaubwürdig reumütig zu sein. Dabei ist es aber ratsam, den Kopf zu senken. Diese Geschmeidigkeit jedoch verpasst zu haben, das wurde dem Freiherrn zum Verhängnis.

Guttenberg ist die Ausnahme von der Regel. Er ist ein rares Beispiel dafür, dass da einer trotz maximaler Geschmeidigkeit am Ende gescheitert ist. Man muss ihm aber zugutehalten, nicht viel hätte gefehlt und die Rechnung wäre aufgegangen. Selbst die ZEIT stilisierte ihn noch nach dem Bekanntwerden seiner Betrügereien als gefallenen Engel und gewährte ihm ein großes Entschuldigungsinterview, aber es nutzte alles nichts. Dass ein Politiker ohne jedes sichtbare Unrechtsbewusstsein, der mit sehr viel Glück von gerichtlichen Konsequenzen verschont geblieben ist, durch ein seitenfüllendes Interview mit dem Chefredakteur der ZEIT im Herbst 2011 fast schon rehabilitiert wurde, ist bis heute unvorstellbar. Auch dies ein erstaunlicher Vorgang, der aber zeigt, wozu man es mit der nötigen Geschmeidigkeit bringen kann. Guttenberg hätte es fast geschafft. Sein dramatischer Fall spricht nicht gegen die Grenzen der Geschmeidigkeit im öffentlich-medialen Diskurs, sondern vielmehr dafür, wie weit man es mit ihr heute bringen kann.

Opferlust – die Kunst der Verkehrung

Es ist eine Wahrheit aus der Kriminalpsychologie: Wer anderen Menschen Gewalt antut, hat fast immer selbst unter Gewalt gelitten, wer sich einen illegalen Vorteil verschafft, war lange selbst Entbehrungen ausgesetzt. Da jeder Täter selbst einmal Opfer war, bleibt er auch immer ein Opfer. Und so steckt in wohl jeder Verfehlung und auch noch im größten Verbrechen, das einer begeht, neben Schuld und Verantwortung immer auch ein Anteil, in dem einer tatsächlich Opfer ist, Opfer seiner Vorgeschichte, Opfer seiner Genese, Opfer der Gesellschaft. Man hat heute jedoch manchmal den Eindruck, dass immer mehr Menschen ausgerechnet dann das Opfer in sich suchen, wenn man mal wieder so richtig in die Bredouille kommt. Sich selbst als ein Opfer darzustellen, vorzuführen, was einem alles angetan wurde, hat dann vor allem einen Sinn: Es kehrt die Schuld um, die einer auf sich geladen hat, und schiebt sie anderen in die Schuhe.

Einsicht oder Reue, beide sind scheue Rehe. Sie stellen sich gemeinhin bei Menschen eher selten ein, ganz egal, wie gravierend es ist, was sie zu verantworten haben. Gleichzeitig wird die Suche in den Archiven der Selbstgerechtigkeit nur allzu schnell fündig. Denn die Legende von jenem, der unschuldig hinter Gittern sitzt, ist uralt und fast so beständig wie die Passion Jesu Christi. Auch die Regale der europäischen Literaturgeschichte sind voll mit jenem Motiv, das wohl schon tausend Mal den Stoff für die immer wieder gleiche und doch immer wieder aufs Neue herzzerreißende Geschichte hergibt. Es geht um das nahezu unerschöpfliche Genre der Lebensberichte unschuldig Verurteilter. Im Archipel Gulag, im Straflager, in Französisch Guyana. Der gute Valjean aus Victor Hugos »Les Misérables«, der wackere Graf von Monte Christo, Papillon auf der Teufelsinsel. Das Leid und das Lied desjenigen, dem schweres Unrecht zugefügt wurde, kennt jeder, und es rührt einen immer wieder. Ein solches Narrativ sichert maximale Identifikation, bei sich selbst und beim Leser. Sind wir am Ende nicht alle unschuldig Verurteilte? Was aber, wenn einem gar kein Unrecht zugefügt wurde und einer nur eine gerechte Straße absitzt?

»›Das habe ich getan‹, sagt mein Gedächtnis, ›Das kann ich nicht getan haben‹, sagt mein Stolz, und bleibt unerbittlich. Endlich gibt das Gedächtnis nach.« Ein Aphorismus von Friedrich Nietzsche. Donald Trump fällt ein in diesen Gesang. »Ich bin ein sehr unschuldiger Mann!«, rief er am 30. Mai 2024 Beobachtern zu, dem Tag des Schuldspruchs in jenem Prozess, in dem es um die Vertuschung von Schweigegeld-Zahlungen gegen die ehemalige Pornodarstellerin Stephanie Clifford alias Stormy Daniels ging, er sehe sich als »politischen Gefangenen«. Seither verging kaum ein Tag, an dem er sich nicht als Opfer einer Hexenjagd gesehen hätte oder gar von Verschwörungstheorien, obwohl doch er derjenige ist, der immer neue in die Welt setzt. Seit Trump wegen mehr als einhundert Delikten juristisch verfolgt wird, inszenierte er sich permanent als Opfer. Kein Tag, an dem er nicht behauptet hätte, dass er unschuldig sei.

Die Unschuldsnarrative verlaufen dabei stets nach einem erkennbaren Muster, ob bei Donald Trump oder im Sport, bei Ex-Tour-de-France-Gewinner Jan Ullrich, dem ewig ungeständigen Dopingsünder, oder bei jenen, die tatsächlich einrücken mussten, Uli Hoeneß etwa oder Ex-Tennisstar Boris Becker. Man kriegt nicht genug, will alles und immer mehr, Macht, Geld, Erfolg. Man wird kriminell, wird geschnappt, kommt vor Gericht. Dann beginnt schon die Leidenszeit. Man leidet am Unrecht, das einem angetan wird, das Unrecht der Justiz, der Medien, all der undankbaren Mitmenschen.

Wer in einem Maß straffällig geworden ist, dass er ins Gefängnis muss, leidet scheinbar doppelt, auch wenn man weiß, dass gerade prominenten Insassen nahezu immer einen Bonus im Haftvollzug gewährt wird, von dem der Kriminelle von der Straße nur träumen kann. »Festungshaft« nannte man in Zeiten, in denen etwa Adolf Hitler nach seinem gescheiterten Putsch 1924 in die Justizvollzugsanstalt Landsberg einrückte, die bevorzugte Unterbringung Prominenter im Gefängnis. Bis heute ist das nicht viel anders. Becker musste von den zweieinhalb Jahren, zu denen er rechtskräftig verurteilt wurde, wegen einer Sonderregelung in Wirklichkeit nur etwas mehr als sieben Monate absitzen, und auch Hoeneß führte tatsächlich ein privilegiertes Häftlingsdasein, kam in den Genuss vieler Hafterleichterungen, nahezu jedes Wochenende hatte er Freigang und durfte nach Hause fahren. Von Bevorzugung will er aber nichts wissen und verkündete selbstbewusst nach der Haftentlassung: »Ich habe mich im Gefängnis verhalten, wie es ein Häftling nicht besser machen kann. Und die Beurteilung durch die Chefin der Anstalt in Landsberg hat dazu beigetragen, dass ich eine Halbstrafe erhalten habe.«

Spätestens mit der Ahndung der eigenen Verfehlungen durch ein Gericht und eine Verurteilung rückt nun die eigene Leidensgeschichte, nicht etwa die der Geschädigten, in den Mittelpunkt. Man erzählt, wie hart die Episode im Knast war, »besonders für meine Familie«, betonte Hoeneß, aber auch wie tapfer man sich geschlagen hat: »Meine Frau kämpfte wie eine Löwin!« Auch Jan Ullrich geht ins Extrem, wenn er über seine Zeit berichtet, nachdem er als Dopingsünder entlarvt worden war: »Mehr Leiden ging nicht«, meinte er in einem ARD-Interview. Ins gleiche Horn blies auch der selbst ernannte Erfolgsguru Jürgen Höller, der wegen Steuerhinterziehung einsaß – die Zeit des Strafvollzugs: ein nicht enden wollendes Martyrium.

Bei all den Erzählungen, die das Leiden des Gefangenen zum Gegenstand haben, wird das Hauptaugenmerk nicht auf die kriminelle Historie des Delinquenten, sondern viel mehr auf seine bewundernswerte Unerschütterlichkeit und Leidensfähigkeit gerichtet. Nicht das Schlimme, der gnadenlose Egoismus, als Großverdiener der Öffentlichkeit Steuermittel vorenthalten zu haben, dazu die kaltschnäuzige Täuschung von Gerichten und Öffentlichkeit über die wahren Vermögensverhältnisse, all das, was einer angerichtet hat, ist das Thema, sondern das lange Tal der Tränen, durch das da einer geht. Man redet nicht mehr über den schlechten Charakter, der sich in solchen Taten unzweifelhaft zeigt, sondern über nunmehr an den Tag gelegte, offenbar hoch anzuerkennende Stärken, die heldenhafte Würde, die sich einer bewahrt hat, und die Festigkeit, hernach wieder genauso weitermachen zu wollen wie zuvor, eine Qualität, die etwa im Buchtitel »Boris Becker. Immer wieder aufstehen« zum Ausdruck kommt.

Dies gelingt am ehesten, indem man das Narrativ eines Survival-Trips entspinnt. Es geht um einen möglichst steinigen Weg eines Menschen, der »am Boden lag« und »sich zurück ins Leben kämpfte« (Klappentext Jan Ullrich), ein Helden-Epos. Der »Kampf zurück ins Leben« ist gemeinhin eine Formulierung, die man etwa bei Autoren findet, die in

Erfahrungsberichten davon erzählen, wie sie nach schweren Erkrankungen den Weg zurück in einen halbwegs erträglichen Alltag gefunden haben. Sie diente bisher aber nicht zur Beschreibung der Resozialisierung von Straffälligen in die bürgerliche Gesellschaft – und doch findet man sie genau hier immer öfter. Kein Wunder, die Fallhöhe wird dadurch ins Extreme gesteigert, indem man den, der da kriminell wurde, als einen schildert, der durch die Hölle ging. Dieser Gang durch das Inferno endet freilich in einem Happy End – wie bei Phönix, der nach tiefem Fall doch noch glorreich aus der Asche aufsteigt. Am Ende ist der Leser nicht entsetzt über das verantwortungslose Verhalten einer unmoralischen Person, sondern freut sich mit dem Prominenten, dass dieser seine Lebensfreude wiedergefunden hat.

Ein Aufenthalt im Gefängnis muss heute, zumindest für bestimmte prominente Sträflinge, kein Schandmal mehr sein. Nach der Haftentlassung droht keineswegs eine öffentliche Stigmatisierung wie in alter Zeit, zumal nicht für all jene, denen es gelingt, den Menschen in sich hervorzukehren. Im Knast kann man ein Buch über die qualvollen Tage schreiben. Oder man sortiert schon mal die Presseanfragen für die Zeit nach der Entlassung. Man wird Bestsellerautor, oder man kommt in die Talkshow und erzählt, wie schlimm es drinnen war. Mit einem Auftritt bei Markus Lanz kann man immer rechnen. Irgendwas kommt immer. Das Dschungelcamp ist nie weit, und die Erfahrung lehrt, dass einem die Öffentlichkeit die Verwandlung vom Täter zum Opfer durchgehen lässt und am Ende jede Menge Mitgefühl zollt, wenn man sich auf einer ihrer Bühnen publikumswirksam darstellt.

Früher hätte man die Kinder ins Haus geholt, wenn ein Vorbestrafter dem Viertel seine Aufwartung machte, heute lohnt es sich für Boris Becker, seinen Insolvenzverwaltern Vermögen in Millionenhöhe unterschlagen zu haben. Und selbst der unrühmliche Umstand, dafür eine satte Haftstrafe verbüßt zu haben, zahlt sich aus. Seither hagelt es wieder Angebote für TV-Auftritte, Kommentatorenjobs, etwa bei *Eurosport*, ja schon kurz nach Antritt der Haftstrafe in London flatterten hoch dotierte Werbeverträge für die Zeit nach dem Einsitzen herein. Die Autorin Ute Dannhäuser veröffentlichte pünktlich zu seiner Haftentlassung Ende 2022 eine Biografie über Becker, Titel »Ein Tribut an Boris Becker. Die

Biografie einer gefallenen Legende«, im Oktober 2024 soll der erwähnte Titel des Sportjournalisten Daniel Müksch erscheinen. Becker selber wurde nach seiner Freilassung von einer großen Öffentlichkeit mit offenen Armen aufgenommen, so herzlich umsorgt, wie einst der verlorene Sohn, man fing ihn auf in einem weichen Kissen. Nicht lange, und ein lukrativer Trainerjob wurde ihm angeboten und weitere Werbeverträge, er trat wieder als TV-Experte auf, und plötzlich hatte er wieder richtig Geld. Schon Ende April 2024 war so viel zusammengekommen, dass er seine offenen Rechnungen begleichen konnte und das Gericht die Befreiung von seiner Restschuld anordnete, das alte Leben in Saus und Braus konnte weitergehen.

Prominente sind nie allein, auch das ist eine goldene Regel. Immer findet sich jemand, der ihnen zur Seite springt, der ihnen sekundiert, ihnen »in den dunkelsten Stunden« »Mut zu spricht«, so will es der besonders zur Selbstdarstellung begabte Erfolgstrainer Jürgen Klopp Becker gegenüber getan haben, wie zu lesen stand. Man braucht andere einflussreiche Mitmenschen, die einen kennen und die Legende stützen. Das ist ein Vorteil, über den nur gut vernetzte Zeitgenossen verfügen. Auch Hoeneß war nicht allein. Der ehemalige Bayern-Trainer und bekennende Hoeneß-Freund Ottmar Hitzfeld etwa erzählte im SPIEGEL die rührende Geschichte, wie er an einem kalten Wintertag Hoeneß in der Zelle besucht habe. Für ihn sei klar gewesen zu kommen, denn einen Freund, »dem es schlecht ging«, lässt man nicht im Stich, zumal wenn er, so wurde Hitzfeld im SPIEGEL zitiert, »an den Pranger gestellt wurde«. Man habe sich gut verstanden, aber dann auch nur ein Stückchen Schokolade gehabt, das man sich geteilt habe. Weil die strengen Gefängniswärter mehr nicht zuließen, weil es mehr nicht gab im kalten Verlies. Damit ist diese Geschichte in einem Narrativ angekommen, das man schon kennt: Kriegsweihnachten in Stalingrad. »Wir hatten nicht viel, aber was wir hatten, teilten wir redlich.« Leiden, so scheint es, macht vor nichts Halt, es ist immer unermesslich.

Ein Phänomen der modernen Mediengesellschaft ist es, dass Betroffene nicht nur ungeschoren davonkommen, sondern dass sich selbst ganz und gar krasse Grenzüberschreitungen richtig auszahlen können. So lohnt es sich auch für andere Hochstapler wie etwa Gert Postel, im großen Stil betrogen und jahrelang als falscher Klinikarzt Patientenleben gefährdet zu haben. Auch er hat ein autobiografisches Buch geschrieben (Titel: »Doktorspiele«, 2001), das prompt zum Bestseller wurde. Wie viele Gescheiterte treten heute in Dokus auf, in Dramas, Spielfilmen oder in coolen Raptexten, sie touren durch die Republik und nehmen gutes Geld für ihre Veranstaltungen. Man meint im Nachhinein auch, man habe doch alles richtig gemacht. Das sieht Postel etwa ganz genauso und wird auch so zitiert: »Ich bereue nichts, was ich getan habe«. Ein Muster wird erkennbar: Keine Verfehlung gibt es, die sich nicht auszahlen würde. Man muss ein verkorkstes Leben nur so lange drehen und wenden, bis es seine profitable Seite offenbart.

Fazit: Der geschmeidige Move der Reinwaschung folgt einem erkennbaren Grundzug. Natürlich wird von den Betreffenden die eigene Verfehlung eingestanden, irgendwo am Rande, auf einer Pressekonferenz, in einer Fußnote. Aber das Verbrechen selbst in seiner ganzen Schwere einzuräumen und Geschädigte um Verzeihung zu bitten, ist zweitrangig, und geschieht es doch, scheint der Bußgang immer irgendwie halbherzig, pflichtschuldig und so, als habe der Anwalt dazu geraten. Stattdessen verlegt man seine ganze Energie darauf, aus einem Verbrechen eine gewaltige Leidensgeschichte zu machen. Es gibt diesen Satz: »Die Kleinen hängt man, die Großen lässt man laufen.« Eine bittere und doch überzeitliche Einsicht. Aber sie trifft nicht mehr zu für das, was heute zu beobachten ist. Im Zeitalter der Geschmeidigkeit werden die Großen nicht nur laufen gelassen, sondern Medien und Gesellschaft bieten ihnen ein breites Forum, auf dem sie vor aller Augen die eigenen Verfehlungen reinwaschen dürfen. Das Leid, das sie anderen zugefügt haben, wird ganz einfach umgewandelt in ein Leid, das man ihnen angetan hat.

Wir leben heute in einer Gesellschaft, in der immer häufiger eine individuelle Geschmeidigkeit der Schuldumkehr zur Anwendung kommt, die vor fast nichts mehr zurückschreckt. Zugleich lässt sich beobachten, dass bei Verfolgung und Ahndung durch Justiz und Rechtsstaat ein merkliches Absinken der Einsichtsfähigkeit bei den Betreffenden zu beobachten ist. Selten haben sich so viele so viel selbst verziehen wie heute. Auch bei schweren Verstößen gegen Recht und Sitte. Immer häufiger ist auch bei eindeutigen eigenen Verfehlungen nicht Reue, sondern der Aufschrei, selbst tiefstes Unrecht zu erleiden, die übliche Reaktion. Ein ausgeprägtes Selbstmitleid führt dazu, dass sich auch gerade immer mehr Politiker als Opfer inszenieren und, noch schlimmer, sich offenbar auch so fühlen. Eine lustvoll zelebrierte Wehleidigkeit macht die Runde, Psychopathen wie Donald Trump begehen ein Verbrechen nach dem anderen und stellen sich am Ende auch noch allen Ernstes als den »Gekreuzigten« dar.

Dieser Schulterschluss mit dem Göttlichen ist dabei nicht einmal ungewöhnlich. Gerade krankhafte Narzissten neigen immer wieder dazu, sich mit Märtyrern zu vergleichen, die mit höheren Mächten im Bund stehen. Ein eindrückliches Beispiel aus der Literatur ist etwa die Figur des Max Cady, eines Killers und Vergewaltigers, der bis zuletzt überzeugt ist von der eigenen Unschuld und sich als christlichen Märtyrer inszeniert, wovon vor allem ein gigantisches Kruzifix kündet, dass er sich im Gefängnis auf den Rücken hat tätowieren lassen. Er ist die Hauptfigur des 1957 erschienenen Romans von John D. MacDonald »The Executioners«, der 1991 als Remake unter dem Titel »Cape Fear« von Martin Scorsese mit Robert De Niro in der Hauptrolle verfilmt wurde.

Moral verkommt heute immer mehr zu Geschrei ohne Konsequenz und vor allem zu einem stumpfen Schwert, das zwar eine meinungsbildende, aber keine die Demokratie absichernde Kraft mehr hat. Das kollektive Gewissen ist immer öfter wie immunisiert, und man weiß nicht mehr, was es noch braucht, um Menschen davon zu überzeugen, dass da einer nicht das Unschuldslamm ist, das er vorgibt zu sein. Die Kraft moralischer Empörung hat sich abgenutzt. Man kann das auch Walten von allzu viel moralischer Geschmeidigkeit nennen. Wohl auch, weil so viel moralische Empörung nur inszeniert wird, und man auch beim nächsten Mal schon ahnt, das muss wieder eine Finte sein.

Wie schädlich sich diese Abnutzung am Ende auswirkt, kann man etwa an der Karriere des Begriffspaars »Hass und Hetze« nachvollziehen. Der Journalist Götz Hamann hatte in einem Artikel gezeigt, wie die Überstrapazierung dieser Begriffe mittlerweile dazu geführt hat, dass sie als Kampfbegriffe nicht mehr taugen, sondern zum Gegenteil ihrer Absicht, den politischen Gegner zu skandalisieren, verleiten. Der inflationäre Gebrauch schafft bald Verdruss und einen Gewöhnungseffekt, schließlich schafft er Ressentiments, jedoch nicht etwa ganz und gar berechtigte gegenüber dem Verursacher unmoralischen Handelns, sondern gegen all diejenigen, die moralische Anklagen erheben, die vollkommen legitim sind. Zurückbleibt eine verunsicherte Öffentlichkeit, die zu moralischer Apathie neigt, eine Starre, die sich auch dann nicht mehr löst, wenn richtig große Böcke geschossen werden. Mit dieser Form der Betäubung des öffentlichen Bewusstseins ist jedem Missbrauch Tür und Tor geöffnet.

SCHLUSS

DER AUFSTAND DER UNGESCHMEIDIGEN

Geschmeidigkeit als verpasste Gesellschaftsnorm

Die härteste Strafe, die diese Gesellschaft heute bereithält, ist es, als ungeschmeidig zu gelten. Wer aber ist ungeschmeidig? Wer verfügt nicht über die geeigneten Ressourcen der Selbstdarstellung, wer verpasst den Sozialcharakter der Zeit und wer scheitert, wenn es um die sozialen Strategien geht, die man heute beherrschen muss, um ans Ziel zu kommen? Drei Gruppen lassen sich identifizieren.

Einmal sind da all jene, denen die ganze Geschmeidigkeit aus Überzeugung nicht geheuer ist, die sie als unstatthaft ablehnen, vor allem ihren rein funktionalistischen Ableger. Das sind diejenigen, die sie für sich aus prinzipiellen Gründen ausschließen, die Individualisten, die Selbstbewussten und Selbstbestimmten, die Eigensinnigen, Intellektuellen und Lebenskünstler, für die Geschmeidigkeit nur allzu oft nichts anderes ist als eine Form des Selbstverrats. Dazu kommen diejenigen, die alle Formen von Geschmeidigkeit ausschlagen, nicht weil sie derartige Berührungsängste teilen, sondern weil sie sie schlicht nicht oder nicht mehr nötig haben. Das sind die Superreichen, Großverdiener, Spitzenmanager, politischen Führer und Demagogen wie Donald Trump, der König der Ungeschmeidigen, also all jene, die keine falschen Rücksichten mehr nehmen müssen und sich so richtig gehen lassen können. Aber es sind dies auch Individuen, die bei Bedarf durchaus noch das Handwerk der Geschmeidigkeit beherrschen. Etwa, wenn sie sich volkstümlich geben, sich zu den Ungeschmeidigen gesellen, dem Volk nach dem Maul reden, sich an seine Spitze stellen. Dann geben sie sich recht ungeschmeidig, in der Absicht, einer von allen zu sein. Die zur Schau gestellte demonstrative Ungeschmeidigkeit ist dann aber nur ein Move tatsächlich waltender

Geschmeidigkeit. Denn im Milieu der Ungeschmeidigen erweist sich gerade Poltern als maximal geschmeidig, insofern es gut machiavellistisch, absolut zielführend ist. Sogar sich maximal ruppig, rüde und rüpelhaft zu geben, kann unter Umständen die ultimative Form von Geschmeidigkeit sein.

Die dritte Gruppe sitzt im Publikum. Sie umfasst all jene, die nicht über das Gen der Geschmeidigkeit verfügen und die auch gar nicht in ihren Modus wechseln könnten, selbst wenn sie es wollten. Die Ungeschmeidigen sind eine stetig wachsende Gruppe, die sich dadurch definiert, dass sie den in der Erfolgsgesellschaft herrschenden Habitus der privilegierten Schichten nicht verinnerlichen und bei dem Versuch der Aneignung Schiffbruch erleiden – nicht so sehr ökonomisch, sondern symbolisch und stilistisch. Das sind die Hinterwäldler, die Dilettanten, die großen Verlierer der Epoche. Um sie geht es auch, wenn von der Geschmeidigkeit als einem politischen Paradigma die Rede ist, das so viel Potenzial in sich trägt, dass sich an ihm heute nicht weniger als das Überleben der Demokratie im 21. Jahrhundert entscheidet.

Was aber ist ungeschmeidig? Sprachliche Defizite, Dialektfärbungen, Rechtschreibschwäche? Bildungsferne allgemein? Die falsche Brille oder Frisur, das falsche Körpergewicht oder Outfit, die falschen Tattoos? Die falsche Musik, der falsche Urlaubsort, ein falscher Kulturkonsum oder Lebensstil? Ungeschmeidigkeit, so könnte man definieren, ist die angestrebte, aber misslungene Adaption des geschmeidigen Lebens. Das klingt kompliziert, ist es aber nicht. Jeder kennt den Satz: Nirgendwo wirkt die Kleinstadt provinzieller, als wenn sie sich großstädtisch gebärdet. Überall dort, wo man sich einen Wunschzustand unbedingt und mit ganzer Kraft aneignen möchte, wird er am ehesten verpasst. So ist es mit dem kosmopolitischen Leben oder der viel gepriesenen Internationalität. Wer in ihrem Namen antritt und alles tut, um der viel gescholtenen Provinzialität zu entkommen, landet erst recht auf dem Hosenboden. »Senk ju for drewelling wis Deutsche Bahn.« Ein Satz, der alles sagt. Wie es einen Unterschied gibt zwischen Wirklich-reich-Sein und der Vorstellung vieler, wie es wäre, reich zu sein, so ist es mit der Geschmeidigkeit.

Erinnert sei hier an den französischen Kellner aus den Anfangspassagen dieses Buches, ein absoluter Könner. Wenn jedoch Geschmeidigkeit oder Eleganz angepeilt, aber verpasst wird, wirkt es schnell peinlich oder komisch. Das trifft auch für die ganz und gar motorische Geschmeidigkeit zu. Wenn sie nicht gelingt, sondern hölzern und linkisch daherkommt, erscheint der ganze Auftritt lächerlich – in einer fast schmerzhaften Weise. Wie sehr – das hat keiner so gut vorgeführt, wie der Musiker und Komiker Helge Schneider in unzähligen Live-Parodien. Er ist der größte Meister darin, einen Ungeschmeidigen zu spielen, der bei dem Versuch scheitert, geschmeidig zu sein. Seine Kunst bleibt dabei aber nicht stehen. Denn es gelingt ihm am Ende dennoch, dass man ihn für seine Tapsigkeit ins Herz schließt. Wohl aber nur deshalb, weil hinter seinem Dilettantismus doch eine echte Könnerschaft aufblitzt. Bei all den vielen anderen bleibt es freilich bei einer Ungeschicklichkeit, die nicht anders kann, hinter der nichts Weiteres aufscheint, die ganz bei sich bleibt und am Ende sogar zum Fluch wird, der ein ganzes Leben überschattet.

Geschmeidigkeit ist ein Reizwort, und doch wird sie heimlich von allen verehrt. Dabei trennt natürlich die Szenegänger, die Angehörigen des Establishments und all die Coolen unendlich viel von den brüllenden Bauernprotestlern, all den erhitzten Lkw-Fahrern, den »Gillets jaunes«, den kleinen Giftspritzen und den wildgewordenen Wutbürgern mit den roten Köpfen, was die eigene Lebenswirklichkeit oder den Lebensstil angeht. Und doch verbindet sie alle mehr, als man denkt. Etwas Unsichtbares ist es, der Orientierungspunkt der Lebensführung. In der Geschmeidigkeit lässt sich ein Konzept erkennen, ein Ideal, das für beide verbindlich ist und von beiden angestrebt wird, wenn auch mit ganz unterschiedlichen Resultaten, was die konkrete Realisierung angeht. Geschmeidigkeit ist längst für alle zu einer Norm geworden, der erreichte Grad so etwas wie ein Parameter des gelungenen Lebens. Der Akademiker, der Lastenfahrrad-Bourgeois oder der Selbstverwirklicher repräsentieren die sozial prämierte Variante des Versuchs, geschmeidig zu sein, der Rechtspopulist, der Sonntagsspaziergänger und all die neuen Bitteren dieser Zeit die verunglückte und sozial geächtete.

Dabei wollten sie alle einmal, bevor sie ins Rennen gingen, zu den Großartigen gehören, ganz egal welcher Herkunft. Jedes Ich hat heute einen mächtigen Traum, es kennt in seiner Fantasie keine Grenzen mehr, kein Ufer. Der geschmeidige Lebensentwurf ragt in die Existenz aller hinein wie nie zuvor in der Menschheitsgeschichte. Alle wollen ihn sich erfüllen, alle wollen König sein. In der modernen, offenen Gesellschaft herrscht eine unumstößliche Ideologie, die in uns befeuert, dass man sich nicht mehr mit der Durchschnittlichkeit begnügt, und jedem, bei dem es nicht ganz nach oben reicht, zerrt sehr schnell der Missmut am Mundwinkel, es zieht »nieselnder November in die Seele ein«, wie es in den berühmten Anfangspassagen von Herman Melvilles »Moby Dick« heißt. Bei den einen geht die Rechnung auf, das sind die, die das erfolgreiche Leben zu fassen kriegen, bei den vielen anderen haut es nicht hin. Das eigene Leben wird nicht in Einklang gebracht mit dem, was man sich vorstellt.

Der nicht zur Geschmeidigkeit begabte Mensch ist der Verlierer dieser Zeit. Ungeschmeidige Menschen fühlen sich im Stich gelassen, oder wie man sagt »abgehängt«. Es gelingt ihnen nicht, an einer Art von Leben teilzunehmen, die sie für sich als angemessen und erwünscht empfinden. Sie fühlen sich unbedeutend, haben den Eindruck, nicht zu »mattern«. Sie fühlen sich nicht wahrgenommen, nicht ernst genommen, nicht für voll genommen. Sie fühlen nicht das, was man in der Sozialpsychologie Selbstwirksamkeit nennt. Dieses subjektive Ohnmachtsgefühl wird vor allem ausgelöst durch konkrete soziale Kontakterfahrungen mit den Geschmeidigen, mit ihren Zentren und Szenen, mit ihren Räumen und ihrer Kultur. Man spiegelt sich darin und fühlt das eigene Scheitern, man kommt zum Schluss: So bin ich nicht, und deshalb zähle ich auch nichts.

All diejenigen, denen es nicht gelingt, geschmeidig zu sein, erkennen irgendwann, dass sie in diesem Wettlauf nicht mithalten können. Sie fühlen sich ausgegrenzt und steigen aus. Weil ihr Bedürfnis nach sozialer Anerkennung jedoch ungestillt bleibt, neigen sie zu Frustration, die sich in aggressiven Emotionen entlädt. Ein tiefer Groll zieht in ihnen auf, weil sie merken, dass sie zu den Verlierern gehören. Der Wütende kompensiert in der Aggression seinen Frust und seinen Hass auf die Geschmeidigen, ja er will sich bald an ihnen rächen. Er ergeht sich in einer neuen Gehässigkeit dem Milieu gegenüber, dem er im Grunde seines Herzens zugehören möchte. Aus Ablehnung wird Abfälligkeit und schnell auch eine grundsätzliche Respektlosigkeit all jenen gegenüber, die man für geschmeidig hält. Man erachtet seinen Groll für legitim, weil man ihn mit eigener Courage und Unerschrockenheit verwechselt. Die Erscheinung höchster Geschmeidigkeit und maximaler Enttäuschung in einem Kollektiv ist komplementär. Beides gehört zusammen. Der Triumph der einen ist die Niederlage der anderen.

Bodenständige gegen Abgehobene

Der Aufstand der Ungeschmeidigen hält heute die ganze demokratische Welt in Atem. Denn die Ungeschmeidigen schlagen zurück. Sie sammeln sich, gründen und wählen eigene Parteien, die das ganze System der Geschmeidigen bekämpfen. Dabei kommen Wahlforscher immer wieder an ihre Grenzen, wollen sie Anhängern rechtspopulistischer Parteien eindeutige, typische soziokulturelle Merkmale zuordnen. Die AfD etwa. Sie ist weit eher ein Sammlungsbecken verschiedener diffuser politischer Strömungen als eine Partei im klassischen Sinn, und wenn man sie packen will, entgleitet sie einem. Wer wählt diese Partei? »Männlich, alt, ländlich«, galt lange als kürzeste Formel. Eine Datenanalyse der ZEIT aus dem März 2024 zeigte, so gut wie nichts von dieser Annahme stimmte. Die AfD ist überall zu Hause. Frauen wie Männer wählen sie, nicht wenige haben Abitur, nicht nur auf dem Land sind ihre Wähler zu Hause, auch in den Städten, in den kleinen wie in den großen. Nachfolgestudien haben gezeigt, dass es inzwischen auch einen deutlichen Rechtsruck bei ganz jungen Wählern gibt, alles in allem bildet sich kein homogenes Bild ab. Man bemüht unscharfe Formulierungen, weil die AfD eine unscharfe Geschichte ist, und nennt sie, wie der Soziologe Nils Kumkar, eine »Mehrmilieupartei«.

Ihre Wähler verdienen zwar weniger als der Durchschnitt, man könnte deswegen aber nicht behaupten, hier träfen die Minderbemittelten zusammen. Die verfügbaren Daten geben das nicht her. Die Politologen Knut Bergmann und Matthias Diermeier sprechen daher von der »Mär vom Prekariat«. Was AfD-Wähler dennoch eint, ist eine hohe Unzufriedenheit mit der eigenen wirtschaftlichen Lage. Man hat das Gefühl, nicht selbstbestimmt leben zu können, und hegt Ängste vor dem sozialen Abstieg. Was zusammenschweißt, ist jedoch vor allem all das, was man gemeinsam ablehnt, eine pluralistische Gesellschaft und die etablierten Parteien, die für diese Idee stehen.

Handelt es sich bei den Wählern der AfD um Menschen mit rechtsradikalem Gedankengut? Auch das ist ein häufig geäußerter Verdacht. Die »Mitte-Studie« 2022/23 der Friedrich-Ebert-Stiftung schien die Frage noch zu bejahen: »Das Anheizen und Einsickern rechter Ideologie«, das sich in den letzten Jahren angedeutet hat, »zeigt sich inzwischen in einem deutlichen Ruck nach rechts der gesamtgesellschaftlichen Stimmungslage«, steht da als ein Resümee und weiter: »Misstrauen und das Gefühl politischer Machtlosigkeit haben ebenso wie demokratiegefährdende Einstellungen in der Bevölkerung in Deutschland deutlich zugenommen.« Auch der Soziologe Harald Welzer argumentiert so, wenn er behauptet, dass Rassismus, Antisemitismus und Fremdenfeindlichkeit »bei einem Fünftel der Bevölkerung moderner Gesellschaften fest verankert sind«.

Politische Beobachter, die sich eher den oppositionellen Parteien zugehörig fühlen, sehen das Problem dagegen vor allem in einer verfehlten Regierungspolitik und sind sich darin sogar mit der BSW-Vorsitzenden Sahra Wagenknecht einig. Für die Radikalisierung der Gesellschaft sei vor allem eine Politik verantwortlich, von der sich immer mehr Menschen »im Stich gelassen und nicht mehr wertgeschätzt fühlen«, schreibt Wagenknecht in ihrem Buch »Die Selbstgerechten« (2022). Selbst der Soziologe Harald Welzer ist inzwischen auf diese Linie eingeschwenkt: »Zu simpel, zu selbstverliebt, zu blablabla«, ist ein SPIEGEL-Gastkommentar übertitelt, in dem er nunmehr mit den regierenden Parteien hart ins Gericht geht, wenn es um das Erstarken der Rechtspopulisten geht.

Die Sichtweise, den erkennbaren Vertrauensverlust in das politische System hätten die Parteien selbst verschuldet, ist weit verbreitet. Auf den Gedanken, dass sich fernab jeder politischen Pragmatik etwas im psychologischen Charakterkostüm eines großen Teils der Wähler fundamental verändert hat, kommt keiner. Wählerkritik auszublenden, ist jedoch so ähnlich, wie wenn man immerzu nur die fragwürdigen Geschäftspraktiken etwa von Lebensmittel-Großkonzernen wie *Lidl* oder *Aldi* attackiert, ohne einmal auch die Kunden für ihr fragwürdiges und kritikloses Kaufverhalten zur Verantwortung zu ziehen. Tatsächlich leuchtet eine falsche Politik als Ursache für das drastische Anwachsen nicht ein. Betrachtet man etwa die Politik der Ampelregierung seit der Regierungsübernahme 2021, dann macht sie durchaus eine soziale Politik, von Verbesserungen beim Mindestlohn, über das Bürgergeld bis hin zu erheblichen Rentenerhöhungen. Was ebenfalls gegen die These einer verfehlten Regierungspolitik spricht, ist die schlichte Tatsache, dass etwa die AfD selbst gar nicht für mehr Umverteilung kämpft. Ein Blick in ihr Wahlprogramm offenbart, dass sie keineswegs die Partei der kleinen Leute sein möchte. In ihren Reihen sind stattdessen eher Positionen populär, die man eher einem relativ freizügigen Wirtschaftsliberalismus zuordnen könnte. Den Sozialstaat will sie keineswegs ausbauen, ja die Mehrheit ihrer Anhänger ist davon überzeugt, dass vor allem jene von Sozialleistungen profitieren, die sie nicht verdient haben, Migranten, Asylanten und andere »Schmarotzer«, zu denen man sich freilich nicht zählen möchte.

Das mangelnde Privileg der Geschmeidigkeit

Es greift viel zu kurz, den großen Groll an einer angeblich falschen Regierungspolitik festmachen zu wollen. Um ihn zu verstehen, muss man viel tiefer schürfen. Die AfD ist keine Partei des Sozialneids, sondern eine, die das tiefe Ressentiment gegenüber all diejenigen zusammenführt, die über ein Privileg verfügen, was für die eigene Klientel noch viel weniger erreichbar zu sein scheint als Wohlstand: ein ganz bestimmter Lebensstil. Einer, der akademisch ist, intellektuell, künstlerisch, kultiviert und cool, mit einem Wort: geschmeidig. Es ist die Lebensart der Selbstverwirklicher, die von all denen, die sich als »bodenständig« bezeichnen, nur abfällig die »Abgehobenen« genannt werden und die alle Hasserfüllten so sehr in Rage bringen.

Bei allen Protestaktionen der letzten Jahre, bei all den aufgebrachten Landwirten und Lkw-Fahrern, bei all dem enthemmten Geschrei auf den AfD-Demonstrationen wird klar, es sind nicht Heizungsgesetze, angekündigte Kürzungen der Subventionen beim Agrardiesel, kein allzu missbrauchsanfälliges Bürgergeld oder irgendwelche unkontrollierten Flüchtlingsströme, die da Menschen in Wallung bringen. Was da wehtut, ist der Schmerz, sich ausgegrenzt zu fühlen. Das ist aber keine sozioökonomische Größe, sondern zuerst eine psychologische. Es ist ein psychologischer Zustand, in dem sich die Selbstwahrnehmung eines geminderten Selbstwertgefühls ausdrückt, ein Ohnmachtsgefühl, ausgelöst dadurch, permanent gespiegelt zu bekommen, wie es richtig geht, aber dennoch im Versuch stecken zu bleiben, das Ziel zu erreichen, ohne je dort anzukommen. Das Ziel ist das geschmeidige Leben, das Manko, man weiß nicht, wie man es zu packen kriegt.

Was ich liebe, entscheidet darüber, wie ich sein will. Was ich nicht schaffe, frustriert mich. Was mich frustriert, das verteufle ich bald. So kann man am Ende hassen, was man einst geliebt hat. Man lehnt es ab, damit es einen nicht mehr quälen kann. Das ist eine der fundamentalen Grundannahmen der Sozialpsychologie, wenn es um die Konstruktionsprinzipien eines kohärenten Selbstbildes geht. So ist zu verstehen, warum eigenes Unvermögen so oft im überzeugten Protest landet. Man befleißigt sich eines Widerstandspathos, das den Gefühlen diametral entgegengesetzt ist, die man ganz am Anfang hatte, als man sich noch frohgemut auf den Weg machte, sein Glück zu finden. Glück und Groll liegen oft nicht weit auseinander. Neid ist, was beide verbindet.

In der Verliererzone

Rückblende: Die Mauer fiel im trüben Herbst 1989. Die Ossis erleben, wie sie wirklich waren, konnte man in Westdeutschland jedoch erst im heißen Sommer 1990. Trabis fluteten die Autobahnen, die Ostdeutschen machten zum ersten Mal im Westen Urlaub, vorzugsweise bei ihren Landsleuten, mit denen sie nun wiedervereinigt waren. Damals im Oktober, als sie im kalten Nieselregen über die Grenze nach Westberlin gekommen waren, sahen viele Wessis sie nur im Fernsehen. Jetzt waren sie da und verstopften mit ihren Trabis und Miniwohnwagen selbst die Landstraßen der Provinz in den äußersten Zipfeln der Republik. Man konnte sie aus nächster Nähe studieren, wie sie aussahen, wie sie redeten, wie sie sich bewegten.

Die Ossis saßen auf Ost-Campingstühlen, an Ost-Campingtischen. Ihr Dialekt amüsierte alle, auch diejenigen, die selbst breites Platt, Schwäbisch, Hessisch sprachen, was auch immer. Diese Ossis! Zum Schlapplachen. Alles, was von drüben kam, war unterlegen, minderwertig, miefig, peinlich – maximal ungeschmeidig. Im Westen dachten viele: Und das sollen unsere Landsleute sein? Ein ganzer Teil Deutschlands war vierzig Jahre lang abgehängt. Die BRD war das Land der Gewinner, die DDR das der gefühlten Verlierer, und es scheint, so ist es bis heute geblieben.

Aber Ungeschmeidige gab es im Westen genauso in großer Zahl. Und sie gibt es immer noch. Viele von ihnen stammen aus der Babyboomer-Generation, viele von ihnen aus dem ländlichen Raum. Manche mussten noch als Jugendliche im Haushalt mithelfen, morgens vor der Schule die Zeitung austragen oder im landwirtschaftlichen Betrieb der Eltern anpacken. Und wenn nicht das, dann kannten sie in ihrer Schulklasse doch einige Mitschüler, die morgens noch vor der Schule »im Stall waren«, bei den Kühen, um beim Füttern zu helfen oder beim Melken. Winters wie sommers. Auch noch in der zehnten Klasse. Während aber die Mädchen begannen, mit verschiedenen Parfums zu experimentieren und den Klassenraum süßlich bedufteten, verdunsteten die Bauernkinder aus dem Landkreis ihre Kuhmistmoleküle, die sich im Stall über ihre Jeansjacken und Schlaghosen gelegt hatten.

Diese Jugendlichen waren nicht weniger talentiert als die anderen aus der Kleinstadt, aber sie hassten ihre Herkunft leidenschaftlich, ihren Hof, die ganze vermaledeite Landwirtschaft oder den Handwerksbetrieb, den ihre Eltern führten. Während die anderen später begannen, sich in einem Jugendklub zu organisieren, der die historische Bausubstanz ihrer Kleinstadt vor dem Abriss oder Zerfall retten wollte, konnten das die Bauernjungs vom Land nicht verstehen. Sie hätten am liebsten ihr ganzes Dorf abgerissen. Ihre Herkunft war für sie nichts Erhaltenswertes, sondern eine Schande. Der Kuhmist in den Klamotten war ein Stigma. Sie hörten exzessiver Hardrock oder *Heavy Metal* als ihre Mitschüler. Sie tranken mehr Bier als ihre Klassenkameraden aus der Stadt. Sie setzten immer noch einen drauf, wohl weil das Leben in der Hinterwelt wehtat und es galt, den Schmerz zu betäuben.

Heute dürften sie alle Ende fünfzig, Anfang sechzig sein. Sie haben der Provinz den Rücken gekehrt, sind vielleicht nach Berlin ausgewandert, Sozialpädagogen geworden oder Journalisten. Aber vielleicht haben ihre Brüder oder Schwestern den Hof weitergeführt, und es sind nun deren Söhne oder Verwandte, die sich Anfang 2024 an all den Bauernprotesten beteiligten, die in ganz Deutschland den Verkehr lahmlegten und gegen Berlin aufbrachen, wo sie ihre Wut bei der Regierung persönlich abliefern wollten. Auch Speditionsleute brachen zu Protesten auf. Und viele fragten sich, worum geht es denen? Schnell war klar, es ging nicht allein um mehr Geld, sondern irgendwas brachte das Fass zum Überlaufen, wie sie es selber formulierten.

Die Verkleinerung des Selbst

Das subjektive Gefühl der Ungeschmeidigkeit ist noch viel älter als die Jugendjahre der Babyboomer, viel älter auch als die deutsche Wiedervereinigung. Schon Mitte des 19. Jahrhunderts hat Honoré de Balzac über das unermessliche Elend geschrieben, das Rückstandserleben in einem Menschen auszulösen vermag. Etwa wenn ein junger Mann aus der Provinz in die große französische Hauptstadt kommt, nach Paris. Balzac nannte ihn Lucien, er ist die Hauptfigur seines berühmten Gesellschaftsporträts, das er in den »Verlorenen Illusionen« entfaltete, die zwischen 1837 und 1843 erschienen sind.

Paris ist eine Metapher für die große Welt, und die macht alle klein. Das ist die schmerzliche Erfahrung, die der junge Mann macht, als er zum ersten Mal einsam und verloren über die großen Boulevards wandelt. Als er dann erkennen muss, dass, heute würde man sagen, sein *Outfit*, vollkommen daneben ist und nicht einmal die kleinen Gauner und Taschendiebe so schlecht gekleidet sind, schnürt es ihm die Kehle zu: »Bei diesem Anblick erhielt Lucien einen Stoß vor die Brust oder dasjenige immer noch etwas unbestimmte Organ, in das sich unsere Gefühle flüchten, und an das, seitdem es Gefühle gibt, in der Erregung die Menschen die Hand legen, ob es sich um Freude oder um Schmerz handelt.« Ja, es treibt ihm, wie Balzac schreibt, »kalten Schweiß« auf die Stirn »bei dem Gedanken, dass er am Abend in diesem Anzug vor der Marquise d'Espard erscheinen sollte, vor einer Frau, bei der die Berühmtheiten aller Gattungen, die ausgewählten Berühmtheiten verkehrten.«

Das 19. Jahrhundert ist passé, und doch ist Balzac gegenwärtig. Das tiefe Schamerlebnis, das seinen Romanhelden überkommt, weil er seinem eigenen Anspruch nicht genügt, setzt heute noch immer vielen zu, mehr noch als einst. Wie Lucien sehen sie sich von dieser Welt durch einen Abgrund getrennt. Wie er fragen sie sich, wie sie ihn überwinden könnten, wie er wünschen sie sich, »dieser schlanken, feinen Pariser Jugend zu gleichen.« Wenn man bei Balzac liest, wie Lucien nicht nur die angesagte Mode, sondern die ganze moderne Pariser Lebensart verpasst, dann kann man diesen Schmerz leicht nachfühlen. Die Großstadt führt ihm vor Augen, wie weit hinterher er ist. Aber wie ist es heute mit dem Rückstandserleben? Ist es überhaupt noch genauso gravierend? Ist es nicht so, dass heute Social Media selbst noch die hinterste Provinz erreichen, weil auch im kleinsten Nest ein Sendemast steht, der alles, was man wissen muss, auf das Smartphone bringt? Pflegt nicht längst auch der Mensch der Hinterwelt seinen *Instagram*-Account und weiß ganz genau, wie das Ideal der Zeit aussieht? Hat sich dadurch der Rückstand nicht drastisch verringert, so sehr, dass die Abgehängten, die dieser Welt habhaft werden wollen, ihrem Ziel viel näher gerückt sind und diese Welt endlich zum Greifen nahe ist? Das mag alles sein. Aber genau daraus entsteht ein anderes Problem. Denn kulturelle Globalisierung bedeutet nicht nur ein Aufholen des Hinterlands, sondern immer auch, dass die Zentren, trotz aller Anstrengung der Peripherie, den Abstand zu verkürzen, immer weiter wegdriften. Im selben Tempo, in dem die Hinterwelt über all die modernen Mittel der Massenkommunikation an die Metropolen heranrückt, setzen sich die Agenturen ab, die die prestigeträchtigen Codes definieren. Sie entfernen sich unaufhörlich und formieren sich beständig neu, so sehr, dass sie im Grunde für die meisten so unerreichbar bleiben wie zuvor.

Es ist wie mit dem Hasen und dem Igel. Die Provinz kommt nicht mit, auch wenn sie heute viel mehr und zuverlässigere Informationen darüber erreicht, wie man es macht. Sie verfehlt die Annäherung an die geschmeidige Lebensart, derer sie teilhaftig werden will, wieder und wieder. Und selbst wenn sich der Abstand wirklich verkürzen sollte, es ist nichts erreicht. Denn auch das Empfinden, dass es da einen Abstand gibt, hat sich gleichermaßen verstärkt, weil allein die Aufmerksamkeit für diese mächtigen Taktgeber der eigenen Lebensorientierung viel größer geworden ist und man noch viel genauer hinschaut als in der Vergangenheit. Der kleine Mann lebt längst nicht mehr hinterm Mond.

Aber jetzt sind es eben die kleinen Unterschiede, die zum Gamechanger werden. Der Abstand zur Avantgarde mag geringer geworden sein, doch noch mehr hat die Sensitivität auch für kleine Rückstände zugenommen. Das Rückstandserleben bleibt bestehen, es verschärft sich am Ende noch.

Die Mechanismen, die hier so dramatisch ineinandergreifen, machen im Kern aus, was man das Dilemma der Mode in der Moderne bezeichnen könnte, wie es Georg Simmel beschrieben hat. »Das Wesen der Mode«, formuliert er da, »besteht darin, dass immer nur ein Teil der Gruppe sie übt, die Gesamtheit aber sich erst auf dem Wege zu ihr befindet.« Das bedeutet, dass den distinguierenden, wirklich Prestige eintragenden Nutzen der Mode immer nur jener Teil der Bevölkerung einfährt, der, wenn man so will, vorne im Zug läuft und sich absondert. Erschwerend kommt hinzu, dass sich im Verlauf einer sich beschleunigenden Moderne diese Ein- und Ausschlussprozesse dynamisieren und immer mehr Abgehängte hervorbringen. Im günstigen Fall gehört man zu den Glücklichen, die modisches Verhalten nachahmen und sich gleichzeitig dabei absetzen. Im schlechtesten Fall setzt man sich von keiner Bevölkerungsgruppe ab und verpasst auch noch den Effekt der Nachahmung.

Das Dilemma scheint unauflösbar zu sein und führt auf lange Sicht zu einem niemals wirklich aufzuholenden Rückstand der Ungeschmeidigen in der modernen Gesellschaft. Darin liegt jedoch ein viel größeres Problem begründet, das nicht nur die stilistische Zuordnung zu einer Gruppe berührt, sondern den innersten Selbstwert der Beteiligten.

Selbstdarstellung – das hörte sich einst an wie ein Versprechen zur individuellen Freiheit. In Wahrheit hat sich heute eine tiefe Verunsicherung breitgemacht, entstanden aus wiederkehrenden Ängsten vor der Tauglichkeit des eigenen Selbstentwurfs. Die Zweifel entstehen dabei durch ein Grunderlebnis dieser Epoche. Gerade die Plattformen der sozialen Medien dienen heute nicht so sehr dazu, sich »sozial« zu erleben, in Verbindung mit anderen, in Gemeinschaft oder gar im Zusammenhalt, den man spürt, um den Härten des Lebens zu begegnen, sondern weitaus eher dazu, *einen Vergleich zu ermöglichen*. Wie machen es die anderen, wie präsentieren sie sich, wie werden sie Herr ihres Lebens? Man vergleicht den eigenen Auftritt mit dem der anderen. Dass man dabei notgedrungen genauso stilistische Virtuosen wie Dilettanten vorfindet und sich selbst irgendwo in diesem Spektrum einordnet, versteht sich.

Sich mit anderen zu vergleichen, ist jedoch ein riskantes Unterfangen, heute vielleicht noch mehr als je zuvor. Der US-amerikanische Sozialpsychologe Leon Festinger hat diese grundlegende menschliche Praxis hinreichend erforscht, lange bevor es soziale Netzwerke gab, und herausgefunden, was passiert, wenn Menschen sich miteinander messen. Wo alle mit allen konkurrieren, entstehen Frusterfahrungen fast automatisch. Festinger behauptete schon 1954 in seiner »Theorie sozialer Vergleichsprozesse«, dass jede Form eines Aufwärtsvergleichs, Englisch *Upward Comparison*, also eines sozialen Vergleichs mit einer Person, die man als irgendwie überlegen erachtet, egal ob klüger, attraktiver oder erfolgreicher als man selbst, zur Erfahrung eines negativen Kontrasts führt und damit zu Unzufriedenheitsgefühlen, die daher rühren, dass man sich als defizitär empfindet. Dieses Problem ist ein strukturelles, es ist in der Grundkonstruktion der modernen, offenen und auf Gleichheit beruhenden Gesellschaft angelegt. Der soziale, stets neiderfüllte Vergleich, der zu Erlebnissen der Niederlage, des Scheiterns führt, ist hier vorprogrammiert. Der ständige Austausch über omnipräsente Kanäle der sozialen Medien hat heute jedoch die Lage noch extrem verschärft. Ständiges Online-Sein führt heute zu noch weit mehr Frustrationserfahrungen, als sie die offene Gesellschaft ohnehin bereithält, weil über *TikTok*, *Instagram* oder *YouTube* Bilder des erfolgreichen Scheins in einer nie dagewesenen Fülle und Penetranz in das persönliche Leben der einzelnen eindringen und von einem gelungenen Leben künden – eindrücklicher und umfassender als je zuvor.

Fazit: Verlieren heißt heute nicht mehr, die falschen Jeans zu tragen. Verlieren heißt heute etwas anderes. Man hat denselben Computeranschluss, dieselben Inszenierungsvorbilder sind frei verfügbar. Man hat Zugang, aber man bekommt keinen Zugriff. Alle haben »Access«, aber trotzdem kommen nur die wenigsten in der Idealwelt an, von der sie träumen.

Habitus und Eifersucht

Wenn man aus dem unterlegenen Teil der Gesellschaft kommt, dann ist das vertrackt. Man kann es nicht abschütteln. Denn es hängt einem in den Klamotten wie der Gestank des Kuhmists. Man kann versuchen, sich davon zu befreien, man kann die Sprache seiner Herkunft verleugnen, eine andere lernen, man kann sich abstrampeln, Bildungsabschlüsse machen, Diplome erwerben, man kann ganz weit wegziehen in die große Stadt, man kann Leistungen bringen, sich anstrengen, egal, man wird die eigene Herkunft ein Leben lang nicht los. Das ist ganz so wie mit jener Kindheit, von der Heimito von Doderer in seinem Roman »Ein Mord, den jeder begeht« von 1938 schon im ersten Satz schreibt: »Jeder bekommt seine Kindheit über den Kopf gestülpt wie einen Eimer. Später erst zeigt sich, was darin war. Aber ein ganzes Leben lang rinnt das an uns herunter, da mag einer die Kleider oder auch Kostüme wechseln, wie er will.«

Das eine ist die Familie, es gibt aber auch den Eimer der sozialen Herkunft. Diesen Eimer hat Pierre Bourdieu den Habitus genannt. Ein Begriff, der die Summe aller Bestandteile des sozialen Auftretens einer Person beinhaltet, Lebensstil, Sprache, Kleidung, Geschmack, und der den Menschen umgibt wie eine zweite, soziale Haut, aus der er nicht herauskommt. Alles können wir verändern im Leben, aus welchem Stall wir kommen, das werden wir ein Leben lang nicht mehr los, ob wir es wollen oder nicht. Das ist die harte Erkenntnis von Bourdieus Soziologie, und längst nicht alle halten den sozialen Fluch, unter dem sie stehen, aus.

Was kann man tun? Es gibt zwei Reaktionsweisen. Man kann lernen, diese zweite Haut zu akzeptieren, mit ihr zu leben, und gleichzeitig versuchen, sich neu zu erfinden, neue Identitäten ausprägen und darauf setzen, dass sich die Türen zu einem anderen Leben in Selbstbestimmung und Zufriedenheit irgendwann öffnen mögen. Oder man kann weiter darauf setzen, dass es doch noch gelingt, diese enge Hülle wie ein lästiges Kleidungsstück abzustreifen, man kann versuchen, sich mangels Alternative mit seiner verhassten Identität doch noch irgendwie zu versöhnen, sich dabei auflehnen, zornig und wüst werden. Und doch bleibt ein schlechtes Gefühl zurück. Noch nie so sehr wie heute erleben jene, die unfreiwillig ungeschmeidig sind, ein Lebensgefühl, als seien sie fehl am Platz. Sie wissen nicht mehr, wer sie sind. Und auch nicht, wie sie da herauskommen. Ihr Selbstbild ist unklar, unsicher geworden. Ihre Identitätskrise besteht darin, erleben zu müssen, jemand zu sein, der man gar nicht sein will.

Gleichzeitig regiert diese Gruppe eine immense Aversion gegen alle, die ihren misslichen Zustand nicht wahrnehmen wollen und zudem auch noch anderen ihre ganze Aufmerksamkeit schenken. Die Feindseligkeit gegen die Geschmeidigen entstammt, genau besehen, immer auch einem Gefühl der Eifersucht. Man hat lange genug voller Missgunst beobachtet, dass das Herz der Welt anderen gehört. Man hat gesehen, wie viele Menschen ihr Engagement ausgerechnet für Minderheiten entdeckten, die in einer unmittelbaren Aufmerksamkeitskonkurrenz zur eigenen Gruppe stehen. Mit wachsendem Argwohn hat man diese unheilvolle Entwicklung über die Jahre hinweg verfolgt. Sie setzte an dem Tag ein, an dem man erleben musste, wie engagierte Bürger, Lehrer, Ehrenamtliche sich Minderheiten anzunehmen begannen, die unter Benachteiligungen ganz anderer Art litten. Es war schmerzhaft, sehen zu müssen, wie diese Gruppen einem vorgezogen wurden, wie man deren Probleme auf die Agenda setzte, aber nicht die eigenen.

Aber es hörte gar nicht mehr auf. Für all die Minderheiten und benachteiligten Gruppen begannen Politiker und Journalisten eine Öffentlichkeit zu schaffen, ein großes gesellschaftliches Projekt entstand, allerdings eines, in dem die Ungeschmeidigen nicht vorkamen. In der Identitätspolitik wurde das Bewusstsein für jene Minderheiten weiter gestärkt, Empathie geschaffen, ein öffentliches moralisches Empfinden über Benachteiligte setzte sich immer stärker durch und half jenen, aus einem Schatten der Missachtung herauszutreten und akzeptiert zu werden. Für die Ungeschmeidigen drückte sich dieser Schub an Empathie anderen gegenüber jedoch nur darin aus, dass sie sich bald so vorkamen, als seien sie selbst in ihrer Not vollkommen vergessen. Kein Wunder, im gleichen Maß, in dem neue Opfergruppen Zuwendung erfuhren, wuchs bei all denen, die außen vor waren, eine stark ablehnende Haltung gegen alle diese Arten einer, wie sie es empfanden, völlig unangebrachten Sentimentalität. Sie selbst waren nicht bereit, dieses neue Mitgefühl aufzubringen, und machten sich entweder über die angebliche Bevorzugung lustig, die die Öffentlichkeit diesen Gruppen angedeihen ließ, oder man begegnete dem Thema vollends mit wachsender Verachtung. Warum all dieser Aufwand, warum dieses überzogene Gespür für all die Nachteile und Zurücksetzungen, die man bei anderen beobachtet? Wer kümmert sich noch um die Ungeschmeidigen? Wo bleibe ich bei all dem?

Selber schuld – und doch nicht schuld

Wenn Menschen scheitern, so hat eine Studie ergeben, wenn sie verlieren oder sich nicht einstellt, was sie sich erträumt haben, scheinen sie sich dieses Scheitern durchaus selber anzukreiden. Die Soziologen Steffen Mau, Thomas Lux und Linus Westheuser haben in ihrer Studie »Triggerpunkte« herausgefunden, dass viele Menschen zwar kritisieren würden, dass es in dieser Gesellschaft ungerecht zuginge, doch gleichzeitig einräumten, selbst daran schuld zu sein, wenn der eigene soziale Aufstieg nicht gelingt. Es komme, sagen sie dennoch, auf die eigene Leistung an, will man in dieser Gesellschaft etwas erreichen. Das eigene Scheitern nimmt man demnach auf die eigene Kappe. Das sagen interessanterweise auch viele derjenigen, die zu den Verlierern zählen. Eine solche Sichtweise erklärt dann auch, warum sich die Ausgestoßenen ausgerechnet hinter maximal antisolidarischen Superreichen wie Donald Trump versammeln und ihn nicht etwa als ihren Feind ansehen. Trump ist einer von ihnen, mit einem Unterschied: *He made it*, er hat's geschafft. Deshalb hegt, wer da abgehängt wird, gar keinen Hass gegen ihn. Er ist vielmehr ein Vorbild, ein lebendiges Exempel dafür, wie ein atemberaubender Aufstieg selbst in diesen harten Zeiten doch noch gelingen kann. Mit Trump lebt wenigstens der Traum vom eigenen Erfolg weiter.

Dennoch, mit dem Eingeständnis eigener Schuld lässt's sich nicht gut leben. Es vollzieht sich dann doch über kurz oder lang, was man *Blame Shifting* nennt. Am Ende wird die Ursache für die eigene Selbstwertkrise dann doch an Institutionen außerhalb des eigenen Verantwortungsbereichs adressiert, an das »Establishment«, das System und an all die arroganten Politiker, die es repräsentieren.

Aber war das nicht schon immer so? Das Schimpfen auf »die da oben« als ein soziales Ventil, um Dampf abzulassen? Es stimmt, die Demokratie war noch nie eine einmütige Sache, immer schon durchzog sie tiefe Gräben und allerlei Schichten übergreifende Konflikte. Die Arbeiter der Faust und die Arbeiter der Stirn – sie waren sich nie wirklich grün. Es war eine ernüchternde Erfahrung der Studentenbewegung der 1960er-Jahre, dass die Arbeiter vom Fließband bei *Opel* oder *VW* gar keine große Lust hatten, mit Rudi Dutschke Revolution zu machen. Die Kluft klaffte immer schon. Arbeiter und Handwerker trennten immer schon Welten von den vermaledeiten Akademikern, das Land von der Stadt, die Provinz von der Metropole. Ganz neu ist, dass die Verlierer dieser kulturell gespaltenen Gesellschaft nicht mehr bereit sind, sich in ihr Schicksal zu fügen. Wo man einst noch auf die Zähne gebissen oder seinen Ärger nach Feierabend am Stammtisch runtergespült hätte, macht man sich jetzt Luft. Man überschreitet Grenzen, schreckt auch nicht mehr vor Gewaltausbrüchen zurück, ob digital, in Form von immer mehr *Hate Speech* im Netz oder auch in der direkten Auseinandersetzung. Immer öfter leistet man sich den Kontrollverlust, schlägt alle Selbstbeherrschung in den Wind und neigt zu wachsender Gewaltbereitschaft.

Was sich verändert hat, ist nicht allein der Einzug einer neuen Bitterkeit, über die die Psychoanalytikerin Cynthia Fleury ein schönes Buch geschrieben hat. Sie ist ein altes demokratisches Gefühl, was schon vor fast 200 Jahren Alexis de Tocqueville wusste, als er über die Bitterkeit der enttäuschten Erwartungen als ein prägendes Grundgefühl in der Demokratie geschrieben hat. Was sich verändert hat, ist das Schwinden einer individuellen menschlichen Qualität, die man Frustrationstoleranz nennt. Sie bezeichnet die menschliche Fähigkeit und Bereitschaft, aus Frustrationserfahrungen entstehende psychische Belastungen zu ertragen, die eigenen Emotionen zu regulieren und die eigenen biografischen Niederlagen mit sich selber auszumachen.

Dieses wachsende Unvermögen, sich mit einem Zustand abzufinden, hat offenbar auch viel mit einem Lebensalter zu tun, in dem man nicht mehr warten will, nicht mehr warten kann. Die meisten der AfD-Anhänger, das hat die ZEIT-Analyse ergeben, stammen aus der Alterskohorte der 50- bis 59-Jährigen. Das passt ins Szenario. In diesem Alter zieht man Bilanz, inwieweit man angekommen ist im Leben oder es verfehlt hat. Eine zweite Analyse, die zur Europawahl 2024 herauskam, ermittelte dagegen gerade Jungwähler als die andere Kohorte, die vermehrt rechtspopulistisch wählt. Auch dies scheint einer gewissen Logik zu folgen. Diese Generation steht noch ganz am Anfang der Reise, hat aber, bevor sie wirklich losgeht, bereits das Vertrauen in dieses System eingebüßt und glaubt nicht mehr daran, dass sie ihre Träume vom sozialen Aufstieg verwirklichen kann. Für beide gilt: Wer zum Schluss kommt, dass sich die Türen ins gelobte Land nicht mehr öffnen werden, verzweifelt entweder, weil es zu spät ist – oder geht dorthin, wo schon all die anderen verlorenen Seelen sind und wo man sie mit offenen Armen empfängt: in den Klub der Ungeschmeidigen.

Demut und Solidarität

Demut ist eine christliche Tugend und eigentlich ein unpolitischer Begriff. Wenn überhaupt, dann bezeichnet sie höchstens eine vormoderne Untertanentugend, die in Diktaturen zu Hause ist, wo alle dem einen großen Führer folgen sollen. Demütigkeit wird dort schnell zum Garanten unumschränkter Einmütigkeit, die in solchen Systemen von morgens bis abends herrschen soll. Damit ist auch die Demut allzu oft nur ein belasteter Begriff, in dem immer auch ein hohes Maß an Unfreiheit mitschwingt. Das mag daran liegen, dass die Zurückhaltung und Bescheidung, die in dieser »Tugend« steckt, oft nicht selbst, sondern fremd auferlegt wurde, was vollends im Akt der »Demütigung« zum Ausdruck kommt. So gesehen ist Demut ein kaum taugliches politisches Konzept. Aber hat sie vielleicht nicht doch ihren Ort in der modernen Demokratie?

Die Demokratie braucht den mündigen, den kritischen Bürger, der auch einmal den Mund aufmacht, wenn in einem Gemeinwesen Missstände herrschen und es nicht so zugeht, wie es zugehen sollte. Jede falsche Demut zu verweigern, wenn die Verhältnisse illegitim sind, wie etwa geschehen bei den Montagsdemonstrationen im Osten vor der Wende 1989, als Tausende gegen das DDR-Unrechtsregime protestierten, ist mutiges politisches Handeln. Sich dann nicht länger zu fügen, ist die große politische Tugend, wie sie all jene Bürgerrechtler und Demonstranten an den Tag legten, die sich damals erhoben haben. Wenn heute aber immer mehr gegen die Demokratie auf die Straße gehen, gegen Integration und für Ausgrenzung, wenn sie für einen neuen Autoritarismus plädieren, die Wissenschaften bekämpfen und Verschwörungsmythen verbreiten, dann ist nicht die Demut, sondern ihr vollkommenes Fehlen im öffentlichen Raum zum veritablen Problem geworden, das sogar an die Grundfesten der demokratischen Ordnung rührt.

Aus Mündigkeit und Kritik, so scheint es, ist heute Kontrollverlust, Gewaltbereitschaft und Pöbelei geworden, die inzwischen die Demokratie selbst bedrohen. »Der Unwille, sich als Teil eines Miteinanders zu verstehen, ist mit Händen zu greifen«, schrieben Stefan Gärtner und Jürgen Roth in Ihrem Pamphlet »Benehmt Euch!« – das 2014 in Anlehnung an Stéphane Hessels Streitschrift »Empört Euch!« erschienen ist, eine Schrift, die das »Diktat der Selbstverwirklichung« anprangerte. Wer sich die Bilder des völlig enthemmten Mobs vor Augen hält, der da am 6. Januar 2021 das Kapitol in Washington stürmte, oder auch nur die letzte Querdenker-Demonstration, kommt nicht umhin, Demut ganz neu schätzen zu lernen, nicht als christliche, sondern als eine demokratische Tugend.

Demut, im Sinne von »sich ergeben«, hat mit einer Bereitschaft zu tun, sich zu fügen. In einem demokratischen Kontext kann dies nur bedeuten, eine Ordnung zu respektieren und zu verteidigen, die die Menschenrechte, Freiheitsrechte und den Wählerwillen der Mehrheit anerkennt. Demut bedeutet die Bereitschaft zu vertrauen, guten Gewissens Verantwortung an kluge Politiker zu übertragen, die sich gerade in Zeiten schwerer Krisen gewissenhaft und aufopferungsvoll mit allen Seiten eines Problems beschäftigen und besonnene Entscheidungen treffen.

Es scheint jedoch, dass vielen das Unterscheidungsvermögen, wann Demut angebracht und wann nicht, abhandengekommen ist. Im Nebel der eigenen Verbitterung zu erkennen, wo ein politisches System Gerechtigkeit und soziale Teilhabe verwehrt und wo es nur persönliche Misserfolge sind, die einem das Leben verdrießen, gelingt vielen nicht mehr. Stattdessen ist eine neue Gesinnung auf dem Vormarsch, einem grenzenlosen Verständnis von Freiheit zu frönen, das das Eigeninteresse über alles andere stellt und in jeder Beschränkung, die das gemeinschaftliche Denken auferlegt, nur individuelle Freiheitsberaubung sieht. Der geschmeidige Lebensentwurf ist zum Endpunkt allen Strebens geworden, alle sozialen Strategien, die dort hinführen sollen, werden in Gang gesetzt, koste es, was es wolle.

Mehr Demut zu zeigen, könnte bedeuten, auch das Unwillkommene, Unangenehme zu akzeptieren, das eigene Scheitern nicht anderen in die Schuhe zu schieben, es könnte bedeuten, den eigenen Funktionalismus zu durchbrechen und Verantwortung zu übernehmen für andere, für das Kollektiv, für die Gemeinschaft. Wem dieses Wort nicht gefällt, ersetze es einfach durch Solidarität. Wer sich jedoch gegen das System stellt, begibt sich nach draußen. Das ist der falsche Ort. Demütig sein heißt, sich zu integrieren. Nicht die Fundamente zu untergraben, sondern sich in die Demokratie einzumischen. Anstatt sie zu verachten, gilt es mitzumachen, konstruktiv zu sein.

Am Ende liegt der Kern des Problems in mangelnder Selbstakzeptanz. Damit ist eine Fehlentwicklung gemeint, die der moderne Individualismus in der modernen Demokratie genommen hat. Seine geschmeidige Variante, die sich immer mehr durchsetzt, ist genau genommen gar kein wirklicher Individualismus. Denn es geht ihm nicht um Selbstbestimmung, sondern nur darum, ein Mittel für immer mehr gesellschaftlichen Erfolg zu sein. Das Ziel kann nicht sein, die Ungeschmeidigen dieses Zeitalters doch noch eines Tages ins gelobte Land jenes angesagten Lebensstils zu führen, den sie sich so sehnlichst erträumen. Das Ziel muss sein, ein neues Bewusstsein dafür zu schaffen, dass Individualismus etwas ganz anderes ist als Geschmeidigkeit, nämlich eine das Selbst verwirklichende Form und Lebensweise, die sich nicht im Talent der geglückten Aneignung einer geschmeidigen Lebensweise erschöpft, sondern in einem Leben in echter Autonomie. Ist ein solcher Individualismus verwirklicht, wären auch die Voraussetzungen für Solidarität in der modernen Demokratie geschaffen. Denn wo sich das Selbst entfalten kann und jeder selbstbestimmt lebt, gelingt es erst, eine innere Haltung zu entwickeln, in der sich dieses Ich hinter das Wir stellt und das Miteinander in den Blick nimmt. Echter Individualismus fördert die

Freiheit und die Demokratie. Wenn er sich durchsetzt, haben vor allem jene schädlichen Formen von Geschmeidigkeit ausgedient, die diese Epoche prägen. Im Moment sieht es leider anders aus. Geschmeidigkeit schlägt Selbstbestimmtheit, und auch darin liegt ein großes Problem für ein Gemeinwesen. Es muss um die Korrektur eines fehlgeleiteten Individualismus gehen, um eine Neubegründung einer sozialen Freiheit. Dann werden Selbstdarstellung und all jene Sozialstrategien an Bedeutung verlieren, die nur das Glück des eigenen Fortkommens befördern.

Wie das geschmeidige Ich die Demokratie bedroht

Diese Zeilen haben gezeigt, nicht die moderne Selbstdarstellung ist das Problem, sie ist eine soziale Notwendigkeit des gesellschaftlichen Lebens. Gefährlich wird jedoch eine übersteigerte Form, die in den Wettbewerb mit anderen tritt. Selbstdarstellung wird zum Problem, wo sie immer mehr Wir-Darstellung verhindert – und damit Zusammenhalt und Solidarität. Auch all die Formen der Geschmeidigkeit als Ausdrucksweisen sozialer Anpassung sind nicht das Problem, sie sind für das Überleben in einer Gesellschaft ein unverzichtbares Erfordernis, ja für alle etwas Wertvolles. »Erst wenn Anpassung schräge Wege geht«, schreibt Alphons Silbermann, »wenn sie sich herbeilässt, Honig um den Mund zu schmieren, dann nämlich ist sie aus dem guten Gewissen entlassen und verliert ihre Qualität.« Geschmeidigkeit geht heute sehr viele schräge Wege, so sehr, dass sich behaupten lässt, es ist zu viel am Werk von ihr, es geht zu geschmeidig zu in dieser Welt.

Das politische System der Demokratie ist robuster, als es gerade in Krisenzeiten zu sein scheint, und es gibt, Gott sei Dank, noch immer viele regelbasierte Aufstiegsformen und Karrieren. Auch ist nicht jeder, der in diesem System oben ankommt, ein charakterloser Kopf. Wir leben dennoch heute in einer Gesellschaft, in der eine fragwürdige Spielart der Geschmeidigkeit Schaden anrichtet, jene vor allem, die nur funktionalistisch und manipulativ ist. Sie ist zu einer echten Gefahr geworden, weil eine solche Geschmeidigkeit der Einzelnen das Funktionieren des Ganzen bedroht. Viele ihrer Praktiken sind grenzwertig geworden. Um sie auf ein Normalmaß zurückzuführen, braucht es wieder viel mehr

Menschen, die Prinzipien vertreten, statt maximal geschmeidig zu performen, mehr auch, die Werte und Einstellungen in sich tragen, die nicht verhandelbar sind, die für Freiheit, Gerechtigkeit und Solidarität stehen und für diese auch kämpfen.

Zu allen Zeiten galt: Menschen können gewalttätig sein und einander schlimme Dinge antun, sie haben aber auch Fürsorge und Empathie in sich, die dafür sorgen, dass sie sich liebevoll umeinander kümmern können. Beides steckt in uns Menschen. Heute ist zu beobachten, dass das, was uns als rücksichtsvolle, empathische Menschen ausmacht, zusehends reduziert ist auf den privaten Kreis, der einen umgibt, auf die Partnerschaft, die Familie, die Freundschaften, die wir pflegen. Aber alle anderen sind draußen. Und dort draußen begegnen wir uns fast nur noch in Geschmeidigkeit. Es gab aber auch einmal Zeiten, in denen es auch in der äußeren Welt etwas anders gab. Verantwortung füreinander und Zusammenhalt. Und da muss es wieder hin.

LITERATUR

Bergmann, Jens/Pörsken, Bernhard: Skandal! Die Macht öffentlicher Empörung, Herbert von Halem Verlag, Köln 2009.

Bourdieu, Pierre: Die feinen Unterscheide. Kritik der gesellschaftlichen Urteilskraft (1979), Suhrkamp, Frankfurt a. M. 1989.

Burkhardt, Steffen: Medienskandale. Zur moralischen Sprengkraft öffentlicher Diskurse, Herbert von Halem Verlag, Köln 2015.

Ehrenberg, Alain: Das erschöpfte Selbst. Depression und Gesellschaft in der Gegenwart, Campus, Frankfurt a. M./New York 2004.

Fleury, Cynthia: Hier liegt Bitterkeit begraben. Über Ressentiments und ihre Heilung, Suhrkamp, Berlin 2023.

Franck, Georg: Ökonomie der Aufmerksamkeit. Ein Entwurf, Edition Akzente, München 1998.

Fromm, Erich: Jenseits der Illusionen. Eine intellektuelle Autobiografie (1962), dtv, München 2020.

Goffman Erving: Wir alle spielen Theater. Die Selbstdarstellung im Alltag (1959), Piper, München 1983.

Gracián: Handorakel und Kunst der Weltklugheit (1647), Kröner, Stuttgart 1992

Hondrich, Karl Otto: Enthüllung und Entrüstung. Eine Phänomenologie des politischen Skandals, Suhrkamp, Frankfurt a. M. 2002.

Imbusch, Peter: Soziologie der Hinterhältigkeit, Beltz, Weinheim 2018.

La Rochefoucauld, François de: Denken mit La Rochefoucauld. Maximen über Eigenliebe und Eitelkeit, Liebe und Verrat, Ruhm und Heuchelei, Tugenden und Laster, Diogenes, Zürich 2008.

Neuhäuser, Christian: Wie reich darf am sein? Über Gier, Neid und Gerechtigkeit, Reclam, Ditzingen 5. Aufl. 2019.

Neuhäuser, Christian/Seidel, Christian: Was ist Moralismus? Über Zeigefinger und den Ort der Moral, Reclam, Ditzingen 2023.

Riesman, David: Die einsame Masse. Eine Untersuchung der Wandlungen des amerikanischen Charakters (1950), Rowohlt, Reinbek 1958.

Reckwitz, Andreas: Die Gesellschaft der Singularitäten, Suhrkamp, Berlin 2017.

Silbermann, Alphons: Von der Kunst der Arschkriecherei, Rowohlt Berlin, Berlin 1997.

Simmel, Georg: Soziologie. Untersuchungen über die Formen der Vergesellschaftung (1908), Suhrkamp, Frankfurt a. M. 1992.

Simmel, Georg: Philosophie der Mode (1905), Suhrkamp, Frankfurt a. M. 1995.

Soboczynski, Adam: Die schonende Abwehr verliebter Frauen oder Die Kunst der Verstellung, Kiepenheuer, Berlin 2008.

Ullrich, Wolfgang: Selfies. Die Rückkehr des öffentlichen Lebens, Wagenbach, Berlin 2019.

Veblen, Thorstein: Die Theorie der feinen Leute (1899), dtv, München 1981.